Prüfungsbuch für IT-Berufe

IT-Systemelektroniker · Fachinformatiker · IT-System-kaufmann · Informatik-kaufmann

Fragen und Antworten

- für die Vorbereitung auf die Zwischenprüfung und Abschlussprüfung
- zur Wiederholung
- zum Nachschlagen

Thomas Schneider

Best.-Nr. 6010
Holland + Josenhans Verlag Stuttgart

1. Auflage 2000

Dieses Buch ist auf Papier gedruckt, das aus 100 % chlorfrei gebleichten Faserstoffen hergestellt wurde.

© Holland + Josenhans GmbH & Co., Postfach 10 23 52, 70019 Stuttgart, Tel.: 07 11/6 14 39 20, Fax: 07 11/6 14 39 22, E-Mail: verlag@huj.03.net

Umschlaggestaltung: Ursula Thum, 70599 Stuttgart

Umschlagfoto: SuperStock Bildagentur, 80636 München

Satz und Druck: Oertel + Spörer GmbH + Co., 72764 Reutlingen

Bindearbeit: Industrie- und Verlagsbuchbinderei Dollinger GmbH, 72555 Metzingen

ISBN 3-7782-6010-3

Vorwort

Informationstechnik und Kommunikationstechnik sind Schlüsseltechnologien für die wirtschaftliche Entwicklung. Dies wird auch in den Ausbildungsinhalten der entsprechenden Berufe deutlich. Einen besonderen Stellenwert nehmen dabei die neuen IT-Berufe

- Informations- und Telekommunikationssystemelektroniker/in
- Fachinformatiker/in mit den Fachrichtungen Anwendungsentwicklung und Systemintegration
- Informations- und Telekommunikationssystemkaufmann/frau
- Informatikkaufmann/frau

ein.

Das Prüfungsbuch für IT-Berufe baut auf der bewährten Frage-und-Antwort-Form auf. Auf der Grundlage der gemeinsamen und berufsspezifischen Inhalte im Ausbildungsrahmenplan für die Berufsausbildung und des Rahmenlehrplans für die Ausbildungsberufe wurde das Buch in überschaubare Themenbereiche gegliedert. Innerhalb der Themenbereiche wurden neben den Fachqualifikationen schwerpunktmäßig die Kernqualifikationen aller vier IT-Berufe behandelt. Die Fragen zum Themengebiet Schutzmaßnahmen im Kapitel 6.2 richten sich speziell an den/die IT-System-Elektroniker/in als Elektrofachkraft.

Das Prüfungsbuch für IT-Berufe gibt in knapper und präziser Form die Stofffülle der neuen IT-Berufe wieder und ist damit im Unterricht bei der Erfassung komplexer Sachverhalte, zur Wiederholung und zur Prüfungsvorbereitung behilflich.
Fachbegriffe werden innerhalb der Fragen bzw. Antworten definiert und erläutert. Die Fachaufgaben bieten einen handlungsorientierten Ansatz und entsprechen in dieser Form den Aufgabenstellungen bzw. Aufträgen in der Abschlussprüfung.
Für Anregungen und Hinweise zur Themenauswahl, Gestaltung und Form der Aufgabenstellungen bin ich dankbar.

Der Verfasser

Inhaltsverzeichnis

1 Der Betrieb und sein Umfeld

1.1 Stellung des Betriebes im Wirtschaftssystem

[1] Wodurch unterscheiden sich Unternehmung und Betrieb?

Die Unternehmung
ist ein selbstständiges rechtliches und finanzielles Gebilde (z. B. GmbH, AG, Einzelunternehmung), das einen oder mehrere Betriebe verwaltet.

Der Betrieb
ist der Ort oder die Stätte der Leistungserstellung. Er ist der unselbstständige Teil einer Unternehmung.

[2] Durch welche drei Merkmale ist eine Unternehmung gekennzeichnet?

- Selbstbestimmung des Wirtschaftsplanes (Autonomieprinzip)
- Streben nach Gewinn (erwerbswirtschaftliches Prinzip)
- Prinzip des Privateigentums an Produktionsmitteln

[3] Je nach Betrachtungsschwerpunkt kann ein Unternehmen unterschiedliche Ziele anstreben.

Welche Unternehmensziele leiten die Unternehmen aus ihrer Unternehmensvision ab?

- Sachziele
- Wirtschaftliche Ziele
- Soziale Ziele
- Ökologische Ziele

[4] Welche Sachziele verfolgt ein Computerhersteller?

- Herstellen und Vertreiben von Computern
- Beratung der Kunden
- Kundendienst

[5] Die Ziele eines Unternehmens können sich ergänzen (Zielharmonie) und gegenseitig beeinträchtigen (Zielkonflikt).

Nennen Sie zwei Beispiele für Zielkonflikte.

- Wirtschaftswachstum und Umwelt
- Sozialleistungen und Gewinnmaximierung
- Qualität und Kosten
- Quantität und Preisbildung

6 Welche Zielfaktoren müssen alle Ziele beinhalten?

Benennung
– des Zielobjekts
– des Zielinhaltes bzw. der Zieleigenschaft
– des Zielmaßstabes
– des zeitlichen Bezugs

7 Welche Pläne werden erstellt, um die Ziele für die operative Ebene festzulegen?

- Absatzplan
- Umsatzplan
- Produktionsplan
- Beschaffungsplan
- Finanzplan

8 Was beinhaltet der Finanzplan?

Im Finanzplan sind alle Einnahmen und Ausgaben eines Unternehmens erfasst, die sich aus dem Umsatz-, dem Produktions- und Beschaffungsplan ergeben.

9 Welche drei Elemente beinhaltet das Produktionssystem?

- Den Output – welches Produktionsergebnis soll erzielt werden
- Die eigentliche Leistungserstellung
- Den Input – Einsatz der betrieblichen Produktionsfaktoren

10 Mit Hilfe von Kennzahlen können die Zielsetzungen der Unternehmen kontrolliert (gemessen) werden. Nennen Sie drei solcher Kennzahlen.

- Produktivität
- Wirtschaftlichkeit
- Rentabilität
- Liquidität

11 Was verstehen Sie unter dem „ökonomischen Prinzip"?

Als Maximumprinzip:
mit vorhandenen Mitteln einen größtmöglichen Nutzen (maximaler Erfolg) zu erzielen

Als Minimumprinzip:
einen bestimmten Nutzen (Erfolg) mit geringstmöglichem (minimalem) Mitteleinsatz zu erreichen

12 Erklären Sie die Kennzahlen Produktivität und Rentabilität.

Produktivität:
ist das Verhältnis zwischen Output (Ausbringung) und Input (Einsatzmenge) eines Unternehmens
z. B.
$$\text{Arbeitsproduktivität} = \frac{\text{Ausbringungsmenge}}{\text{Arbeitsstunden}}$$

Rentabilität:
ist das Verhältnis des Gewinns zum eingesetzten Kapital
z. B.
$$\text{Eigenkapitalrentabilität} = \frac{\text{Gewinn} \times 100}{\text{Eigenkapital}}$$

13 Es sind folgende Angaben gegeben:

	vor	nach
	der Rationalisierung	
Kapitaleinsatz (monatlich)	240.000 EUR	256.000 EUR
Arbeits-stunden	160	160
hergestellte Maschinen	960	1.280

Berechnen Sie die Arbeitsproduktivität und die Kapitalproduktivität vor und nach der Rationalisierung.

Arbeitsproduktivität:
vor der Rationalisierung:
$$A = \frac{960 \text{ Stück}}{160 \text{ Std.}} = 6 \text{ Stück/Std.}$$

nach der Rationalisierung:
$$A = \frac{1.280 \text{ Stück}}{160 \text{ Std.}} = 8 \text{ Stück/Std.}$$

Kapitalproduktivität:
vor der Rationalisierung:
$$K = \frac{960 \text{ Stück}}{240.000 \text{ EUR}} = 0,004 \text{ Stück/EUR}$$

nach der Rationalisierung:
$$K = \frac{1.280 \text{ Stück}}{256.000 \text{ EUR}} = 0,005 \text{ Stück/EUR}$$

14 Welches sind die vier betrieblichen Produktionsfaktoren.

- Arbeitsstoffe (Werkstoffe)
- Arbeitsmittel (Betriebsmittel)
- Ausführende Arbeitskräfte
- Leitende Arbeitskräfte

15 Nennen Sie die Produktionsfaktoren der Informationsgesellschaft.

- Wetware (Mensch)
- Software (z. B. Betriebssysteme)
- Hardware (z. B. Maschinen)

16 In welche Grundfunktionen (Abteilungen/Bereiche) gliedert sich ein Unternehmen?

- Leitung/Management
- Verwaltung   (z. B. Rechnungswesen, Personalwirtschaft)
- Leistungserstellung: – Beschaffung
  - Produktion
  - Absatz

17 Erläutern Sie den Begriff Wertschöpfung.

Wertschöpfung ist der in einer Zeitperiode erbrachte Wert der Produktion (Gesamtleistung der Unternehmung) abzüglich der von anderen Unternehmen empfangenen Vorleistungen. Wertschöpfung bedeutet die Schaffung von Mehrwert.

18 Was bezeichnet man als Güter?

Als Güter bezeichnet man Mittel, die der Bedürfnisbefriedigung des Menschen dienen.

19 Nach der Verwendung der Güter unterscheidet man zwischen Konsumgütern und Produktionsgütern.
Was verstehen Sie darunter?

Konsumgüter dienen der unmittelbaren Bedürfnisbefriedigung des Menschen (Lebensmittel, Kleider, Luxusgüter)
Produktionsgüter (Investitionsgüter) dienen nur mittelbar der Bedürfnisbefriedigung (um andere Güter zu produzieren wie z. B. Maschinen)

20 Erklären Sie die Begriffe freie und knappe Güter.

Nach der Verfügbarkeit unterscheidet man zwischen freien und knappen Gütern.
freie Güter
- sind im Verhältnis zu den Bedürfnissen reichlich vorhanden
- können ohne Einschränkungen von allen genutzt werden (z. B. Tageslicht, Regenwasser)

knappe Güter (Wirtschaftsgüter)
- ihre Bereitstellung verursacht Kosten
- haben einen Preis
  (z. B. elektrisches Licht, Leitungswasser)

21 Die Arbeitsteilung ist ein Instrument der Rationalisierung. Wo wird sie eingesetzt?

Arbeitsteilung
– zwischen den Menschen
– zwischen Unternehmen
– in der Volkswirtschaft

22 Erläutern Sie die Arbeitsteilung zwischen

a) den Unternehmen und
b) im Unternehmen.

a) Spezialisierung der Betriebe auf die Produktion weniger Güter → Entstehung verschiedener Branchen (z. B. Stahlindustrie, Textilindustrie, Computerindustrie)

b) In den Betrieben Arbeitsteilung zwischen den Menschen → Spezialisierung auf bestimmte Arbeitsabläufe, verbesserte Auslastung der Maschinen → höhere Produktivität

1.2 Rechtliche Rahmenbedingungen wirtschaftlichen Handelns

1 Was verstehen Sie unter Rechtssubjekten und Rechtsobjekten?

Rechtssubjekte:
– sind natürliche und juristische Personen
– besitzen die Rechtsfähigkeit, d. h. sie sind Träger von Rechten und Pflichten

Rechtsobjekte:
– sind Gegenstände (Sachen und Rechte), die der Rechtsmacht der Rechtssubjekte unterliegen

2 Ab welchem Alter setzt die beschränkte Geschäftsfähigkeit ein?

Mit Vollendung des 7. Lebensjahres beginnt die beschränkte Geschäftsfähigkeit (§§ 106 ff. BGB).

3 Wodurch unterscheiden sich Eigentum und Besitz?

Eigentum ist die rechtliche Herrschaft über eine Sache.

Besitz ist die tatsächliche Herrschaft über eine Sache.

4 Nennen Sie drei Rechtsgeschäfte bei denen vom Gesetzgeber die Einhaltung einer bestimmten Form vorgeschrieben ist.

- Testament (Schriftform)
- Anmeldung zur Eintragung ins Vereinsregister (Öffentliche Beglaubigung)
- Ehevertrag (Notarielle Beurkundung)

5 Wann sind Rechtsgeschäfte nichtig?

Ein Rechtsgeschäft ist nichtig, wenn es schwere Mängel aufweist, sodass das Gesetz ihm von Anfang an keinerlei Rechtskraft zubilligt, z. B. bei
- Scherzgeschäften,
- Scheingeschäften,
- Formmangel,
- Sittenwidrigkeit,
- Geschäftsunfähigkeit.

6 Wann kommt ein Vertrag zustande?

Ein Vertrag kommt durch die Abgabe zwei übereinstimmender Willenserklärungen zustande (Vertragsantrag und Vertragsannahme).

7 Was kennzeichnet die Vertragsannahme?

Die Vertragsannahme
- muss sofort bzw. in angemessener Zeit erfolgen.
- Eine abgeänderte oder verspätete Annahme gilt als neuer Antrag.

8 Welches sind die drei Vertragstypen des Wirtschaftslebens nach dem BGB (Bürgerliches Gesetzbuch)?

- Veräußerungsverträge
- Überlassungsverträge
- Betätigungsverträge

9 Nennen Sie je zwei Beispiele für die in Frage **8** genannten Verträge.

Veräußerungsverträge:
- Kaufvertrag
- Schenkungsvertrag

Überlassungsverträge:
- Mietvertrag
- Pachtvertrag
- Leihvertrag
- Darlehensvertrag

→

▷ *Fortsetzung der Antwort* ▷

Betätigungsverträge:
- Dienstvertrag
- Werkvertrag
- Werklieferungsvertrag
- Gesellschaftsvertrag

10 Was unterscheidet den Mietvertrag vom Leihvertrag?

Beim **Mietvertrag** werden Sachen zum Gebrauch gegen Entgelt überlassen.

Beim **Leihvertrag** erfolgt die Überlassung von Sachen zum Gebrauch unentgeltlich.

11 Welches ist die wichtigste gesetzliche Grundlage für die Unternehmen?

Wichtigste gesetzliche Grundlage ist das Handelsgesetzbuch (HGB).

12 Wann ist das Handelsrecht nur anzuwenden?

Nur wenn die Kaufmannseigenschaft gegeben ist, wird das Handelsrecht angewendet.

13 Was ist das Handelsregister?

Das Handelsregister (HR) ist das beim Amtsgericht geführte amtliche Verzeichnis der Kaufleute eines Amtsgerichtsbezirks (§§ 8 ff. HGB).

14 Was verstehen Sie unter Gewerbefreiheit?

Die Gründung eines Unternehmens, die Festlegung des Unternehmensgegenstandes und die unternehmerischen Entscheidungen sind unter Beachtung der vom Staat gesetzten Rahmenbedingungen frei.

Die Gewerbefreiheit ist Voraussetzung für den Wettbewerb innerhalb der Wirtschaft.

15 Erläutern Sie den Begriff Firma.

Die Firma ist der Handelsname eines Kaufmanns (z. B. Meier GmbH), unter dem er
- seine Geschäfte betreibt
- unterschreibt
- klagen und
- verklagt werden kann.

16 Was muss bei einer Firmengründung alles beachtet werden?

- Führung der Firma durch einen Vollkaufmann
- Firmenwahrheit und -klarheit: Firmenname muss Art, Umfang und Rechtsverhältnis erkennen lassen
- Firmenausschließlichkeit: eine Verwechslung mit bestehenden Firmen ist auszuschließen
- Firmenbeständigkeit: Weiterführung einer bestehenden Firma mit Zustimmung des bisherigen Inhabers bzw. der Erben
- Firmenöffentlichkeit: Eintrag der Firma bzw. Änderungen ins Handelsregister (§ 29 HGB)

17 Welche Möglichkeiten der Rechtsformen ergeben sich nach den Grundsätzen der Firmenklarheit und -wahrheit für ein Unternehmen? Nennen Sie vier.

- Einzelunternehmung
- OHG (Offene Handelsgesellschaft)
- KG (Kommanditgesellschaft)
- GmbH (Gesellschaft mit beschränkter Haftung)
- AG (Aktiengesellschaft)

18 Nennen Sie je ein Beispiel für aus Frage 17 gewählte Rechtsformen.

- Einzelunternehmung: Hans Meier
- OHG: Becker OHG
- KG: Bauer KG
- GmbH: PC-Vertriebs GmbH
- AG: Deutsche Bahn AG

19 Was kennzeichnet eine Einzelunternehmung?

Der Einzelunternehmer

- ist alleiniger Eigentümer des Geschäftsvermögens
- trägt allein die volle Verantwortung für das Unternehmen
- trifft alle bedeutenden geschäftlichen Entscheidungen selbst
- haftet unbeschränkt mit Betriebs- und Geschäftsvermögen

20 Welche Unternehmungsformen sind in die
a) Personengesellschaften und
b) Kapitalgesellschaften
einzuordnen?
Nennen Sie je zwei Beispiele.

a) **Personengesellschaften:**
   – offene Handelsgesellschaft (OHG)
   – Kommanditgesellschaft (KG)
b) **Kapitalgesellschaften:**
   – Gesellschaft mit beschränkter
     Haftung (GmbH)
   – Aktiengesellschaft (AG)

21 Wodurch unterscheiden
sich die OHG und die GmbH
hinsichtlich der Frage der
Haftung?

OHG:
– mit dem Gesellschaftsvermögen und
  Privatvermögen der Gesellschafter
– Gesellschafter haften unbeschränkt,
  unmittelbar und solidarisch

GmbH:
– mit dem Gesellschaftsvermögen
  (Gesellschafter haften in Höhe ihrer
  Stammeinlage)

22 Nennen Sie die Organe
der Aktiengesellschaft und
deren Hauptaufgaben.

a) Vorstand – Leitung der Gesellschaft
b) Aufsichtsrat – Bestellung und
   Überwachung des Vorstandes
c) Hauptversammlung – beschluss-
   fassendes Organ (Interessenvertretung
   der Aktionäre)

23 Welche Rechte kann
der Aktionär aus seiner Aktie
beanspruchen?
Nennen Sie die drei wichtigsten.

a) Stimmrecht in der Hauptversammlung
b) Anspruch auf Dividende
c) Bezugsrecht bei Kapitalerhöhungen
   (Ausgabe neuer Aktien bzw. Wandel-
   schuldverschreibungen)

24 Erläutern Sie den Begriff
Dividende.

Dividende ist der Teil des Gewinns einer
Kapitalgesellschaft, der auf die einzelnen
Kapitalanteile (Aktie) ausgeschüttet wird.

25 Nennen Sie fünf Merkmale
der Rechtsform GmbH.

GmbH:
– Rechtsgrundlage ist das GmbH-Gesetz
– Kapitalgesellschaft
– zu jedem beliebigen Zweck errichtbar

→

▷ *Fortsetzung der Antwort* ▷

- Stammkapital mindestens 25.000,00 EUR
- Vertretung der GmbH durch den/die Geschäftsführer
- Gesellschafter haften mit ihrer Stammeinlage
- durch Gesellschafterbeschluss kann die GmbH aufgelöst werden

26 Auf welche der folgenden Unternehmensformen treffen nachfolgende Aussagen zu:

1 OHG

2 KG

3 GmbH

4 AG

a) Die Gesellschafter haften nicht mit ihrem Privatvermögen. Das Stammkapital muss mindestens 25.000,00 EUR betragen.

b) Ein Teil der Gesellschafter ist von der Geschäftsführung und Vertretung ausgeschlossen.

c) Alle Gesellschafter sind grundsätzlich zur Geschäftsführung und Vertretung einzeln berechtigt und haften unbeschränkt.

d) Das Grundkapital muss mindestens 50.000,00 EUR betragen; Organe sind Vorstand, Aufsichtsrat und Hauptversammlung.

1 c)

2 b)

3 a)

4 d)

27 Welche Ziele werden mit den Unternehmenszusammenschlüssen verfolgt?

- **Erhöhung der Produktivität** durch Rationalisierung und damit Kostensenkung
- **Verbesserung der Marktposition** gegenüber Abnehmern, Lieferanten und Kreditgebern

→

▷ *Fortsetzung der Antwort* ▷

- **Verminderung des Risikos** für den einzelnen Betrieb durch Risikoverteilung auf alle beteiligten Betriebe
- **Ausbau der Marktmacht** durch Einschränkung des Wettbewerbs

28 **Zusammenschlüsse von Unternehmungen können in horizontaler und vertikaler Form erfolgen.**
Was versteht man darunter?

Horizontaler Zusammenschluss:
die sich zusammenschließenden Betriebe gehören derselben Produktions- und Handelsstufe an

Vertikaler Zusammenschluss:
die sich zusammenschließenden Betriebe sind Bestandteil hintereinander gelagerter Produktions- und Handelsstufen

29 **Was versteht man unter Konzentration in der Wirtschaft?**

Konzentration ist der vertragliche Zusammenschluss zweier oder mehrerer Unternehmen, bei der die betreffenden Unternehmen ihre rechtliche und/oder wirtschaftliche Selbstständigkeit verlieren.

30 **Wodurch unterscheidet sich die Kooperation von der Konzentration?**

Unter Kooperation werden die Formen von Unternehmenszusammenschlüssen verstanden, bei denen die beteiligten Betriebe, im Gegensatz zur Konzentration, rechtlich und wirtschaftlich selbstständig bleiben.

31 **Nennen Sie drei Formen der Kooperation.**

- Interessengemeinschaft
- Arbeitsgemeinschaft
- Konsortium (besondere Form der Arbeitsgemeinschaft)
- Kartell

32 **Was ist ein Kartell?**

Kartelle sind vertragliche Zusammenschlüsse von Unternehmungen des gleichen Wirtschaftszweiges, die in der Regel den Wettbewerb beschränken oder ausschließen sollen.

33 In der Bundesrepublik Deutschland sind Kartelle grundsätzlich verboten.

In welchem Gesetz ist das geregelt und wer kontrolliert die Einhaltung des Gesetzes?

Der Zusammenschluss von Unternehmungen zu Kartellen ist in der Bundesrepublik Deutschland durch das „Gesetz gegen Wettbewerbsbeschränkungen" (GWB) staatlich geregelt. Für die Einhaltung des Gesetzes ist das Bundeskartellamt zuständig.

34 Nennen Sie fünf Arten von Kartellen.

- Preiskartelle
- Konditionenkartelle
- Rabattkartelle
- Kalkulationskartelle
- Rationalisierungskartelle
- Ein- und Ausfuhrkartelle
- Krisenkartelle
- Syndikat

35 Was verstehen Sie unter einem Syndikat?

Das Syndikat ist eine spezielle Kartellform, durch das mittels Bildung gemeinsamer Beschaffungs- oder Vertriebseinrichtungen für Bedarfsdeckung, Produktion und/oder Absatz der Erzeugnisse der Syndikatsmitglieder der Wettbewerb beschränkt wird.

36 Erklären Sie die Unternehmungszusammenschlüsse Konzern und Trust.

Konzern:
Zusammenschluss von rechtlich selbstständigen Unternehmungen, die aber ihre wirtschaftliche Selbstständigkeit durch einheitliche Leitung aufgegeben haben.

Trust:
Zusammenschluss von Unternehmungen, die ihre rechtliche und wirtschaftliche Selbstständigkeit aufgeben

37 Ordnen Sie die nachfolgend aufgeführten Bezeichnungen den

a) Unternehmungsformen oder
b) Unternehmenszusammenschlüssen

zu.

GmbH
AG
Kartell
Trust
Syndikat
Einzelunternehmung
OHG
Konsortium
Genossenschaft
Interessengemeinschaft

a) **Unternehmungsformen**
– GmbH
– AG
– Einzelunternehmung
– OHG
– Genossenschaft

b) **Unternehmenszusammenschlüsse**
– Kartell
– Trust
– Syndikat
– Konsortium
– Interessengemeinschaft

1.3 Arbeits- und Tarifrecht

1 Ein Arbeitsverhältnis wird durch zahlreiche Gesetze und Vorschriften bestimmt.
Zählen Sie fünf dieser Bestimmungen auf.

- Arbeitszeitordnung
- Tarifvertragsgesetz
- Bundesurlaubsgesetz
- Schwerbehindertengesetz
- Kündigungsschutzgesetz
- Berufsausbildungsgesetz
- Jugendarbeitsschutzgesetz
- Mutterschutzgesetz
- Arbeitsgerichtsgesetz
- Arbeitsplatzschutzgesetz

2 Ist für den Abschluss eines Einzelarbeitsvertrages eine bestimmte Form vorgeschrieben?

Beim Abschluss eines Arbeitsvertrages herrscht Vertragsfreiheit, er kann sowohl schriftlich als auch mündlich abgeschlossen werden. Üblich ist die Schriftform.

3 In einem Arbeitsvertrag kann der Vertragsinhalt frei vereinbart werden.

Welche gültigen Bestimmungen müssen unbedingt beachtet werden?

- Gesetze (z. B. Kündigungsschutzgesetz, Jugendarbeitsschutzgesetz)
- Tarifverträge
- Betriebsvereinbarungen

4 Nennen Sie fünf Beispiele, die insbesondere im Arbeitsvertrag geregelt sein sollten, um spätere Streitigkeiten bzw. Missverständnisse auszuschließen.

- Beginn, ggf. Dauer des Arbeitsverhältnisses
- Kündigungsfristen
- Dauer der Probezeit
- genaue Bezeichnung der Tätigkeit
- Höhe der Entlohnung
- Arbeits- und Pausenzeiten
- Urlaubsanspruch
- Sozialleistungen

5 Welche Pflichten aus dem Arbeitsvertrag ergeben sich für

a) den Arbeitnehmer
b) den Arbeitsgeber?

a) Pflichten des Arbeitnehmers:
  – Pflicht zur Arbeitsleistung
  – Gehorsamspflicht
  – Treuepflicht
  – Verschwiegenheit
  – Pflicht zur Unterlassung von Wettbewerb

b) Pflichten des Arbeitgebers
  – Vergütungspflicht
  – Fürsorgepflicht
  – Urlaub
  – Zeugnispflicht

6 Was verstehen Sie unter einem

a) einfachen Arbeitszeugnis und
b) qualifizierten Arbeitszeugnis?

a) Im einfachen Arbeitszeugnis stehen nur Angaben über Art und Dauer der Beschäftigung. Es dient der Beurteilung von wenig qualifizierten oder kurzfristigen Tätigkeiten.

b) Das qualifizierte Arbeitszeugnis enthält zusätzlich Angaben über Führung und Leistung des Arbeitnehmers. →

▷ *Fortsetzung der Antwort* ▷

Der Mitarbeiter muss über die gesamte Dauer der Beschäftigung beurteilt werden. Besondere Kenntnisse und Fähigkeiten des Arbeitnehmers sind in das Zeugnis mit aufzunehmen.

7 Worin unterscheiden sich befristete Arbeitsverträge von unbefristeten Arbeitsverträgen?

Befristete Arbeitsverträge werden für eine bestimmte Zeitdauer geschlossen. Sie enden mit der vereinbarten Arbeit (Fertigstellung eines Projektes) oder mit dem vereinbarten Termin (Urlaubsvertretung).
Unbefristete Arbeitsverträge werden auf unbestimmte Dauer abgeschlossen.

8 Zwischen welchen zwei Kündigungsarten wird unterschieden?

a) ordentliche Kündigung
(Einhaltung einer Kündigungsfrist)

b) außerordentliche Kündigung
(fristlos aus wichtigem Grund, z. B. Betrug, Nichtzahlung der Vergütung)

**9 Im Bürgerlichen Gesetzbuch (BGB) § 622 ist die allgemeine Kündigungsfrist für Arbeiter und Angestellte geregelt.
Wie lautet sie?**

„Das Arbeitsverhältnis eines Arbeiters oder Angestellten (Arbeitnehmers) kann mit einer Frist von vier Wochen zum Fünfzehnten oder zum Ende des Kalendermonats gekündigt werden." Für langjährige Mitarbeiter gelten längere Kündigungsfristen (BGB § 622 (2)).

**10 Der Arbeitnehmer X (32 Jahre) ist seit einem Jahr bei einem DV-Unternehmen beschäftigt. Er wird am 26. März gekündigt.
Ermitteln Sie den frühesten Zeitpunkt, zu dem das Arbeitsverhältnis des Arbeitnehmers laut BGB aufgrund einer ordentlichen Kündigung endet.**

Das Arbeitsverhältnis endet am 30. April (letzter Arbeitstag des Angestellten).

11 Welche Personengruppen in einer Unternehmung unterliegen einem besonderen gesetzlichen Kündigungsschutz? Nennen Sie mindestens drei.

- Schwerbehinderte
- werdende Mütter
- langjährige Mitarbeiter
- Auszubildende
- Betriebsratsmitglieder

12 Wann ist eine Kündigung sozial ungerechtfertigt?

Wenn:
- sie nicht in der Person des Arbeitnehmers begründet ist (z. B. fehlende Eignung, Fehlen der Arbeitserlaubnis)
- sie nicht im Verhalten des Arbeitnehmers begründet ist (z. B. Pflichtverletzung, mangelnde Arbeitsleistungen)
- sie nicht auf dringenden betrieblichen Erfordernissen beruht (dauernder Auftragsmangel, Produktionseinschränkungen)
- soziale Gesichtspunkte nicht berücksichtigt wurden (z. B. Familienstand, Kinder)

13 Vor welchem Gericht und innerhalb welcher Frist ist Klage gegen eine Kündigung zu erheben?

Binnen drei Wochen nach Zustellung der Kündigung kann der Arbeitnehmer beim Arbeitsgericht des Geschäftssitzes klagen.

14 Was versteht man unter einem Tarifvertrag?

Ein Tarifvertrag ist eine kollektive Vereinbarung zwischen Tarifvertragsparteien (Sozialpartnern).

15 Nach Inhalt und Laufzeit unterscheidet man drei verschiedene Arten von Tarifverträgen. Wie heißen sie?

- Manteltarifverträge
- Lohn- und Gehaltsrahmentarifverträge
- Lohn- und Gehaltstarifverträge

16 Was regeln Manteltarif-verträge?

Sie regeln Arbeitsbedingungen, wie z. B.:
– Urlaub
– Arbeitszeit
– Mehrarbeit
– Rationalisierungsschutzbestimmungen
– Schutzbestimmungen für bestimmte
  Gruppen

17 In welchen Tarifverträgen werden die Löhne und Gehälter der einzelnen Tarifgruppen geregelt?

In Lohn- und Gehaltstarifverträgen

18 Was kennzeichnet eine Betriebsvereinbarung?

Betriebsvereinbarungen regeln verbindlich soziale Angelegenheiten für einen bestimmten Betrieb.

19 Durch wen werden Betriebsvereinbarungen beschlossen?

Betriebsvereinbarungen werden von Arbeitgebern und Betriebsrat gemeinsam beschlossen.

20 Zur Erfüllung seiner Aufgaben hat der Betriebsrat Mitwirkungs- und Mitbestimmungsrechte.
Auf welche Bereiche beziehen sich diese Rechte insbesondere?

Auf:
– soziale Angelegenheiten
– die Gestaltung von Arbeitsplatz, -ablauf und -umgebung
– personelle Angelegenheiten
– wirtschaftliche Angelegenheiten

21 Nennen Sie je drei Mitwirkungs- und Mitbestimmungsrechte des Betriebsrates.

Mitwirkungsrechte:
– Informationsrecht
– Vorschlagsrecht
– Anhörungsrecht
– Beratungsrecht

Mitbestimmungsrechte:
– Zustimmungsverweigerungsrecht
– Vetorecht
– Initiativrecht

22 Welche Stellung hat die Jugend- und Ausbildungsvertretung im Betrieb?

Die Jugend- und Ausbildungsvertretung ist kein eigenständiges Organ der Betriebsverfassung, sondern eine Unterstützung des Betriebsrates. Sie soll die Belange aller Auszubildenden und aller jugendlichen Mitarbeiter wahrnehmen, die noch keine 18 Jahre alt sind.

23 Welche Versicherungsarten werden der gesetzlichen Sozialversicherung zugeordnet?

- Krankenversicherung (KV)
- Rentenversicherung (RV)
- Arbeitslosenversicherung (ALV)
- Pflegeversicherung (PV)
- Unfallversicherung (UV)

24 Zu welcher Versicherung zahlt ein Auszubildender in der Regel Pflichtbeiträge?

Zur gesetzlichen Rentenversicherung

25 Zu welchen Prozentsätzen zahlen Arbeitnehmer und Arbeitgeber die Sozialversicherungsbeiträge?

	Arbeit-geber	Arbeit-nehmer
KV	50 %	50 %
RV	50 %	50 %
ALV	50 %	50 %
PV	50 %	50 %[1]
UV	100 %	–

26 Welche gesetzlichen Versicherungsbeiträge werden nicht vom Arbeitgeber gezahlt?
a) Beiträge zur Krankenversicherung
b) Beiträge zur Haftpflichtversicherung
c) Beiträge zur Rentenversicherung
d) Beiträge zur Pflegeversicherung

b) Beiträge zur Haftpflichtversicherung

---

[1] Um die Kosten der Arbeitgeber auszugleichen, strichen die Länder zunächst einen Feiertag, der stets auf einen Werktag fiel. In fast allen Bundesländern ist deshalb der Buß- und Bettag entfallen. In Sachsen wurde kein Feiertag gestrichen, deshalb zahlen die Arbeitnehmer hier den gesamten Beitrag.

27 Welche der unten aufgeführten Sozialversicherungszweige sind für die unter a) bis f) stehenden Leistungen zuständig?

1 Krankenversicherung

2 Unfallversicherung

3 Rentenversicherung

4 Arbeitslosenversicherung

a) Zahlung von Verletztenrente nach einem Betriebsunfall

b) Übernahme der Operationskosten für eine Gallenoperation

c) Übernahme der Kosten der Krebsvorsorgeuntersuchungen

d) Zahlung von Rente wegen Erwerbsunfähigkeit aufgrund eines Herzinfarkts

e) Zahlung von Arbeitslosenhilfe

f) Übernahme von Umschulungskosten bei Arbeitslosigkeit

1 b), c)

2 a)

3 d)

4 e), f)

28 Wer ist der Träger der gesetzlichen Rentenversicherung

a) bei Angestellten,

b) bei Arbeitern?

a) **bei Angestellten:**
die Bundesversicherungsanstalt für Angestellte (BfA)

b) **bei Arbeitern:**
die Landesversicherungsanstalten (LVA)

29 Welche der folgenden Angaben enthält die Lohnsteuerkarte u. a.?

1 Lohn- bzw. Gehaltsgruppe

2 Steuerklasse

3 Kinderfreibeträge

4 Steuernummer

2 Steuerklasse

3 Kinderfreibeträge

30 Wer ist für die Ausstellung der Lohnsteuerkarte zuständig?

1 Krankenkasse
2 Finanzamt
3 Gemeindebehörde
4 Arbeitsamt

3 Gemeindebehörde

31 Welche Angaben kann die zuständige Gemeindebehörde auf der Lohnsteuerkarte verändern?

Änderung:
– des Familienstandes
– der Steuerklasse
– der Kinderfreibeträge

32 Wer ist befugt, einen Freibetrag für erhöhte Werbungskosten auf der Lohnsteuerkarte einzutragen?

1 Gemeindebehörde
2 Finanzamt
3 Steuerberater
4 Arbeitgeber

2 Finanzamt

33 Welche der folgenden Angaben werden u. a. vom Arbeitgeber auf der Lohnsteuerkarte bescheinigt?

1 Lohn- und Gehaltsvorschüsse
2 Jahresbruttoeinkommen
3 einbehaltene Lohnsteuer
4 Spenden des Arbeitnehmers

2 Jahresbruttoeinkommen
3 einbehaltene Lohnsteuer

34 In wie viel Steuerklassen ist die Lohnsteuertabelle unterteilt?

Die Lohnsteuertabelle ist in sechs Steuerklassen unterteilt.

35 Welche steuerpflichtigen Personen werden in der Steuerklasse I eingestuft?

Ledige, Geschiedene, Verwitwete und dauernd getrennt Lebende werden in die Steuerklasse I eingestuft (Steuerklasse der „Alleinstehenden").

1.4 Gesundheits- und Umweltschutz

1 **Sicherheitstechnische Maßnahmen beinhalten alle gestalterischen und beschreibenden Maßnahmen, die zur Vermeidung von Gefahren getroffen werden.**

Geben Sie in einer Rangfolge die Ziele der Sicherheitstechnik an.

1. Technische Erzeugnisse sind so zu gestalten, dass keine Gefahren vorhanden sind (z. B. Gehäuse).
2. Führt Maßnahme unter 1. nicht oder nur teilweise zum Ziel, sind Einrichtungen an den technischen Erzeugnissen zu ergänzen, die den allgemeinen Zweck haben, die gefahrlose Verwendung zu fördern oder zu bewirken (z. B. Schutzleiter).
3. Führen die Maßnahmen unter 1. und 2. nicht oder nur teilweise zum Ziel, sind die Bedingungen für eine gefahrlose Verwendung anzugeben (z. B. Gebrauchs- und Betriebsanleitungen).

2 **Das Deutsche Institut für Normung e.V. (DIN) gibt „Deutsche Normen" für fast alle technischen und naturwissenschaftlichen Bereiche heraus.**

Was charakterisiert eine Norm?

Die Norm
– ist keine zwingende Verpflichtung, sondern eine Empfehlung
– kennzeichnet den Stand der Technik zum Zeitpunkt der Herausgabe
– kann durch gesetzliche Regelungen verbindlich werden

3 **Welche sicherheitstechnischen Festlegungen sind in den VDE-(Verband Deutscher Elektrotechniker e.V.)Bestimmungen enthalten?**

Die VDE-Bestimmungen enthalten sicherheitstechnische Festlegungen für
– das Errichten und Betreiben elektrischer Anlagen
– das Herstellen und Betreiben elektrischer Betriebsmittel und über
– Eigenschaften, Bemessung, Prüfung, Schutz und Instandhaltung der Betriebsmittel und Anlagen.

4 **Nennen Sie zwei Hauptursachen für das Entstehen von Gefahren durch elektrischen Strom.**

• Verschleißerscheinungen bei Elektrogeräten und Leitungen (häufige Beanspruchung, natürliche Alterung)

→

▷ *Fortsetzung der Antwort* ▷

- Fehlverhalten des Menschen (mangelndes Sicherheitsbewusstsein, nicht fachgerechtes Arbeiten, mutwillige Beschädigung)

5 Welche Gefahren gehen von der unmittelbaren Einwirkung elektrischer Energie aus?

- Direkte Einwirkung auf das Nervensystem, auf die Herztätigkeit (mögliche Folge: tödlich verlaufendes Herzkammerflimmern) und auf die Funktion der Muskeln (Verkrampfungen) und Organe
- Erwärmung des Körpers bis hin zu Verbrennungen an den Übergangsstellen (Haut)
- Absterben der Zellen im menschlichen Organismus durch Zerlegung der leitenden Zellflüssigkeit in ihre chemischen Bestandteile

6 Wovon sind die Folgen der Einwirkung des direkten Stromflusses durch den Menschen abhängig?

Einfluss haben:
- Stromstärke
- Stromart
- Strombahn im Körper (Widerstand)
- Dauer der Einwirkung des elektrischen Stroms

7 Ab welcher Stromstärke (Wechselstrom 50 Hz, Einwirkdauer 1 Sekunde) besteht eine erhöhte Gefährdung?

Ab 50 mA.
Es kann zu folgenden Wirkungen kommen:
- Herzkammerflimmern
- Herzstillstand
- Bewusstlosigkeit
- Atemlähmung
- Blutkreislaufversagen
- Verbrennungen

8 Wie hoch ist die Berührungsspannung, die als nicht lebensgefährlich betrachtet werden kann?

Die in den VDE-Bestimmungen festgelegten Spannungswerte, die als Berührungsspannung an den Betriebsmitteln auftreten dürfen, ohne dass eine Abschaltung erfolgen muss, betragen für:

→

▷ *Fortsetzung der Antwort* ▷

– Wechselstrom (Effektivwert, oberschwingungsfrei[1]): $U_L \leq 50$ V
– Gleichstrom: $U_L \leq 120$ V

In Krankenanstalten gilt für:
– Wechselstrom (Effektivwert, oberschwingungsfrei[1]): $U_L \leq 25$ V
– Gleichstrom: $U_L \leq 60$ V

---

[1] 10 % effektiv bei überlagerter sinusförmiger Wechselspannung

9 Wer darf am geöffneten PC Wartungs- und Installationsarbeiten durchführen?

Allgemein gilt:
Arbeiten an elektrischen Anlagen (wie z. B. geöffneter PC) dürfen nur von *Elektrofachkräften* oder *elektrotechnisch unterwiesenen Personen* durchgeführt werden. Dabei bezieht sich Arbeiten auf: Einrichten, Erweitern, Ändern, Instandhalten, Warten, Instandsetzen und Reinigen.

10 Wer gilt als Elektrofachkraft?

Als Elektrofachkraft gilt gemäß DIN VDE 0105/UVV VBG 4 wer aufgrund seiner Ausbildung, Kenntnisse und Erfahrungen sowie durch Kenntnisse der einschlägigen Bestimmungen die ihm übertragenen Arbeiten beurteilen und möglichst Gefahren erkennen kann. Als fachliche Ausbildung im Sinne dieser Bestimmungen gilt auch eine mehrjährige Tätigkeit auf dem Arbeitsgebiet.

11 In welchem IT-Beruf wird man aufgrund der Ausbildung zur Elektrofachkraft?

Nur der IT-Systemelektroniker

12 Welche Pflichten ergeben sich für den Arbeitgeber und den Arbeitnehmer durch die UVV (Unfallverhütungsvorschriften)?

Die UVV dienen der Verhütung von Unfällen und Berufskrankheiten. **Arbeitgeber** müssen die UVV allen Beschäftigten zugänglich machen und dafür sorgen, dass die UVV im Betrieb beachtet werden. **Arbeitnehmer** sind verpflichtet, die UVV und die Anweisungen des Arbeitgebers für arbeitsmedizinisch und sicherheitstechnisch richtiges Verhalten einzuhalten bzw. zu befolgen.

13 Sowohl für den Fachmann als auch für den Laien muss als oberster Grundsatz gelten:

Arbeiten an elektrischen Anlagen nur im spannungsfreien Zustand!

In welcher zwingenden Reihenfolge ist der spannungsfreie Zustand herzustellen und zu sichern (fünf Sicherheitsregeln)?

Herstellen und Sichern des spannungsfreien Zustandes:
1. Allpolig und allseitig abschalten
2. Gegen Wiedereinschalten sichern
3. Spannungsfreiheit feststellen
4. Erden und Kurzschließen
5. Gegen benachbarte, unter Spannung stehende Teile schützen

14 VDE-Bestimmungen gelten als anerkannte Regeln der Elektrotechnik.

Wer ist für deren Einhaltung verantwortlich?

Für die Einhaltung der anerkannten Regeln der Elektrotechnik sind *Hersteller, Errichter* oder *Betreiber* elektrischer Betriebsmittel grundsätzlich selbst verantwortlich.

15 Welche Grundsätze sind bei der ersten Hilfe bei Unfällen durch elektrischen Strom zu beachten?

- Ruhe bewahren
- eigenen Schreck überwinden und überlegt handeln
- zusätzlichen Schaden verhindern
- Unfallstelle absichern
- Hilfe herbeiholen
- Notruf
- Verletzten möglichst nicht allein lassen

16 Geben Sie die Erste-Hilfe Maßnahmen bei einem Elektrounfall an?

1. Stromkreis abschalten oder unterbrechen (NOT-AUS betätigen, Schalter ausschalten, Stecker ziehen, Leitungsschutzschalter betätigen)
2. Verletzten aus der Gefahrenzone bergen
   - wenn Netzabschaltung nicht möglich war, den Verletzten vom Netz trennen (dabei selbst vom Netz isoliert bleiben! Nur isolierte Gegenstände dafür verwenden) →

▷ *Fortsetzung der Antwort* ▷

3. sind Kreislauf und Atmung in Ordnung, dann den Verletzten in stabile Seitenlage bringen
   - bei Atemstillstand: sofort Atemspende
   - bei Herzstillstand/Herzkammerflimmern:
     äußere Herzmassage und Atemspende (nur durch ausgebildete Personen!)
4. Arzt/Rettungsdienst über den Elektrounfall verständigen

Zeit zwischen Unfall und erfolgreicher Wiederbelebung max. 4 min!

---

17 Die Wärmewirkung des Stromes kann Brände verursachen.

Wodurch können solche Ströme entstehen?

- Isolationsfehler
- Überstrom/Kurzschluss in Leitungen der Betriebsmittel
- fehlerhafte Installation (z. B. Verwenden eines zu geringen Leiterquerschnittes)
- fehlerhafte Reparaturen an elektrischen Geräten und Einrichtungen
- unterlassene Wartung

---

18 Nennen Sie je eine geeignete Maßnahme um Brände durch

a) Kurzschlüsse bzw. Überströme

b) Isolationsfehler

zu verhindern.

a) richtige Dimensionierung der Schutzeinrichtungen
b) richtige Leitungswahl und vorschriftsmäßige mechanische Beanspruchung

---

19 Welche Wiederbelebungsmaßnahmen sind bei eingetretenem Herzkammerflimmern (fehlender Puls, weit offene Pupillen) sofort einzuleiten?

Es ist **sofort** mit der Herzdruckmassage zu beginnen. Dazu je Sekunde einmal durch Gewichtsverlagerung auf das untere Drittel des Brustbeines drücken (übereinander gelegte flache Hand). Unterbrochen wird die Herzdruckmassage etwa alle 15 Sekunden für eine zweimalige künstliche Beatmung.   →

▷ *Fortsetzung der Antwort* ▷

Die Herzdruckmassage sollte nur von einer in erster Hilfe ausgebildeten Person ausgeübt werden!

20 Welche Maßnahmen ergreifen Sie bei allgemeinen Unfällen?

- Verletzten bequem lagern/bei Bewusstlosigkeit in stabile Seitenlage bringen (sonst Erstickungsgefahr bei Erbrechen)
- Verletzten vor Kälte, Hitze und Nässe schützen
- Bewusstlosen keine Flüssigkeit geben
- Bekleidungsstücke, die die Atmung behindern, lockern bzw. öffnen

Danach sofort den Arzt verständigen!

21 Was ist im Voraus zu beachten, damit im Brandfall Feuerlöscher sicher eingesetzt werden können?

- Feuerlöscher an einem jederzeit leicht erreichbaren Standort anbringen und Standort kennzeichnen F
- alle zwei Jahre sind die Feuerlöscher durch eine sachkundige Person zu prüfen (Prüfvermerk am Feuerlöscher)
- ausreichende Anzahl von Feuerlöschern muss zur Verfügung gestellt werden (z. B. Bürobereich 100 m² – zwei Feuerlöscher Größe IV)
- ausreichende Anzahl von Beschäftigten muss mit der Handhabung der Feuerlöscher vertraut sein (regelmäßige Löschübungen)

22 Geben Sie drei Grundregeln für die Brandbekämpfung mit Feuerlöschern an.

- Feuer in Windrichtung angreifen
- Flächenbrände von vorn beginnend ablöschen
- Tropf- und Fließbrände von oben nach unten löschen
- mehrere Feuerlöscher *gleichzeitig* einsetzen
- Brandstelle nach dem Ablöschen weiter beobachten – Vorsicht vor Wiederentzündung

23 **Wie gehen Sie vor, um die brennende Kleidung einer Person zu löschen?**

Brennende Kleidung wird durch
– Ablöschen
– Ausschlagen
– Umhüllen mit Decken oder Herum-
  wälzen der brennenden Person auf
  dem Boden
erstickt.

24 **In welcher Form müssen Beschäftigte über sicherheits- gerechtes Verhalten unter- wiesen werden?**

Unterweisungen sind vom Unternehmer bzw. seinem Beauftragten mündlich und arbeitsplatzbezogen umfassend, praxis- nah und auch für ausländische Arbeit- nehmer verständlich durchzuführen (aktenkundiger Nachweis). Das Aus- händigen von Druckschriften allein reicht nicht!

25 **Wann sind Unterweisun- gen über sicherheitsgerechtes Verhalten notwendig?**

● Bei jeder Neueinstellung
● vor Beginn jeder neuen Tätigkeit
● bei Änderung der Arbeitsbedingungen (Einführung neuer Technik)
● mindestens einmal jährlich
  (bei Jugendlichen mindestens zweimal
  jährlich)

26 **Ein Monitor ist mit dem VDE-GS-Zeichen gekennzeich- net.**

Was sagt dieses Kennzeichen aus?

VDE-Zeichen:
– vom VDE-Institut geprüft und zertifiziert
– Überwachung der Fertigung
– geprüft wurden elektrische, mechanische, thermische, radiologische und
  andere Risiken nach VDE-Bestimmungen
– Funktions- und Gebrauchstauglich-
  keitsprüfung

GS-Zeichen:
– Monitor entspricht den Sicherheitsanforderungen des Gerätesicherheits-
  gesetzes (elektrische und mechanische
  Sicherheit, Brandschutz) und
– die Sicherheitsregeln der Berufsge-
  nossenschaft für Bildschirmarbeits-
  plätze werden eingehalten

27 Was zeigt die CE-Kennzeichnung an einer elektronischen Einrichtung an?

Die elektronische Einrichtung erfüllt die Bestimmung aller zutreffenden EU-Richtlinien, einschließlich die EMV (Elektromagnetische Verträglichkeit).

28 Welche Produkte erhalten das CE-Symbol?

CE-Kennzeichnung
(CE = Communauté Européenne)

Die Produkte, die mit dem CE-Symbol zu kennzeichnen sind, legt die EU-Gesetzgebung fest und werden von den EU-Behörden kontrolliert. Der Hersteller führt *eigenverantwortlich* die Zertifizierung durch, ist dafür haftbar und muss den Behörden die Rechtsgültigkeit seines Handelns nachweisen können.

29 Auf einem Monitor befindet sich die Kennzeichnung

> **Certified to MPR II** .

Was besagt diese Kennzeichnung?

Bei einem Monitor, der diese Norm MPR II erfüllt, sind nach heutigem Wissen keine gesundheitlichen Schäden durch Strahlenbelastung bei längeren Monitorsitzungen zu erwarten. Die Norm selbst enthält Grenzwerte, die sich auf die elektromagnetischen und elektrostatischen Felder von Monitoren beziehen (in der BRD Mindeststandard). Der Hersteller zertifiziert die MPR-II-Norm eigenverantwortlich!

30 Die falsche Aufstellung des Bildschirms ist derzeit der häufigste Mangel an Bildschirmarbeitsplätzen ($\approx 40\,\%$).
Geben Sie drei Hinweise zur richtigen ergonomischen Aufstellung des Bildschirmes.

Der Bildschirm muss so aufgestellt werden, dass
– er frei von Reflexen und Spiegelungen ist
– er zur Anpassung an die individuellen Bedürfnisse des Benutzers frei und leicht drehbar und neigbar ist
– zufrieden stellende Lichtverhältnisse und ein ausreichender Kontrast zwischen Bildschirm und Umgebung gewährleistet sind.

31 Über welche drei Eigenschaften sollte ein Bürostuhl verfügen?

• Kippsicher (fünf Rollen),
• die Sitzhöhe muss verstellbar sein,
• die Rückenlehne muss in Höhe und Neigung verstellbar sein

32 Nennen Sie zwei Methoden staatlicher Umweltpolitik.

Auflagen = Vorgabe von Grenzwerten, die dem Stand der Technik entsprechen

Abgaben = Umweltressourcen erhalten politisch festgelegte Preise, die bei Umweltnutzung durch eine Abgabe fällig werden (Steuern)

33 Nennen Sie drei Bedingungen für ein umweltbewusstes und kompetentes Handeln.

- Einsicht in die ökologischen und ökonomischen Zusammenhänge
- berufliche/fachliche Kenntnisse und Fertigkeiten
- soziale Fähigkeiten wie kooperatives Zusammenarbeiten und kritisches Urteilen

34 Nennen Sie drei Beiträge, mit denen Sie ein umweltschonendes Management im Betrieb unterstützen.

- Umweltorientierte Schwachstellen aufzeigen
- durch entsprechende Vorsorgeaktivitäten umweltbelastende Störfälle vermeiden
- umweltverträgliche/recycelbare Materialien im Einkauf auswählen
- die Anwendung energiesparender Technologien forcieren

35 Welche Umweltqualifikationsanforderungen sind bei Ihren Arbeitsaufgaben im IT-Bereich von Bedeutung? Nennen Sie drei!

- Kenntnis und Anwendung der entsprechenden Gesetze und Vorschriften über Sicherheit, Gesundheit und Umweltschutz
- Kenntnis der Gefahren elektrischer Einrichtungen (z. B. elektrischer Schlag, Brand) sowie entsprechender Sicherheitsvorkehrungen
- Kenntnis des aktuellen Standes der Entsorgungs- und Wiederverwertungsmöglichkeiten (z. B. bei Verpackungen, Batterien, Kabeln, gebrauchten Bauteilen nach Reparatur)

→

▷ *Fortsetzung der Antwort* ▷

- Fähigkeit, Kunden über sparsamen Energieverbrauch sowie umweltschonende Entsorgung von Altgeräten zu beraten

36 Welche Anforderungsbereiche werden durch das Gütesiegel TCO 99 erfasst?

- Ergonomie
- Emissionen (Strahlen)
- Energieverbrauch
- Ökologie

37 Welche Umweltanforderungen sind in der TCO 99 enthalten?
Nennen Sie drei!

- Bei der Herstellung von Computern und Bildschirmen kein FCKW verwenden
- Energieverbrauchswerte im Stand-by-Modus max. 15 Watt, abgeschaltet max. 5 Watt
- es dürfen nur wenige Kunststoffarten verwendet werden (diese nicht vermischen) und der Hersteller muss einen Vertrag mit einer Recyclingfirma für Elektronikschrott abgeschlossen haben (Verbesserung des Recyclings)

38 Nennen Sie drei umweltgerechte Eigenschaften eines Computers, der das Umweltzeichen „Blauer Engel" trägt!

- Computer ist aufrüstbar und recycelbar
- Computer kann kostenlos dem Hersteller zwecks Verwertung zurückgegeben werden
- Gehäuse ohne PVC
- nur wiederverwertbare Kunststoffarten (ohne Schwermetalle und ohne halogenhaltige Flammschutzmittel) wurden verwendet
- Verpackung FCKW-frei

39 Was versteht man unter Recycling?

Wiederverwertung wertvoller Rohstoffe. Elektronische Geräte sind zunehmend recyclingfähig.

40 Ist eine CD-ROM gut recycelbar?

Ja. Sie besteht zu 99 % aus recycelfähigen Materialien.

41 **Wie sind Abfälle im Sinne des Kreislaufwirtschafts- und Abfallgesetzes zu behandeln?**

Das Gesetz verlangt, dass Abfälle generell zu verwerten sind, sofern dies im Vergleich zur Beseitigung die umweltverträglichste Lösung darstellt.

42 **Wie können Kunststoffabfälle der Wiederverwertung zugeführt werden?**

Kunststoffabfälle (Trennung von PP, PE, gereinigt oder ungereinigt nicht notwendig) werden nach den Vorgaben des Dualen Systems Deutschlands über die gelbe Tonne eingesammelt. Die Trennung der Kunststoffe erfolgt in den Sortieranlagen des „grünen Punktes".

43 **Wie setzen Sie umweltgerecht Verpackungsmaterial ein?**

- Verpackungen für Transport und Lagerung so weit wie möglich reduzieren
- recyclingfähige Materialien benutzen
- Wiederverwertung von Transportverpackungen prüfen

Hinweis:
Hersteller und Vertreiber von Transport-, Um- und Verkaufsverpackungen sind zur Rücknahme und Verwertung der Verpackung verpflichtet.

2 Geschäftsprozesse und betriebliche Organisation

2.1 Analyse von Geschäftsprozessen

1 Was versteht man unter einem Prozess?

- Allgemein eine Folge von Aktionen
- nach DIN 66201 die Umformung und/oder Transport von Materie, Energie und Informationen von einem Anfangszustand in einen Endzustand nach genau festgelegten Regeln

2 Durch welche Merkmale ist ein Prozess grundsätzlich gekennzeichnet?

- Prozessbeginn
- Prozessgestaltung
- Prozessausführung
- Resultat
- Prozessende
- Prozessqualität

3 Was versteht man unter einem Business Prozess?

Business Prozess ist die amerikanische Bezeichnung für den Begriff Geschäftsprozess.

4 Was ist ein Geschäftsprozess?

Als Geschäftsprozess werden diejenigen sachlogisch zusammenhängenden und inhaltlich abgeschlossenen Aktivitäten und Funktionen bezeichnet, die der Rationalisierung der übergeordneten Ziele des Unternehmens dienen und eine Wertschöpfung erbringen.

5 Welche Merkmale haben Geschäftsprozesse?

- Haben einen eindeutigen Anfang und Abschluss
- sind zielgerichtet und ergebnisorientiert
- bestehen aus einer Kette von betrieblichen Aktivitäten (Teilprozessen) →

▷ *Fortsetzung der Antwort* ▷

- werden von Aktionsträgern mittels Sachmittel gesteuert
- Kunden und Lieferanten werden in den Ablauf integriert
- verursachen Kosten durch den Verbrauch von Ressourcen

2

6 Was ist ein Wertschöpfungsprozess?

Der Wertschöpfungsprozess erfasst alle Vorgänge, die zur Erfüllung des Kundenwunsches beitragen. Die Wertschöpfung ist optimal, wenn der Ressourcenverbrauch minimal ist, unter Berücksichtigung von Durchlaufzeiten und Qualität. Geschäftsprozesse sind Wertschöpfungsprozesse.

7 Was bezeichnet man als Wertschöpfungskette?

Die Wertschöpfungskette umfasst alle betrieblichen Wertschöpfungsaktivitäten einschließlich vor- und nachgelagerter Stufen.

8 Für welche Prozesse steht die Bezeichnung Workflow?

Workflow ist ein Teilprozess eines Geschäftsprozesses, der im Ablauf genau strukturiert ist (mit Informationssystemen steuerbar/automatisierbar)

9 Nach ihrem unmittelbaren Beitrag zur Wertschöpfung einer Unternehmung unterscheidet man zwei Prozesse. Welche sind das?

- **Kernprozesse**
  (haben eine unmittelbare Schnittstelle zum Kunden, sie erbringen eine Wertschöpfung für den Kunden)
- **Unterstützungsprozesse/Serviceprozesse**
  (haben keine direkte Schnittstelle zum Kunden, sie erbringen eine Wertschöpfung für die Kernprozesse)

10 Was versteht man unter Prozessorganisation?

Prozessorganisation ist die Umsetzung der Management- und Führungsprozesse durch eine konsequente Ausrichtung an Geschäftsprozessen.

11 Mit welcher Darstellungsform kann man Geschäftsprozesse besser nachvollziehen?

Mit einem übersichtlichen
- Ablaufdiagramm
- Flussdiagramm
- Blockdiagramm und der
- Netzplantechnik

12 Die zu verwendenden Symbole in einem Datenflussplan sind nach DIN 66001 vorgegeben.
In welche drei Elemente lassen sie sich untergliedern?

1. Bearbeitungssymbole
   (Bearbeiten oder Operation allgemein, Verzweigung, Unterprogramm, Eingabe/Ausgabe usw.)
2. Datenträgersymbole
   (Datenträger, Magnetband, Schriftstück usw.)
3. Datenflusssymbole
   (Flusslinie, Datenübergangsstelle usw.)

13 Welche Ziele werden u. a. mit der Erstellung eines Flussdiagramms verfolgt?

- Darstellung der betrieblichen Aufbau- und Ablaufstruktur
- Überprüfungs- und Diskussionsgrundlage
- Information für den Programmierer, wie die Softwareprogramme eingesetzt und miteinander verknüpft werden

14 Woraus ergibt sich die Geschäftsprozessstrukturierung?

Sie ergibt sich aus
- der Kundenorientierung
- der Marktorientierung
- der Organisation des Unternehmens

15 In welche fünf wichtige Komponenten lassen sich die Bestandteile von Prozessen zusammenfassen?

1. Die Aufgabenkette
2. die Prozessleistung
3. die Prozessentwicklung
4. die Prozessführung
5. das Informationssystem

16 Was gilt als Input bei der Festlegung von Geschäftsprozessen und welches Ziel wird damit verfolgt?

Als Input gelten die Erwartungen der Kunden an die Leistungen des Unternehmens. Als oberstes Ziel ist die Fähigkeit der Realisierung der Kundenwünsche anzusehen.

2

17 Wie werden Input und Output bei einem Geschäftsprozess miteinander verglichen?

Durch einen Soll-Ist-Prozessabgleich werden In- und Output miteinander verglichen. Prozessänderungen bzw. Restrukturierungsmaßnahmen können die Folge sein.

18 Wer ist bei der Durchführung von Geschäftsprozessen beteiligt und durch wen erfolgt die Prozesssteuerung?

- Ein Prozessteam und
- ein Prozessverantwortlicher (Prozess-Owner)

Der Prozess-Owner übernimmt dabei die Prozesssteuerung, das Management des Prozesses.

19 Welche Aufgaben hat der Prozess-Owner bei der Prozesssteuerung zu erfüllen?

- Übernahme der Prozessführung
- Festlegen der Prozessgestaltung
- Durchführen einer Prozessabstimmung
- Kriterien für die Prozessmessungen festlegen und auswerten
- den Qualitätsnachweis erstellen

20 Welche Faktoren können die Ergebnisse des Prozesses beeinflussen?

- Prozessgeschwindigkeit
- Prozessqualität
- Prozessflexibilität
- Prozesskosten
- Kundenzufriedenheit

21 Welche informationstechnischen Aufgabenfelder ergeben sich mit der Einbeziehung der Informationstechnologie in sämtliche Geschäftsprozesse für die Informationsabteilungen der Unternehmen?

- Anbieten von Systemlösungen durch Projektmanager
- Optimieren von Anwendungssystemen
- Aufbau von anwenderfreundlichen Kundeninformationssystemen
- Beratung und Schulung interner und externer Kunden über neue Technologien und IT-Systeme
- Qualitätssicherung, Verwendung von Standards und Normen

2.2 Betriebliche Organisation

1 Was verstehen Sie allgemein unter Organisation?

Organisation ist auf ein (unternehmerisches) Ziel ausgerichtetes Gestalten, ist wohl durchdachtes, planvolles Vorgehen.

2 Was versteht man unter betrieblicher Organisation?

Unter betrieblicher Organisation versteht man die Festlegung des Betriebsaufbaus und Regelung der Arbeitsabläufe.
Die Organisation schafft Regelungen zur Verwirklichung der Planung.

3 Welches sind die Voraussetzungen für Organisation?

- Teilbarkeit der Aufgaben
- Wiederholung gleicher Aufgaben

4 Nennen Sie die vier Organisationsgrundsätze.

- Grundsatz des organisatorischen Gleichgewichts
- Grundsatz der Zweckmäßigkeit
- Grundsatz der Koordination
- Grundsatz der Wirtschaftlichkeit

5 Welche Gestaltungsspielräume werden im Bereich der Betriebsorganisation voneinander abgegrenzt?

- Organisationsplanung
- Disposition
- Improvisation

6 Wodurch unterscheiden sich Organisationsplanung, Disposition und Improvisation?

Die Organisationsplanung sorgt für Stabilität im Betriebssystem.

Disposition und Improvisation erhöhen die Elastizität, der Betrieb reagiert flexibel.

7 Was verstehen Sie unter Improvisation?

Die Improvisation ist eine außerplanmäßige Regelung für Einzelvorgänge. Ursachen für Improvisationen können sein:

- unvorhergesehene Ereignisse (z. B. Streiks)
- dauerhafte Lösungen sind wegen ständig veränderter Bedingungen unmöglich (z. B. Baustellen) →

2

▷ *Fortsetzung der Antwort* ▷

- wählen eines Provisoriums, da die endgültige Lösung zur Zeit nicht möglich ist (z. B. finanzielle Engpässe)

8 Was versteht man unter Aufbauorganisation?

Die Aufbauorganisation gliedert die Aufgaben in Aufgabenbereiche und bestimmt die Stellen und Abteilungen, die diese bearbeiten.

9 Die Gesamtaufgabe eines Betriebes lässt sich in Teilaufgaben zerlegen.
Welche Aufgabengliederung ist dabei möglich?

Aufgabengliederung nach:

- Objekten (z. B. ausführen von Arbeiten an stofflichen [Rohstoffe] als auch nichtstofflichen [Informationsverarbeitung im Büro] Objekten)
- Verrichtungen (z. B. transportieren, lagern, montieren)
- Phasen (z. B. planen, verwirklichen, kontrollieren)
- Rangstufen (z. B. anordnen, ausführen)

10 Was sind Stellen?

Stellen sind die kleinsten organisatorischen Einheiten im Betrieb. Eine Stelle entsteht, wenn Teilaufgaben durch Aufgabensynthese zum Arbeitsbereich für einen Aufgabenträger (Arbeiter, Angestellten) zusammengefasst werden.

11 Nach welchen Stellenarten wird unterschieden?

- **Ausführende Stelle** (Stelle ohne Leitungsfunktion)
- **Instanz** (Stelle mit Leitungsfunktion)
- **Stabsstelle** (Hilfsstelle ohne Weisungsbefugnis für die Instanz – Beratung, Information)

12 Was verstehen Sie unter Abteilungen?

Mehrere Stellen mit gleichartigen Aufgabenbereichen werden zu Abteilungen zusammengefasst. In größeren Unternehmungen können mehrere Abteilungen zu Hauptabteilungen zusammengefasst werden.

13 Nach welchen Methoden kann ein Organisator bei der betrieblichen Organisationsarbeit verfahren?

- nach der empirischen (oder induktiven) Methode
- nach der konzeptionellen (oder deduktiven) Methode

14 Zwischen welchen Organisationsformen wird bei der betrieblichen Organisation unterschieden?

- Aufbauorganisation
- Ablauforganisation
- Prozessorganisation

15 Was verstehen Sie unter Aufbauorganisation?

Die Aufbauorganisation gliedert die Aufgaben in Aufgabenbereiche und bestimmt die Stellen und Abteilungen, die diese bearbeiten sollen.

- Bildung organisatorischer Einheiten durch Definition und Abgrenzung
- Besetzung von Einheiten durch Aufgabenträger
- Festlegung von Rangordnung und Weisungsbefugnissen
- Festlegung der Managementkonzeption

16 Welches sind die Grundformen der Aufbauorganisation?

- Die verrichtungsorientierte Organisation; die Funktionalorganisation
- die objektorientierte Organisation; die Divisional- oder Spartenorganisation
- die Matrixorganisation

17 Was ist eine Matrixorganisation?

Matrixorganisation heißt eine spezielle Form eines Unternehmensleitungssystems. Zwei Gestaltungsprinzipien werden hier miteinander verknüpft. Die Stellen unterstehen sowohl einem verrichtungs- als auch einem objektorientierten Manager.

18 Nennen Sie fünf Faktoren, die Einfluss auf die Organisationsform der Unternehmen haben.

- Unternehmensgröße
- Unternehmensform
- Marktleistungen
- Fertigungstechnologie
- Informationstechnologie
- Kundenstruktur, Kundensegmentierung
- Mitbewerber am Markt

2

19 Was ist die Aufgabe der Ablauforganisation?

Aufgabe der Ablauforganisation ist die rationelle Gestaltung der Arbeitsabläufe im Betrieb.

20 Welches sind die Ziele der Ablauforganisation?

a) Reibungsloser Ablauf
b) Qualitätssicherung
c) Terminsicherung
d) Pflege der Arbeitswilligkeit

21 Was versteht man unter Prozessorganisation?

Prozessorganisation:

- Abwicklung der Prozesse in organisatorisch selbstständigen Einheiten, die durch funktionale Gruppen unterstützt werden
- Prozess- oder produktbezogene Teams und Arbeitsgruppen werden eingesetzt, die für die ganzheitliche Bearbeitung des Auftrages zuständig sind

22 Welche Prinzipien sind für eine optimale Organisationsform anzuwenden?

- Prinzip der Zweckmäßigkeit
- Prinzip der Wirtschaftlichkeit
- Prinzip der Überschaubarkeit

2.3 Gestaltung von Geschäftsprozessen

1 Was steht vor der eigentlichen Prozessgestaltung?

Vor der eigentlichen Prozessgestaltung müssen Prozesse identifiziert, abgegrenzt und ausgewählt werden.

2 Welches Ziel wird mit der Neugestaltung von Geschäftsprozessen verfolgt?

Ziel der Neugestaltung von Geschäftsprozessen ist es, die Prozesse effizienter zu gestalten und effektiver zu sein.

3 Was ist neben der Erhöhung der Effizienz der Unternehmen eine Folge der Restrukturierung von Geschäftsprozessen?

Die Neugestaltung eines Prozesses in einem Unternehmen führt meist zu dem Abbau von Arbeitsplätzen, da mitunter ganze Abteilungen zusammengefasst bzw. aufgelöst werden.

4 Was versteht man unter Schlüsselprozessen?

Schlüsselprozesse sind diejenigen Prozesse in einer Unternehmung, die einen unmittelbaren und wichtigen Bezug zu den strategischen Zielen des Unternehmens haben und die Wirtschaftlichkeit bzw. Rentabilität erhöhen.

5 Welche Fragen müssen bei der Auswahl von Schlüsselprozessen beachtet werden?

- Welche strategische Bedeutung hat der Prozess?
- Handelt es sich um eine Kernkompetenz des Unternehmens?
- Welches Potential muss hinsichtlich der Kosten eingesetzt werden, um einen entsprechenden Umsatz zu erfüllen?
- Sind die Prozesse standardisierbar?
- Werden Kundenwünsche berücksichtigt?
- Sind die Prozesse beherrschbar?

6 Nennen Sie drei Beispiele für Schlüsselprozesse für ein Telekommunikationsunternehmen.

- Bereitstellung von Telefonanschlüssen
- Telefonrechnung erstellen
- Bereitstellung von ISDN-Basisanschlüssen
- Bereitstellung von Kundenservice

2

7 Welche Erfolgsindikatoren legt das Projektteam bei der Auswahl von Schlüsselprozessen fest?

- Kundenwunsch, -nutzen, -zufriedenheit
- Unternehmensaufwand, -nutzen
- Prozessverbesserungs- und Restrukturierungsmaßnahmen
- Beurteilung des Wettbewerbs- und Qualitätsniveaus von Prozessen

8 Welche drei Unternehmensstrategiefelder sind für eine erfolgreiche Gestaltung von Geschäftsprozessen wichtig?

1. Kundenorientierung
2. Mitarbeiterorientierung
3. Prozessorientierung

9 Erläutern Sie den Faktor Mitarbeiterorientierung für eine erfolgreiche Gestaltung von Geschäftsprozessen.

Mitarbeiterorientierung bedeutet, die Handlungs- und Entscheidungsbefugnisse auf die Mitarbeiter zu übertragen, das heißt für die innerbetriebliche Umsetzung Mitarbeiter

- motivieren
- qualifizieren
- informieren
- und über neue Entlohnungsmodelle eine Beteiligung am Gewinn in Aussicht stellen

10 Welche weiteren Faktoren sind bei der Gestaltung von Geschäftsprozessen zu berücksichtigen?

- Aufbau der Organisationseinheit kennen
- Leistungserstellung und die Abnahme der Leistung einbeziehen
- Kunden über die Leistungspalette informieren
- vorgeschriebene Rechtsvorschriften und Verfahrensregelungen beachten
- Zusammenarbeit von internen und externen Stellen kennen
- Zusammenhang zwischen Leistungserstellung und Informationsfluss erkennen
- IT-Technik zur Erledigung der Aufgaben einsetzen

11 Nennen Sie acht Fragen und Details, die bei der Einrichtung eines neuen Geschäftsprozesses beachtet werden müssen.

- die Organisationsfrage
- die Funktionsfrage
- Kundendaten anlegen
- Personal bereitstellen
- Marketing durchführen
- Rechtsfragen klären
- Kundensegmentierung vornehmen
- Geschäftsprozess gestalten
- prozessorientierte Führung
- Prozessanalyse durchführen
- Checkliste erstellen

12 Was ist die Aufgabe der funktionsorientierten Ablauforganisation?

Aufgabe der funktionsorientierten Ablauforganisation ist die optimale Anordnung der Teilprozesse in Unternehmen. Sie regelt, welche Teilaufgaben in welcher Reihenfolge von welchen Mitarbeitern auszuführen sind.

13 Was versteht man unter prozessorientierter Ablauforganisation?

Prozessorientierte Ablauforganisation: Zuordnung eines gesamten Prozesses vom Anfang bis zum Ende einschließlich der Planungs- und Kontrolltätigkeiten in die Verantwortlichkeit eines Aufgabenträgers. Prozessteams erhalten den Auftrag zur Prozessabwicklung.

14 Wodurch unterscheiden sich funktionsorientierte Ablauforganisation und prozessorientierte Ablauforganisation?

Bei der funktionsorientierten Ablauforganisation wird der Arbeitsablauf optimiert. Bei der prozessorientierten Ablauforganisation dagegen wird das Prozessergebnis optimiert.

15 In welchen Bereichen in einem Unternehmen werden Querschnittsfunktionen wahrgenommen?
Nennen Sie vier.

In den Bereichen:
- Finanzwirtschaft
- Personalwirtschaft
- Recht
- Informationswirtschaft
- Qualitätssicherung
- Umweltschutz

2

16 **Für welche Funktionsbereiche sind die Bereiche mit betrieblichen Querschnittsfunktionen zuständig?**

Bereiche mit betrieblichen Querschnittsfunktionen sind für alle Funktionsbereiche zuständig. Die übergreifenden Aufgaben liegen quer zu den Funktionsaufgaben des Betriebes.

2.4 Kontrolle von Geschäftsprozessen

1 **Welche Kontrollfunktion wird für Geschäftsprozesse angewendet?**

Zielerreichungskontrolle:
Vergleich der durch Zielvereinbarungen festgelegten Planwerte (Sollgrößen) mit den im Prozess realisierten Istwerten. Auftretende Abweichungen zwischen den Soll- und Istwerten sind durch Ursachenforschung (Abweichungsanalyse) festzustellen.

2 **Nennen Sie drei Messgrößen, die bei der Kontrolle von Geschäftsprozessen aufgenommen werden?**

- Ausschuss- und Fehlerquote
- Bearbeitungszeiten und Kosten für Kundenaufträge
- Arbeitsproduktivität
- Abweichung von Qualitätsstandards

3 **Worauf richtet sich die prozessablauforientierte Kontrolle?**

- Auf die Übereinstimmung des Prozessergebnisses mit den Vorgaben
- auf den Auslastungsgrad von Mitarbeitern und Hilfsmitteln im Prozess
- auf das Identifizieren von inhaltlich gleichen Arbeitsschritten in unterschiedlichen Teilprozessen
- auf Engpässe

4 **Warum kommt der Ergebniskontrolle eine besondere Bedeutung im Geschäftsprozess zu?**

Das Prozessergebnis (der Beitrag zur Erhöhung der Wertschöpfung und zur Befriedigung von Kundenbedürfnissen) bestimmt über den Erfolg des Geschäftsprozesses.

5 Durch welche Faktoren wird die Zufriedenheit der Kunden bestimmt?
Nennen Sie mindestens drei Faktoren.

- Qualität des Produkts oder der Dienstleistung
- Kosten für das Produkt oder die Dienstleistung
- Lieferzeit und Liefertreue
- Kundenbetreuung
- Serviceleistungen
- Umwelteigenschaften, Recycling

6 Welchen Stellenwert in der Unternehmensstrategie hat Kundenzufriedenheit?

Kundenzufriedenheit ist das am höchsten gewichtete Ergebnis-Kriterium. Es ist von elementarer Bedeutung für die Unternehmensstrategie. Die Kundenbeschwerden, die schriftlich, mündlich oder telefonisch erfasst werden, liefern wichtige Daten über den Erfolg des Unternehmens am Markt.

7 Zur Beurteilung von Geschäftsprozessen werden u.a. Kundenbeschwerden ausgewertet.
Was lässt sich daraus ableiten?

- Kenntnis über Kundengruppen und Marktsegmente
- Ermittlung der Kundenzufriedenheit
- aktuelle und zukünftige Erwartungen der Kunden an das Produkt
- Vergleich der Ergebnisse mit der Konkurrenz

8 Welche Funktionen beinhaltet die Kontrolle?

Die Kontrolle beinhaltet folgende Funktionen:
- Beobachtungsfunktion
- Beurteilungsfunktion
- Präventivfunktion

9 Welche Aufgabe erfüllt die Präventivfunktion?

Aufgabe der Präventivfunktion ist es, dass die Mitarbeiter ihre Aktivitäten an den vorgegebenen zielgerichteten organisatorischen Regelungen für den Prozess ausrichten.

2

10 Mithilfe von Indikatoren werden die Geschäftserfolge eines Unternehmens beurteilt. **Nennen Sie drei kritische Erfolgsindikatoren.**

- Kosten
- Qualität
- Zeit
- Flexibilität
- Effizienz

11 Die Kontrolle der Geschäftsprozesse dient der Prozessoptimierung. **Was kann sich daraus für die Prozesse bzw. den Prozessablauf ergeben?**

Prozesse können:
- zusammengefasst
- entfernt
- ausgelagert
- automatisiert und
- in ihrem Ablauf beschleunigt werden.

2.5 Rechnungswesen und Controlling

1 Welches sind die Aufgaben des betrieblichen Rechnungswesens?

1. Informationssystem (gesetzlich geforderte Rechenschaftslegung, Übersicht über Vermögens-, Schulden- und Erfolgslage des Unternehmens)
2. Dokumentation aller Wertschöpfungsprozesse (Veränderungen der Vermögenswerte, des Eigen- und Fremdkapitals sowie der Jahreserfolg werden ermittelt)
3. Kontrolle der Wirtschaftlichkeit (ist das Unternehmen liquide)
4. Beeinflussung aller erforderlichen Planungen und Entscheidungen (Zielerreichungsprozess steht im Vordergrund)

2 Wie erfolgt die Dokumentation der Wertschöpfungsprozesse?

Die Dokumentation der Wertschöpfungsprozesse erfolgt im Rahmen der Finanzbuchführung. Sie berücksichtigt alle Aufwendungen und Erträge einer Rechnungsperiode.

3 **Zum Ende einer Rechnungsperiode ist ein vom Gesetzgeber geforderter Nachweis zu erbringen.**
Wie heißt dieser Nachweis und welche Bestandteile umfasst er?

Am Ende einer Rechnungsperiode ist der vom Gesetzgeber vorgeschriebene Jahresabschluss aufzubereiten, der in der Regel die Bilanz, die Gewinn-und-Verlust-Rechnung (bei Kapitalgesellschaften zusätzlich einen Anhang) umfasst.

4 **Wer überwacht die Wirtschaftlichkeit von Wertschöpfungsprozessen im Unternehmen?**

Die Wirtschaftlichkeit von Wertschöpfungsprozessen wird durch die Kosten- und Leistungsrechnung im Rahmen des Rechnungswesens überwacht.

5 **Wie erfolgt im Rechnungswesen die Aufbereitung und Auswertung der gesammelten Daten?**

Mithilfe der Statistik können alle gesammelten Daten aufbereitet und ausgewertet werden.

6 **Was verstehen Sie unter Planungsrechnung?**

In der Planungsrechnung werden die zukünftigen Wertschöpfungsprozesse auf der Grundlage der Ergebnisse der Buchführung, der Kosten- und Leistungsrechnung und der Statistik geplant.

7 **Nach § 240 HGB ist vom Gesetzgeber einmal im Geschäftsjahr eine Bestandsaufnahme des Vermögens und der Schulden, die Inventur, vorgeschrieben.**
Welche Arten der Inventur sind möglich?

- Körperliche Bestandsaufnahme (nur bei Sachen – Sachanlagevermögen, Vorräten, Zahlungsmitteln und vom Betrieb verwahrten Wertpapieren – möglich)
- Buchmäßige Bestandsaufnahme (alle in Geschäftsbüchern aufgezeigten Vermögensgegenstände und Schulden)

8 **Nach welchen Arten der Inventur bezüglich des Inventurzeitpunktes muss man unterscheiden?**

- Stichtagsinventur
- vor- oder nachverlegte Stichtagsinventur
- permanente Inventur

2

9 **Erklären Sie die permanente Inventur und welche Vorteile sie gegenüber der Stichtagsinventur hat.**

Die körperliche Aufnahme der Bestände erfolgt über den ganzen Berichtszeitraum verteilt anhand fortlaufender Aufzeichnungen (z. B. Lagerbücher, Lagerkartei), aus denen die Bestandsveränderungen (Zu- und Abgänge) im Zeitablauf ersichtlich sind.

Vorteile gegenüber der Stichtagsinventur:
– kein großer Arbeitsausfall
– keine Betriebsunterbrechungen

10 **Was verstehen Sie unter Anlagevermögen und Umlaufvermögen?**

Anlagevermögen: alle Vermögensgegenstände, die dem Unternehmen langfristig zur Verfügung stehen (z. B. Grundstücke, Gebäude, Maschinen und Anlagen, Betriebsfahrzeuge)

Umlaufvermögen: alle Vermögensgegenstände, die sich durch die laufende Geschäftstätigkeit fortlaufend verändern (z. B. Waren, Forderungen laut Debitorenliste, Bankguthaben, Kassenbestand)

11 **Gemäß § 242 HGB hat der Gesetzgeber jeden Kaufmann verpflichtet eine Bilanz zu erstellen.**

Was versteht man darunter?

Die Bilanz ist eine kurzgefasste Übersicht des Vermögens und der Schulden zu einem Stichtag. Sie dient der Erfolgsermittlung und der Vermögensübersicht.

12 **Erläutern Sie kurz den Bilanzaufbau.**

- Zusammengefasste Darstellung des Inventars in Kontenform
- Linke Seite der Bilanz (Aktivseite) enthält das gesamte Vermögen = Mittelverwendung
- Rechte Seite der Bilanz (Passivseite) enthält das gesamte im Unternehmen vorhandene Kapital (Eigen- und Fremdkapital) = Mittelherkunft   →

▷ *Fortsetzung der Antwort* ▷

- Aktiv- und Passivseite weisen immer das gleiche Ergebnis aus (es kann nicht mehr Kapital in Vermögen angelegt werden als dem Unternehmen zur Verfügung steht).

13 Welche Konten in der Bilanz bezeichnet man als Bestandskonten und warum?

Man unterscheidet Aktiv- und Passivkonten, die auch als Bestandskonten bezeichnet werden, da sie den Bestand des Unternehmens an Vermögen und Schulden erfassen.

14 Stellen Sie je ein Beispiel für ein Aktiv- und ein Passivkonto dar (Anfangsbestände, Mehrungen, Minderungen).

Aktivkonto:

S	Grundstücke	H
AB + Mehrungen	– Minderungen	

Passivkonto:

S	Eigenkapital	H
– Minderungen	AB + Mehrungen	

15 Welches sind die Grundsätze ordnungsgemäßer Buchführung?

- Klarheit und Übersichtlichkeit:
  - überschaubare und sachgerechte Organisation der Buchführung
  - übersichtliche Gliederung des Jahresabschlusses
  - Buchungen dürfen nicht unkenntlich gemacht werden
- Vollständigkeit:
  - Geschäftsfälle sind fortlaufend, vollständig, richtig, zeitgerecht und sachlich geordnet zu erfassen
- Belegprinzip:
  - keine Buchung ohne Beleg
- Aufbewahrungspflicht:
  - Aufbewahrung der Unterlagen der Buchführung entsprechend den Aufbewahrungsfristen

16 Was versteht man unter Umsatzsteuer?

Die Umsatzsteuer ist eine Steuer auf alle von einem Unternehmen im Inland gegen Entgelt erbrachten Lieferungen und Leistungen (entsprechend Umsatzsteuergesetz).

2

17 Warum ist die Umsatzsteuer für das Unternehmen erfolgsneutral?

Die Umsatz- oder Mehrwertsteuer wird als Prozentsatz auf der Basis des vom Unternehmen in seiner Kalkulation ermittelten Verkaufspreises errechnet (zur Zeit 7 bzw. 16 %).
Sie wird vom Kunden durch den um diesen Prozentsatz erhöhten Verkaufspreis bezahlt.
Das Unternehmen ist verpflichtet einbehaltene Umsatzsteuer (Minderung durch Vorsteuer) monatlich an das Finanzamt abzuführen.

18 Was verstehen Sie unter Abschreibung?

Abschreibung ist die Erfassung des Wertverlustes (Verschleiß, Abnutzung und technische Veralterung) mehrjährig genutzter Wirtschaftsgüter (Maschinen, Gebäude usw.).
Vom Gesetzgeber sind zwei Abschreibungsverfahren, die lineare und degressive Abschreibung, zugelassen.

19 Beschreiben Sie kurz die lineare und degressive Abschreibung.

Lineare Abschreibung:
vom Anschaffungswert werden jährlich gleich bleibende Beträge abgeschrieben

Degressive Abschreibung:
jährlich sinkende Beträge werden vom Buchwert abgeschrieben

20 Wie werden die
a) linearen und
b) degressiven
   Abschreibungswerte (AfA)
berechnet?

a) **Lineare Abschreibung:**

$$AfA = \frac{\text{Anschaffungskosten}}{\text{Nutzungsdauer}}$$

b) **Degressive Abschreibung:**
– zur Zeit ist das Dreifache des linearen Prozentsatzes, höchstens jedoch 30 %, steuerlich zulässig
– über die Nutzungsdauer hinaus wird dieser Prozentsatz vom Buchwert des Anlagegutes abgeschrieben

21 Worin besteht die zentrale Aufgabe der Kosten- und Leistungsrechnung?

Die zentrale Aufgabe der Kosten- und Leistungsrechnung im Rahmen des gesamten Rechnungswesens besteht darin, die in einer Abrechnungsperiode (z. B. Monat, Geschäftsjahr) anfallenden Kosten und Leistungen korrekt zu erfassen.

22 Nennen Sie fünf weitere Aufgaben, die die Kosten- und Leistungsrechnung übernimmt?

● Ermittlung von Preisuntergrenzen für das Absatzmarketing
● Ermittlung von Preisobergrenzen für das Beschaffungsmarketing
● Festlegung von Budgets
● Überwachung der Wirtschaftlichkeit des Geschäftsprozesses
● Zurechnung der Kosten auf die Kostenstellen (Abteilungen, Filialen)
● Zurechnung der Kosten auf die Kostenträger (Produkte, Dienstleistungen)
● Information öffentlicher Institutionen (Finanzamt)

23 Was verstehen Sie unter Kosten und Leistungen?

Kosten sind betriebliche Aufwendungen, die durch den Verzehr von Gütern, Diensten und Aufgaben zum Zwecke der Leistungserstellung im Rahmen von Geschäftsprozessen anfallen.

Leistungen sind betriebliche Erträge, die durch den Verkauf von Waren und Dienstleistungen im Rahmen von Geschäftsprozessen anfallen.

24 Erklären Sie die Begriffspaare

a) **Einnahmen – Erträge**
b) **Ausgaben – Aufwendungen.**

a) Einnahmen: alle Geschäftsprozesse, die das Geldvermögen erhöhen

Erträge: alle Geschäftsprozesse, die das Eigenkapital erhöhen

b) Ausgaben: alle Geschäftsprozesse, die das Geldvermögen vermindern

Aufwendungen: alle Geschäftsprozesse, die das Eigenkapital vermindern

25 Was versteht man unter Kostenartenrechnung?

- Alle anfallenden Kosten (betrieblich bedingte Aufwendungen) und Leistungen (betrieblich bedingte Erträge) im Rahmen von Geschäftsprozessen werden in ihr erfasst und für die Kostenrechnung aufbereitet → genaue Abgrenzung aller Aufwendungen und Erträge
- Die Kostenartenrechnung ist die erste Stufe der Kosten- und Leistungsrechnung

26 Die Abgrenzungsrechnung nimmt die genaue Abgrenzung aller Aufwendungen und Erträge vor.

In welchen Schritten wird dabei vorgegangen?

1. Schritt:
genaue Trennung aller neutralen Aufwendungen und Erträge von den betrieblichen Aufwendungen und Erträgen

2. Schritt:
Gegenüberstellung von korrekturbedürftigen betrieblichen Aufwendungen und kalkulatorischen Kosten

27 Was versteht man unter dem Betriebsergebnis?

Das Betriebsergebnis ist das Ergebnis aus der Gegenüberstellung von Kosten und Leistungen.

28 Was sind kalkulatorische Kosten?

Kalkulatorische Kosten sind Kosten, denen in der Aufwandsrechnung der Finanzbuchhaltung entweder kein Aufwand oder kostenungleicher Aufwand gegenübersteht. →

▷ *Fortsetzung der Antwort* ▷

→ Wirtschaftlichkeit und Rentabilität des Betriebes können so durch die richtige und vollständige Erfassung der Kosten in der Kostenrechnung kontrolliert werden.

29 Nennen Sie drei Beispiele für kalkulatorische Kosten.

- Kalkulatorische Abschreibungen
- kalkulatorische Miete
- kalkulatorische Wagnisse
- kalkulatorische Zinsen
- kalkulatorischer Unternehmerlohn

30 Nach welchen Gesichtspunkten lassen sich die Kostenarten strukturieren?

Strukturierung nach:
- **Hauptgruppen**
  - Materialkosten
  - Personalkosten
  - Abschreibungen
- **Zurechnung zu den betrieblichen Funktionsbereichen bzw. Prozessen**
  - Bewirtschaftungskosten
  - Lagerhaltungskosten
  - Vertriebskosten u. a.
- **Zurechenbarkeit der Kosten**
  - Einzelkosten
  - Gemeinkosten
- **Kosten in Abhängigkeit vom Beschäftigungsgrad**
  - variable Kosten
  - Fixkosten

31 Wie verändern sich die variablen Kosten und die Fixkosten in Abhängigkeit vom Beschäftigungsgrad?

Variable Kosten:
Bei Veränderung des Beschäftigungsgrades verändern sich die variablen Kosten.
Fixkosten:
Die Fixkosten bleiben trotz Veränderung des Beschäftigungsgrades konstant.

32 Welche Aufgabe hat die Kostenstellenrechnung im Unternehmen?

1. Verteilung der Gemeinkosten auf die Kostenstellen (z. B. Abteilungen)
2. Vorbereitung der Kalkulation
3. Kontrolle der Wirtschaftlichkeit

2

33 **Nach welchen Prinzipien bzw. Kriterien werden Kostenstellen im Unternehmen gebildet?**

- Die anfallenden Kosten und die erzeugten Leistungen sollten in Zusammenhang stehen
- Zur Wirtschaftlichkeitserzielung und -kontrolle sollte eine Identität zwischen Kostenstelle und Verantwortungsbereich bestehen
- Kostenstellen sollten klar voneinander abgegrenzt sein
- Der Grad der Kostenstellendifferenzierung sollte Gegenstand einer Wirtschaftlichkeitsuntersuchung sein

34 **Welche Aufgabe erfüllt der Betriebsabrechnungsbogen?**

Mithilfe des Betriebsabrechnungsbogens (organisatorisches Hilfsmittel der Kostenartenrechnung) werden die ermittelten Gemeinkosten aus der Kostenartenrechnung auf die Kostenstellen verteilt.

35 **Was bezeichnet man als Istzuschlagssatz?**

Der Istzuschlagssatz ist der Zuschlagssatz, der sich aus den für einen Abrechnungszeitraum tatsächlich angefallenen Kosten (Istkosten) ergibt.
Er stellt die Grundlage für weitere Kalkulationen künftiger Abrechnungsperioden (Sollzuschlagssatz) dar.

36 **Wann spricht man von einer Kostenunterdeckung?**

Kostenunterdeckung: Die Sollzuschlagssätze der Verwaltungs- und Gemeinkosten liegen unter den Istzuschlagssätzen.

37 **Erläutern Sie den Aufbau der Kostenträgerrechnung.**

Die Kostenträgerrechnung bündelt die Ergebnisse der Kostenarten- und Kostenstellenrechnung
→ die entstandenen Kosten werden auf die Kostenträger verursachungsgemäß verteilt
Kostenträger können z. B. sein:
- Kundenaufträge
- Produkte
- Dienstleistungen
- innerbetriebliche Leistungen

38 Nennen Sie die Aufgaben der Kostenträgerrechnung.

1. Kostenermittlung der einzelnen Kostenträger
2. Ermittlung des Erfolgs eines Kostenträgers
3. Informationsgrundlage für Preisentscheidungen
4. Information zur Bestandsbewertung

39 Aus welchen zwei Komponenten besteht die Kostenträgerrechnung?

- Kostenträgerstückrechnung (Kalkulation)
- Kostenträgerzeitrechnung (Betriebsanalyse)

40 Bei der Kostenträgerrechnung unterscheidet man zwischen drei Arten der Kostenträgerstückrechnung:
a) die Vorkalkulation
b) die Zwischenkalkulation
c) die Nachkalkulation.
Welche Aufgaben werden durch sie erfüllt?

a) **Die Vorkalkulation**
 – Durchführung vor der betrieblichen Leistungserstellung
 – liefert die Entscheidungsgrundlage für die Erstellung von Angeboten bzw. die Auftragsannahme oder -ablehnung

b) **Die Zwischenkalkulation**
 – Überwachung der Kostenentwicklung bei längerfristigen Aufträgen
 → rechtzeitiges Erkennen von Verlustquellen

c) **Die Nachkalkulation**
 – Durchführung nach Abschluss der Leistungserstellung
 – Vergleich der tatsächlich anfallenden Kosten mit der Vorkalkulation
 → Erkennen von Fehleinschätzungen Beeinflussung künftiger Entscheidungen

41 Welches sind die bekanntesten und gebräuchlichsten Kalkulationsverfahren?

- Die Divisionskalkulation,
- die Äquivalenzziffernkalkulation
- die Zuschlagskalkulation

2

42 **Wann wird das Verfahren der Zuschlagskalkulation eingesetzt?**

Das Verfahren der Zuschlagskalkulation wird immer dann eingesetzt, wenn die Leistungserstellung im Unternehmen so heterogen ist, dass eine verursachungsgerechte Zurechnung der Kosten mit den Verfahren der Divisionskalkulation nicht mehr möglich ist.

43 **Was wird in der Bezugskalkulation ermittelt?**

In der Bezugskalkulation werden die Einstandspreise ermittelt.

44 **Welches Ziel wird durch die Verkaufskalkulation in Form der Zuschlagskalkulation verfolgt?**

Bestimmung des Preises für die betrieblichen Leistungen, die vom Kunden gefordert werden können.

45 **Was wird durch die Deckungsbeitragsrechnung bestimmt?**

Mithilfe der Deckungsbeitragsrechnung lässt sich die untere Grenze für eventuelle Preiskorrekturen für die betrieblichen Leistungen bestimmen.

46 **Worin besteht der Unterschied zwischen Vollkostenrechnung und Teilkostenrechnung?**

Bei der **Vollkostenrechnung** werden sämtliche Kosten einer Abrechnungsperiode erfasst und den einzelnen Leistungen des Unternehmens zugerechnet.

Bei der **Teilkostenrechnung** werden zwar alle Kosten einer Abrechnungsperiode erfasst, aber nur teilweise auf die Produkteinheiten weiterverrechnet (Verrechnung aller variablen Kosten).

47 **Welche Informationen können mithilfe der Kostenträgerzeitrechnung für ein Unternehmen ermittelt werden?**

- Die Selbstkosten der einzelnen Kostenträger
- der Anteil der einzelnen Kostenträger am Umsatzergebnis
- das monatliche Betriebsergebnis
- die Gewinnzuschläge für die Kostenträger

48 Definieren Sie den Begriff Controlling.

Controlling ist das Bereitstellen von Methoden und Informationen für arbeitsteilig ablaufende Planungs- und Kontrollprozesse sowie die funktionsübergreifende Unterstützung und Koordination solcher Prozesse.

49 Welche Aufgaben hat das Controlling?

- Strategisches Controlling:
  - strategische Planung
  - Frühwarnung (strategische Kontrolle)
  - internes Berichtswesen
- Operatives Controlling:
  - Budgetierung (operative Kontrolle)
  - Budgetkontrolle
  - internes Berichtswesen

50 Auf welchen Grundlagen und Verfahren bauen die Aufgaben des Controlling auf?

- Finanzbuchführung
- Kosten- und Leistungsrechnung
- Plankostenrechnung in Verbindung mit der Abweichungsanalyse
- Prozesskostenrechnung

51 Wozu dienen betriebswirtschaftliche Kennzahlen?

- Betriebswirtschaftliche Kennzahlen sind ein bedeutendes Steuerungsinstrument
- Sie liefern verdichtete Informationen aus Geschäftsprozessen in Form von Messgrößen oder Messzahlen
- Sie dienen dazu, eine strategische und operative Zielorientierung zu fixieren und zu gewährleisten

52 Welches sind die wesentlichsten betriebswirtschaftlichen Kennzahlen für ein Unternehmen?

- Rentabilität
- Liquidität
- Kapitalstruktur

53 **Welche Bedeutung hat die Kapitalstruktur aus unternehmensexterner Sicht bei einer hohen Eigenkapitalquote?**

Unternehmensexterne Sicht (Banken, Lieferanten):
– Unternehmen sind in der Lage, längere Umsatzrückgänge zu tragen, ohne sich zu überschulden,
– verfügen über Fremdfinanzierungsreserven, die bei Bedarf genutzt werden können (Überbrückung eines Liquiditätsengpasses),
– unterliegen weniger der Gefahr der Zahlungsunfähigkeit

2

54 **Welche Ziele verfolgt die Plankostenrechnung?**

- Vorhersage der effektiv zu erwartenden Kosten
- Ermöglichen einer Gegenüberstellung von prognostizierten Kosten und Erlösen
- lässt Vorhersagen über den Erfolg des Unternehmens zu
- liefert der Unternehmensleitung Informationen über die Auswirkungen unterschiedlicher Handlungsalternativen

55 **Welche Aufgaben werden durch die Plankostenrechnung wahrgenommen?**

- Aufstellung von Kostenvorgaben für Kostenstellen
- Ermittlung von zweckmäßigen Bezugsgrößen je Kostenstelle
- Festlegung von Soll-Ist-Abweichungen
- Durchführung von Abweichungsanalysen zur Ermittlung von Abweichungsursachen
- Zuordnung der Abweichungen zu den betroffenen Kostenstellen

3 Arbeitsorganisation und Arbeitstechniken

3.1 Informationsbeschaffung

1 Auf welche innerbetrieblichen Quellen kann für Marktforschungszwecke zurückgegriffen werden?

- Betriebliches Rechnungswesen (Kostenrechnung)
- Verkaufs- und Kundendienstberichte (Außendienst)
- Datenbank des Warenwirtschaftssystems
- Datenbank des Data Warehouse

2 Nennen Sie fünf allgemeine Informationsquellen.

- Fachbücher
- Fachzeitschriften
- Lexikon, Tabellenbuch
- Firmenunterlagen (Werbung, technische Informationen, Bedienungsanleitungen)
- Multimedia (z. B. CD-ROM mit Text-, Bild- und akustischen Informationen)
- Internet (E-Mail, WWW, News Diskussionsformen)

3 Was bietet FTP?

FTP (**F**ile **T**ransfer **P**rotokoll) = Verfahren zum Datentransfer im Internet. Hiermit können aus dem weltweiten Softwarepool Programme direkt kopiert werden.

4 Wodurch unterscheiden sich die Suchmaschinen im Internet im Wesentlichen?

Sie unterscheiden sich durch:
– den Sprachraum, aus welchem Dokumente erfasst werden
– bestimmte thematische Schwerpunktsetzung

5 Wie funktionieren Volltext-Suchmaschinen?

Es wird ein Suchkriterium in Form von Wörtern, Wortfolgen oder Sätzen eingegeben (Keyword). Die Such- →

▷ *Fortsetzung der Antwort* ▷

maschine durchsucht daraufhin ihren
Datenbestand und gibt eine Ergebnisliste
mit den jeweiligen Internetadressen aus.

6 **Gibt es die Möglichkeit
nach einem Begriff in mehreren Suchmaschinen parallel zu
suchen?**

Ja. Eine solche Suche ermöglichen Meta-
Suchmaschinen. Allerdings wird meist
die volle Funktionsbreite der durchsuch-
ten Maschinen nicht ausgeschöpft.

3

7 **Welche Wirkung in
Suchmaschinen haben die
in den folgenden Beispielen
angegebenen Operatoren?**
**a) Codierverfahren
+ Signalformcoder**
**b) Energieversorgung NEAR
Mainboard**
**c) Datenkabel AND Wellen-
widerstand**
d) „ferrari Fax"

a) Im Suchergebnis ist Signalformcoder
enthalten
b) Begriffe im Bereich Energieversorgung
eines Mainboards werden gesucht
c) Es werden Quellen angezeigt, in dem
beide Suchbegriffe enthalten sind
d) Die Hersteller-/Typenbezeichnung
wird in der angegebenen Reihenfolge
gesucht

8 **Was bedeutet
Benchmarking?**

Informationen über die Konkurrenz
sammeln, aufbereiten und mit
den eigenen Daten der Produkte
und Leistungen vergleichen.

9 **Welche betriebsexternen
Informationsquellen kommen
für das Benchmarking in
Betracht?**
Nennen Sie fünf.

• Informationsschriften und Werbe-
material der Mitkonkurrenten
• Web-Seite des Mitkonkurrenten
• Marktforschungsunternehmen
• statistische Ämter
• Wirtschaftsverbände

10 **Welche Eigenschaften
sollten Informationsquellen
und die daraus gewonnenen
Daten haben?**

• Informationsquelle liefert kostengüns-
tige und jederzeit verfügbare Daten
• Die gelieferten Daten sind genau,
zuverlässig und bieten ausführliche
und vollständige Informationen zur
gesuchten Thematik

11 Formulieren Sie fünf Fragen für eine Checkliste zur Informationsbeschaffung.

1. Welche Informationen werden benötigt?
2. Was soll mit dieser Information erreicht werden?
3. Welche Informationsquellen stehen zur Verfügung?
4. Bis wann werden die Informationen benötigt?
5. Wie ist die Vorgehensweise?

12 Geben Sie ein Schema an, in das Sie die Informationen nach Wichtigkeit und Dringlichkeit einordnen (Priorisierung).

Information		......
weniger wichtig	Wichtungsfaktor (WF) 2	......
wichtig	Wichtungsfaktor (WF) 3	......
nicht dringend notwendig	Dringlichkeitsfaktor 1 (DF)	......
dringend notwendig	Dringlichkeitsfaktor 2 (DF)	......
Gesamtpriorität	WF · DF	......

oder

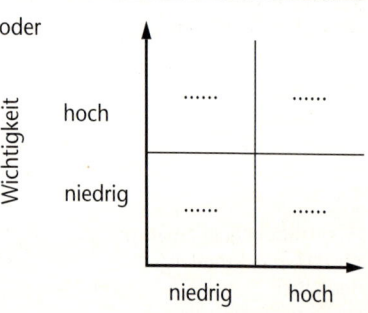

13 Nennen Sie drei Internet-Informations-Dienstleistungen.

- World Wide Web (www): weltweiter multimedialer Internetdienst
- E-Mail: Nachrichtenübermittlung weltweit
- WAIS (Wide Area Information Service): Suche nach Informationen aus Datenbanken

14 **In welchen Schritten werden die gesammelten und priorisierten Daten weiterverarbeitet?**	Aufbereiten → zusammenfassen/verdichten → speichern, bereitstellen/wiedergeben

15 **Um auf Daten schnell zugreifen zu können sind Ordnungssysteme notwendig. Nennen Sie vier Kriterien für eine Datenordnung.**

- Alphabetische Ordnung
- Nummerische Ordnung
- Chronologische Ordnung
- Mnemotechnische Ordnung

3

16 **Sie sollen die Kfz-Zeichen der Firmenfahrzeuge ordnen. Welche Ordnungssysteme bieten sich für eine sinnvolle Einordnung an?**

- Alphanummerische Ordnung
- Mnemotechnische Ordnung:
  Zuordnung von Einsatzgebiet und Kfz-Kennzeichen, z. B.:
  S (Servicefahrzeug): Kfz-Kennzeichen;
  G (Geschäftsfahrzeug): Kfz-Kennzeichen

17 **Was sollten Sie beachten, um rationell zu lesen?**

1. Selektion des Lesestoffs
2. Überblick verschaffen (sind die gesuchten Informationen vorhanden)
3. Wesentliche Inhalte durch Fragen erschließen
4. Zusammenfassung des Inhalts und kritische Wertung
5. Markieren wichtiger Textstellen und Textauszüge anfertigen

3.2 Planen und Organisieren

1 **Welche grundsätzlichen Angaben enthält ein Arbeitsauftrag (z. B. Installationsauftrag bei einem Kunden)?**

- Anschrift des Kunden
- Ausführungsort
- Terminvereinbarungen
- Aufgabe und Art der Leistung
- Arbeitsbericht der ausführenden Fachkraft

→

▷ *Fortsetzung der Antwort* ▷

- Hard- und Softwarewerkzeuge, Material, Messgeräte
- Arbeitsstunden
- Unterschriften (IT-Fachkraft, Kunde)

2 In welchen Schritten läuft ein typischer Arbeitsauftrag ab?

1. Auftragsanalyse
2. Auftragsplanung
3. Auftragsdurchführung
4. Auftragsauswertung

3 Für eine Schulungsfirma soll ein vernetzter PC-Schulungsraum mit Internetanschluss und Anwendersoftware installiert werden.

Stellen Sie für die Auftragsanalyse eine mögliche Checkliste zusammen, die wichtige Informationen und Ideen zum Auftrag enthält.

1. Welche Arbeiten sind zu erledigen?
   - Produkt- und Systemauswahl
   - Bestellung der Hardware, Software, sonstiges Material
   - Pflichtenheft
2. Wer erledigt was zu welchem Zeitpunkt und an welchem Ort?
   - Einzuhaltende Termine
   - Team für die Hardware- und Softwareinstallation
   - Übergabe (Präsentation, Schulung)
3. Sind alle notwendigen Informationen im Arbeitsauftrag enthalten oder müssen sie noch eingeholt werden?
   - Notwendigkeit einer „Vor-Ort-Begutachtung"
   - Lizenzbestimmungen
   - Vorbedingungen für die Netzwerkinstallation beim Kunden
   - Welches Betriebssystem/welche Anwendersoftware?
   - Gewährleistungsansprüche

4 Nach der Auftragsanalyse erfolgt die Auftragsplanung. Welche zwei Schritte sind hierfür durchzuführen?

Nach dem 1. Schritt – Informationsphase – bei der Auftragsanalyse folgt innerhalb der Auftragsplanung der

2. Schritt – Planungsphase – (wie geht man vor?) und der

3. Schritt – Entscheidungsphase – (Auswahl des Lösungsweges)

5 **Welche zwei Grundsätze sollten bei der Planung komplexer Aufgabenstellungen beachtet werden?**

1. Grundsatz:
– Komplexe Aufgabenstellungen in Teilaufgaben nach dem Schwierigkeitsgrad geordnet strukturieren (z. B. Schwierigkeitsgrad gering, mittelschwer, komplex)
– Zur Herausarbeitung von Problem- und Lösungsansätzen mit leichten Teilaufgaben beginnen und zum Schluss zu einem Ganzen zusammenfügen

2. Grundsatz:
– Aufgliedern der Aufgabe in alle Detailaspekte, die dazugehörigen Informationen sammeln und den Teilentwurf dokumentieren
– Gesamtplanung aus den Teilentwürfen erstellen

6 **Welche Kriterien sind für die Zielplanung von Bedeutung?**

- Termin
- Kosten
- Verbesserung der Auftragsbearbeitung bzw. -durchführung
- Produktverbesserung für den Kunden

7 **Nach der Zielplanung erfolgt die Planung der Maßnahmen zum Erreichen der Ziele (Arbeitsplan).**
Was sollte vor der Erstellung des Arbeitsplanes geprüft werden?

Durch eine Kosten-Nutzen-Rechnung ist die Notwendigkeit der geplanten Maßnahme zu überprüfen (z. B. rechnet sich eine Reparatur für den Kunden).

8 **Nennen Sie je drei wesentliche Punkte**
a) im Arbeitsplan
b) im Zeitplan.

a) ● Arbeitsschritte
   ● Beauftragter für den jeweiligen Arbeitsschritt
   ● Erledigungsvermerk
b) ● Arbeitsschritte mit dem jeweiligen Zwischentermin
   ● Endtermin
   ● Kriterien für das Erreichen eines Ziels

9 Nach dem 4. Schritt
– Ausführungsphase – und
dem 5. Schritt – Kontrollphase
– erfolgt als abschließender
6. Schritt die Bewertungs-
phase.
**Was soll dabei festgestellt
werden?**

- Inwieweit die Ziele des Kunden mit den eigenen Vorgaben übereinstimmen
- Bestehende Mängel
- Welche Maßnahmen bzw. Verbesserungen sind notwendig, um die erkannten Defizite beim nächsten Auftrag zu vermeiden

3.3 Teamarbeit

1 **Was ist ein Team?**

Eine Gruppe von Menschen, die an einer gemeinsamen Aufgabe und einem festgelegten gemeinsamen Ziel planmäßig für ein Unternehmen arbeiten (z. B. Service-Team, Projekt-Team, Qualitäts-Team).

2 **Was wird mit dem dargestellten Symbol hinsichtlich der Teamarbeit ausgedrückt?**

Aufgabe

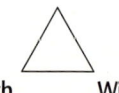

Ich   Wir

Zwischen den
- individuellen Bedürfnissen und Fähigkeiten des Einzelnen (Ich),
- im Team entwickelten Normen und Vorstellungen (Wir) und
- dem gemeinsam zu erfüllenden Arbeitsauftrag (Aufgabe)
muss Ausgewogenheit bestehen.

3 **Was wird durch die Teamarbeit erreicht?**

Individuelle Fähigkeiten führen durch die Zusammenarbeit und gegenseitige Ergänzung zu einer erhöhten Gesamtkompetenz des Teams. Dabei werden u. a. folgende Ziele verfolgt:
- Entwickeln kreativer Fähigkeiten
- Verbesserung der Arbeitsqualität und des Betriebsklimas
- Verbesserung der Kommunikation und der Kooperation
- Verbesserung der Flexibilität und Effektivität

3

4 **Welche Einflussfaktoren bestimmen über den Erfolg von Teamarbeit?**	– Gruppendynamik – Arbeitsmotivation – Betriebsklima – Harmonie, Gruppenkonsens, Gleichberechtigung
5 **Bei der Auswahl der Gruppenmitglieder ist die fachliche Kompetenz und das Sozialverhalten (Teamfähigkeit) zu beachten.** **Welches Verhalten bzw. welche Fähigkeiten werden für die Teamfähigkeit gefordert?**	– Soziales Verhalten und Einstellungen gegenüber anderen – Integrationsfähigkeit – Kommunikationsfähigkeit – Kooperationsfähigkeit
6 **Was ist bei der Organisation der Teamarbeit zu beachten?**	– Eindeutige Ziel- und Aufgabenstellungen müssen konkret und nachvollziehbar formuliert sein – Ein vom Team akzeptierter Team-/Projektleiter ist benannt, der als gleichverantwortliches Mitglied im Team agiert und es nach außen vertritt – Die Mitglieder des Teams sind untereinander ersetzbar, verfügen über Toleranz und werden akzeptiert
7 **In welchen vier Phasen entwickelt sich ein Team?**	● Orientierungsphase ● Organisationsphase ● Ordnungsphase ● Leistungsphase
8 **Auf welchen zwei Ebenen findet Kommunikation statt und wie sind diese für eine Kommunikation, die das Miteinander bei der Erfüllung der Arbeitsaufgaben fördert, zu nutzen?**	**Sachebene:** sachliche Dinge, Tatsachen, Argumente **Beziehungsebene:** Emotionen Ziel muss es sein, die Ebenen miteinander zu verknüpfen (z. B. führt eine Kommunikation, die nur auf Sachebene geführt wird, zur Blockade bzw. nicht mehr lösbaren Konflikten).

9 **Worin zeigt sich partnerschaftliches Verhalten im Gespräch?**

- Jeder lässt den anderen ausreden
- offene Darlegung von Informationen, Meinungen, Interessen und Kompromissbereitschaft
- in seinen Äußerungen auf den anderen Bezug nehmen
- gegenseitige Achtung

10 **Welche Reaktionen im Gespräch sind fördernd und welche hemmend?**

Nennen Sie jeweils drei.

Fördernde Reaktionen:

- engagiertes Zuhören (z. B. durch Gefühlsmitteilung, Transparenz erzeugen)
- Rückmeldungen an den Gesprächspartner (z. B. wiederholen von Aussagen mit eigenen Worten, überprüfen der eigenen Wahrnehmung)

Hemmende Reaktionen:

- signalisieren von Desinteresse (am Thema, Gesprächspartner)
- kein Blickkontakt; sich während des Gesprächs mit anderen Dingen beschäftigen
- den Gesprächspartner belehren, überreden

11 **In einer Besprechung soll über den qualifizierten Einsatz von Projektteilnehmern entschieden werden.**

Nennen Sie wichtige Punkte einer solchen Besprechung?

1. Begrüßung; Umfeld, Formales darstellen und Teilnehmer vorstellen
2. Thema (Bestimmung von Projektteilnehmern) vorstellen
3. Thema bearbeiten
   - Vorstellen des Projekts und der dafür geforderten Qualifizierungsanforderungen
   - mögliche Projektteilnehmer benennen (Qualifikationen, Teamfähigkeit, Erfahrungen)
   - Vorschläge
   - Diskussion der Vorschläge
   - Entscheidung treffen →

▷ *Fortsetzung der Antwort* ▷

4. Feedback (Beurteilung der Besprechung)

5. Besprechung beenden (z. B. mit der Festlegung weiterer Termine, Dank für konstruktive Mitarbeit); Verabschiedung

3

12 Wie kann die eigene Kommunikationsfähigkeit verbessert werden?

- Ausbauen der Fähigkeit des aktiven und passiven Zuhörens (Erkennen der Wünsche und Bedürfnisse des Gesprächspartners)
- Einsatz der Feedback-Technik:
  - Stellen von Rückfragen
  - Rückmeldungen geben (Wiederholen der Information mit eigenen Worten)
  - dem Gesprächspartner nonverbale Zeichen geben (z. B. Kopfnicken um anzuzeigen, dass seinem Beitrag gefolgt wird)

13 Wodurch wird Teamarbeit behindert?

- Durch mangelnde
  - Sachlichkeit (emotional bestimmtes Handeln)
  - Organisation, Management
  - Risikobereitschaft
- Hierarchisches Denken

14 Wie sollten Konfliktsituationen gelöst werden?

1. Konflikte analysieren: Beschreibung, Beteiligte, Zeit für die Konfliktlösung, Lösungsansätze, Erwartungen der Konfliktparteien

2. Lösung in Form eines tragfähigen, für beide Seiten akzeptablen Kompromisses gemeinsam suchen

→ eine solche Lösung führt zur Kooperation mit entsprechend hoher Arbeitsmotivation

15 Mithilfe der Metaplan-
technik können Ergebnisse in
Besprechungen festgehalten
werden.

**Welche Vereinbarungen
treffen Sie mit den Teilnehmern hinsichtlich der Beschrif-
tung der Karten?**

- Nur eine Aussage (stichpunktartig)
  pro Karte
- zuordnen von Formen und Farben
  zu bestimmten Merkmalen
- Blockschrift verwenden (groß, lesbar)
- besondere Kennzeichnung von
  Widersprüchen, Konflikten und
  Gegensätzen (z. B. !; ?)

16 Wie setzen Sie als
Moderator einer Besprechung
die von den Teilnehmern
ausgefüllten Karten ein?

1. Alle Karten an die Pinnwand heften
   (unsortiert) und die darauf befindlichen Stichpunkte von den Teilnehmern erläutern lassen
2. Schwerpunkte herausarbeiten und
   Karten entsprechend sortieren;
   Problemlösungswege durch entsprechendes Umsortieren anzeigen
3. Struktur herausstellen (Linien, Pfeile)
4. Karten für Protokoll nutzen

3.4 Weitergabe aufbereiteter Informationen

1 In welcher Form können
Informationen mündlich
weitergegeben werden?
Nennen Sie drei Beispiele.

- Besprechung
- Schulung
- Gespräch
- Einweisung

2 Präsentationen beim
Kunden müssen, wenn sie
erfolgreich sein sollen, adres-
satengerecht aufbereitet sein.
Was verstehen Sie darunter?

- Geeignete Wahl der Sprache
  (keine Fachbegriffe; für den Kunden
  verständlich)
- Visualisierung des Gesagten
- möglichst alle Sinnesorgane ansprechen (Behaltensquote *bei hören und
  sehen* 50 %; bei *selbst tun* 90 %)

3 **Wodurch können Sie das Empfangen, Verarbeiten und Behalten der vermittelten Informationen beim Kunden erhöhen?**

- Neue Informationen an Bekanntem anknüpfen
- Zusammenhänge aufzeigen
- Konzentration auf das Wesentliche
- Beteiligung des Kunden durch Rückfragen
- konkrete, anschauliche und verständliche Formulierungen verwenden und die Aussagen mit Mimik und Gestik unterstützen
- Informationen durch Grafiken, Skizzen, Bilder, Diagramme usw. visualisieren

3

4 **Nennen Sie fünf Punkte, die Sie in der Vorbereitungsphase einer Präsentation klären müssen.**

- Ziel, Zielgruppe, Ort und Anlass der Präsentation
- zu vermittelnde Inhalte auswählen, sammeln, sortieren
- zur Verfügung stehende Zeit (Gewichtungen setzen)
- welche Inhalte sollen visualisiert dargestellt werden/welche Visualisierungsmedien kommen dabei zum Einsatz
- Gliederung der Präsentation

5 **Durch welche Visualisierungsmittel erreichen Sie**

a) **Reduzierung auf das Wesentliche**

b) **Veranschaulichung komplexer Beziehungen**

c) **Wecken von Assoziationen?**

Durch:

a) Symbole

b) Diagramme

c) Bilder

6 **Welche Informationen über die Zielgruppe sind notwendig?**

- Zusammensetzung
- berufliche Funktionen
- Bedürfnisse, Interessen
- Wissensstand

7 Eine Präsentation besteht aus den Teilen

1. Eröffnung
2. Hauptteil
3. Schluss.

Was ist innerhalb dieser Teile einer Präsentation zur Einführung eines neuen IT-Systems bei einem Kunden zu vermitteln?

1. Eröffnung
   – Begrüßung
   – Vorstellung der eigenen Person, des Themas, des Ablaufs

2. Hauptteil
   – Fakten zur Situation vor und nach der Einführung des neuen IT-Systems nennen
   – IT-System vorstellen, beschreiben
   – Alternativen aufzeigen
   – Fazit ziehen

3. Schluss
   – Zusammenfassung des Wesentlichen
   – Ergebnis herausstellen
   – Überleitung zur Diskussion

8 Worauf ist bei den Einleitungsworten einer Präsentation zu achten?

- Persönlich; nicht oder nur wenig sachbezogen
- frei sprechen
- öffnend; Aufmerksamkeit erzeugen

9 Was versteht man unter der Körpersprache?

Unter der Körpersprache versteht man Mimik, Blick, Gestik und Körperhaltung.

10 Mit welchen Medien kann eine Präsentation wirkungsvoll geführt werden?

- Hauptmedium ist das vorzustellende Produkt
- Printmedien, schriftliche Unterlagen
- Videos, Dia
- Overhead-Projektion, Folie
- PC mit Beamer, CD, Diskette, Internet
- Flipchart, Pinnwand, Schreibtafel

11 Worauf ist beim Einsatz der Visualisierungsmittel/ -medien zu achten?

- Medium muss zum Inhalt passen
- Medien dosiert und wirkungsvoll einsetzen
- gute Sichtbarkeit/Übersichtlichkeit
- Verknüpfung von verbalen Aussagen und Visualisierungsmitteln   →

▷ *Fortsetzung der Antwort* ▷

(entfernen der Medien, wenn diese nicht mehr gebraucht werden)

- Sprechen zu den Teilnehmern, nicht zum Medium
- Pausen zum Betrachten einräumen

12 Wie sollten Folien gestaltet sein?

3

- Einheitlicher Aufbau
- kurzer, treffender Folientitel über die Text- bzw. Bildinformation
- platzieren des Unternehmenstitels bzw. -logos
- nicht mit Informationen überladen (max. sieben Details)
- bewusster Einsatz von Farben (z. B. gleiche Sachverhalte mit gleichen Farben kennzeichnen)

13 Sie wollen die Anzahl der Mitarbeiter für die Unternehmensbereiche ihrer Firma grafisch darstellen. Welche Diagrammform wählen Sie und worauf ist dabei zu achten?

Kreisdiagramm:

- Segmente der Größe nach anordnen (im Uhrzeigersinn)
- kräftigste Farbe für das Segment, das für den Betrachter die größte Bedeutung hat (z. B. Bereich Service oder Bereich Qualitätssicherung)

14 Wie bereiten Sie sich auf ein Kundengespräch vor?

Folgende Fragen müssen vorab geklärt sein:

- Worin besteht das Ziel des Kundengesprächs?
- Um was für einen Kunden handelt es sich?
- Welche Gesprächsstrategie wähle ich?

15 Sie wollen einen Kunden über eine bestimmte IT-Systemlösung beraten. Worauf ist dabei zu achten?

- Die Präsentation der IT-Systemlösung dem Auffassungsvermögen des Kunden anpassen und durch entsprechende Materialien (z. B. Prospekte) veranschaulichen →

▷ *Fortsetzung der Antwort* ▷

- verschiedene Lösungen in unterschiedlichen Preisklassen (mit mittlerer Preisklasse beginnen) anbieten
- Kosten-Nutzen-Relation darstellen
- Anbieten von vorbereiteten Entscheidungshilfen

3.5 Projektplanung und -durchführung

1 Welche Merkmale kennzeichnet eine Arbeitsaufgabe als PROJEKT?

- Relativ komplexe, neuartige und dynamische Arbeitsaufgabe mit konkreten Zielen
- Besitzt hohe Bedeutung im Unternehmen
- Die Einbeziehung unterschiedlicher Fachbereiche bzw. -disziplinen sind notwendig
- Es ist kein Routineprozess
- Ressourcen für die Projektdurchführung sind vorgegeben

2 Welche Kriterien müssen Projektteams erfüllen?

- Zusammenstellung erfolgt nach Aufgabenteilung
- Ernennung der Projektmitglieder nach ihrer Kompetenz
- Projektarbeit ist aufgaben- und bereichsübergreifend
- Es gibt einen verantwortlichen Gesamtprojektleiter und gegebenenfalls fachliche Projektleiter
- Projektteam existiert nur während der Projektumsetzung

3 Welche Fähigkeiten bzw. Eigenschaften werden von einem Projektleiter verlangt?

- Fachliche und administrative Führungsfähigkeiten
- Kooperativer Führungsstil
- Fachkompetenz
- Konfliktlösungsfähigkeit

4 Welche Aufgaben hat ein Projektleiter?

- Auswahl, Anleitung, Motivierung und Beurteilung der Teammitglieder
- Ressourcenverteilung
- Trifft strategische Entscheidungen
- Erfasst und klärt Konflikte
- Initiiert Problemlösungen
- Vertritt das Projekt nach innen und außen; ist verantwortlich

3

5 Welche Besonderheiten gibt es bei einem Software-projekt?

- Vollständige Überprüfung des Ergebnisses kann meist nur eingeschränkt und vorläufig erbracht werden
- Optimierung des Softwareprodukts erst nach umfangreichen Praxistests möglich
- Gegebenenfalls Einschaltung eines Datenschutzbeauftragten notwendig

6 In welche vier Phasen gliedert sich ein Projekt?

1. Projektdefinition
2. Projektplanung
3. Projektrealisierung
4. Projektkontrolle

7 Am Anfang von Strukturierungsprozessen, bei der Projektplanung und bei der Beurteilung von Problemlösungen müssen komplexe Sachverhalte anschaulich (grafisch strukturiert) dargestellt bzw. entwickelt werden.

Welche Methode und Darstellungsform bietet sich hierfür an?

Gedanken zum Thema/Problem (einzeln oder im Team erarbeitete Ideensammlung) können in Form einer Mindmap bildhaft und übersichtlich strukturiert dargestellt werden.

8 **Entwerfen Sie eine Mindmap für das Thema: Teilaufgaben bei der Projektplanung.**

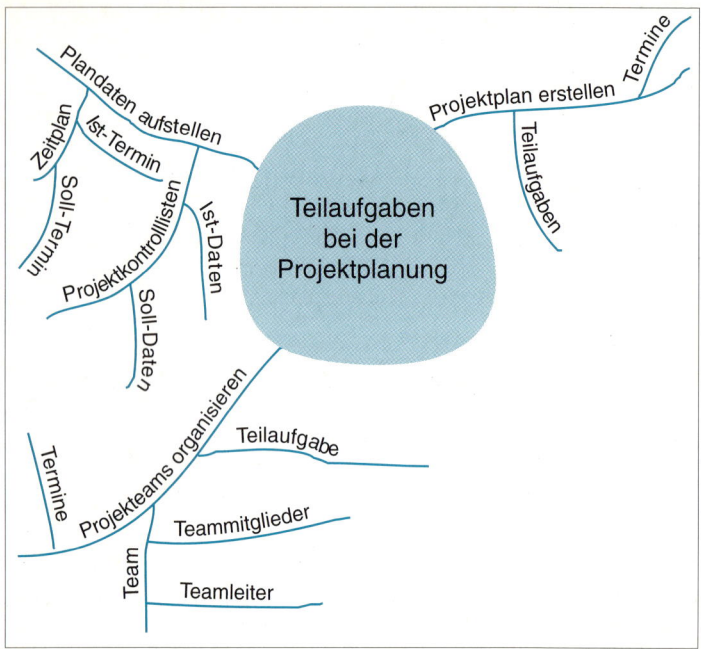

9 **Welche Angaben sind in die Projektdokumentation aufzunehmen?**

- Projektbezeichnung
- Projektleiter
- Status (Termine, Kosten, Technik, Qualität)
- Projektsteuerung (Korrekturmaßnahmen)
- Fremdleistungen (Protokolle zur Projektdurchführung)
- Störungen, Probleme
- Bedienungsanleitung
- Abschlussbericht
- Bewertung des Projekts (z. B. Qualität)

4 Informations- und telekommunikationstechnische Produkte und Märkte

4.1 Einsatzfelder

1 Nennen Sie vier der wichtigsten Kommunikationsformen.

- Sprachkommunikation
- Datenkommunikation
- Textkommunikation
- Bildkommunikation
- Multimediakommunikation

2 An welcher Übertragungsart orientiert sich der heutige Stand der Technik? Welche Vorteile bringt sie?

Digitale Übertragung (Digitalisierung des Telefonnetzes von 1983 bis 1998).

Wesentliche Vorteile: geringere Störanfälligkeit; höhere Nutzung von Leitungsnetzen.

3 Welche Anforderungen können durch die Digitalisierung der Telekommunikationstechnik erfüllt werden?

- Steigendes Bedürfnis nach Kommunikations- und Informationsdienstleistungen
- Integration der verschiedenen Informationsarten (Sprache, Daten, Text, Bild)

4 Welche Vorteile ergeben sich durch den Digitalanschluss für den Kunden?

- Mit nur einem Telefonanschluss können mehrere Endgeräte (Einzel- oder Mehrfachgeräte) betrieben werden
- Die Endgeräte können unabhängig von ihrer Modifikation und Konfiguration eingesetzt werden
- Verbindungsaufbau in kürzester Zeit
- Möglichkeit der Bild- und Datenübertragung (Filetransfer PC zu PC)

5 Erläutern Sie einem Kunden die Vorteile des Produkts „schnurloses Telefon".

Vorteile für den Kunden:
- uneingeschränkte Beweglichkeit (Entfernungen von der Feststation bis zu etwa 300 m); mit Funkrelais kann die Reichweite beträchtlich erhöht werden
- Zusammenschalten der Basisstationen zu einem zellularen Funknetz (beim Wechsel der Funkzellen übernimmt die Basisstation die Funkverbindung)
- höchstmögliche Abhörsicherheit: digitale drahtlose Technologie; zusätzliche persönlich codierte Verschlüsselungen möglich

6 Nennen Sie zwei sinnvolle Einsatzbereiche für Bildtelefone.

- Geschäftliche Kommunikation im Unternehmen
- Kommunikation über die Gebärdensprache für hörgeschädigte Menschen

7 Welche Leistungsmerkmale besitzen Faxgeräte der Gruppen 3 und 4 (Signalort, Auflösung in dpi, Übertragungsgeschwindigkeit)?

	Gruppe 3	Gruppe 4
Signalart	analog	digital
Auflösung	200×200 dpi	400×400 dpi
Übertragungsgeschwindigkeit für eine DIN-A4-Seite	1 min	10 sek (Folgeseiten 6 sek)

8 Welche Lösungen können den Kunden für Faxgeräte der Gruppen 3 und 4 angeboten werden?

- Eigenständiges Faxgerät
- PC-Fax-Modem-Lösung
- Faxgerät mit direkten Anschluss an ein lokales Netzwerk

9 Wodurch unterscheiden sich TK-Anlagen von Nebenstellenanlagen hinsichtlich der Kommunikationsmöglichkeiten?

Nebenstellenanlagen bieten nur Sprachkommunikation, während sich TK-Anlagen für die Übertragung von Sprache, Daten, Texten, Grafiken, Bewegtbildern usw. eignen.
TK-Anlagen können somit auch als Vermittlungssystem in lokalen Netzen eingesetzt werden.

10 Welche Möglichkeiten eröffnen sich für den Benutzer von TK-Anlagen?
Nennen Sie drei.

- Mehrere Telefone können an einem Telefonanschluss angeschlossen werden
- Kostenlose interne Gespräche können geführt werden
- Externgespräche können neu weitergegeben werden

11 Welchem Kundenwunsch und Kundenverhalten wird durch die ADSL-Technologie Rechnung getragen?

ADSL (**A**symmetric **D**igital **S**ubscribe **L**ine):

- durch dieses digitale Breitbandübertragungsverfahren zwischen Vermittlungsstelle und Kunden werden deutlich höhere Bitraten (8 Mbit/s) zur Verfügung gestellt
- da der Kunde meist mehr Informationen aus dem Netz holt als in das Netz schickt, arbeitet ADSL asymmetrisch d. h. unterschiedlich hohe Bitraten für Hin- und Rückkanal

4

12 Nennen Sie ein Anwendungsbeispiel für ADSL.

Zum Beispiel Kabelfernsehverteilernetz mit Video-Server

schmalbandige Upstream-Richtung (640 Kbit/s):
- Benutzer ruft den Video-Server an und wählt einen Film aus

breitbandige Downstream-Richtung (8 Mbit/s):
- der MPEG-codierte Film wird übertragen

13 Wie schätzen Sie den technischen Aufwand für die Nutzung der ADSL-Technologie ein?

Der technische Aufwand für die Integration von ADSL ist eher gering.
Beispiel:
ADSL nutzt als physikalisches Übertragungsmedium die im Telefonanschlussleitungsnetz vorhandenen Kupfer-Doppeladern. Die Telefonsignale (Basisband 3,1 kHz) werden mit dem ADSL-Breitbandsignal zusammengeführt und wieder getrennt (passive Frequenzweichen).

14 Welche Möglichkeiten eröffnet die hohe Kommunikationsgeschwindigkeit mit ADSL?

- Datenaustausch schnell und kostengünstig
- Ausweiten von Teleteaching für Universitäten und Hochschulen
- Schnellere und damit kostengünstigere Datenverbindungen im Internet

15 Wodurch ist der ATM (Asynchronous Transfer Mode) gekennzeichnet und wo wird er angewendet?

Kennzeichen:
- Verbindungsorientierte Multiplex- und Vermittlungstechnik,
- erlaubt flexible Gestaltung von Netzstrukturen und die Bereitstellung hoher Bandbreiten

Anwendung:
- Im Bereich globaler und lokaler multimediafähiger Netze (LAN- und WAN-Netze),
- dient zur digitalen Übertragung von Sprache, Bild, Video, Texten und Daten

16 Nennen Sie drei Merkmale des Internet.

- Weltweit größter Netzverbund,
- stellt den Teilnehmern eine nahezu grenzenlose Informations- und Kommunikationsinfrastruktur zur Verfügung,
- hat Knoten zu allen bekannten öffentlichen, kommerziellen und forschungsorientierten Netzen (z. B. BITNET, Eunet, WIN),
- ist offen organisiert (besteht aus vielen unabhängigen Netzteilen)

17 Was versteht man unter Internet-Working?

Damit bezeichnet man den Zusammenschluss von Rechnernetzen. Dabei stellen geographisch verteilte, miteinander verbundene Recheneinheiten gemeinsam ihren Benutzern einen Dienst zu Verfügung.

18 Nennen Sie fünf mögliche Leistungsmerkmale von Handys.

- Speichern von Telefonnummern
- Umleiten von Anrufen
- Versenden von Textnachrichten (SMS-Dienst – **S**hort **M**essage **S**ervice)
- Integrierte Freisprecheinrichtung
- Nummernwahl durch Spracheingabe

19 Welche Möglichkeiten bietet GPS (**G**lobal **P**ositioning **S**ystem) für Kraftfahrzeuge und Schiffe?

- Zielführungssystem (dabei wird kontinuierlich die Position des Autos bestimmt und mit einer digital gespeicherten Straßenkarte verglichen)
- Positionsmeldesystem (dabei wird die Position z. B. eines Transportfahrzeuges aus den Satellitensignalen bestimmt und der Verkehrsleitzentrale übermittelt)

4

20 Welche erweiterten Funktionen für Handys sind mit

a) WAP (**W**ireless **A**pplication **P**rotocol)

b) UMTS (**U**niversal **M**obile **T**elephon **S**ystem)

möglich?

a) WAP:
das Handy wird internettauglich (Vermittlung von aufbereiteten Internet-Informationen über einen integrierten Micro-Browser) Darstellung in der für den Handy-Bildschirm optimierten Sprache **W**ireless **M**arkup **L**anguage (WML)

b) UMTS:
Funkstandard, mit dem Bewegtbilder übertragen werden können

21 Welche Technologie ermöglicht eine Anbindung von IT-Systemen an die Elemente der Gebäudetechnik (z. B. Abfrage von Überwachungseinrichtungen)?

Die Gebäudesystemtechnik, basierend auf dem Europäischen Installationsbus (EIB), ermöglicht über entsprechende Schnittstellen eine solche Anbindung. Sie beinhaltet ein offenes dezentrales Bussystem, welches die Elemente einer elektrischen Anlage über ein informationstechnisches Netz, über das sie miteinander kommunizieren, verbindet.

4.2 Systemarchitektur und Hardwarekomponenten

1 Was wird in einem Arbeitslastprofil für Computer festgehalten?

Das Arbeitslastprofil enthält Angaben darüber, wofür der Computer genutzt werden soll und welche Anforderungen diese Nutzung an die einzelnen Komponenten stellt.

2 Geben Sie für das Anlegen eines Arbeitslastprofiles fünf mögliche Kategorien an, zu denen die Komponenten eines Computers zugeordnet werden können.

- Rechenleistung (Prozessor)
- Arbeitsplatzspeicher (Cache- und Hauptspeicher-Subsysteme)
- Speichermedien (Festplatte)
- Anzeige (Grafikkarte, Monitor)
- Eingabe (Tastatur, Maus, Scanner, Kamera)
- Ausgabe (Drucker, Plotter, Lautsprecher)
- Kommunikation (Modem, Netzwerkkarte)

3 Nennen Sie fünf Gesichtspunkte, nach denen Sie die Kategorien des Arbeitslastprofiles betrachten würden.

- Funktionalität
- Kapazität
- Leistung
- Zusammenwirken
- Wartung
- Aufrüstbarkeit

4 Geben Sie eine Kurzcharakteristik (Bezeichnung, Lese-/Schreibvorgang, Speicherkapazität) der optischen Speicherplatten CD-ROM, CD-R und CD-RW an.

CD-ROM: Compact Disc-Read only; kann vom Anwender nur gelesen werden, Speicherkapazität ca. 660 MByte

CD-R: Compact Disc-Recordable; kann vom Anwender *einmal* beschrieben (gebrannt) werden und ist anschließend wie eine CD-ROM zu verwenden, Speicherkapazität ca. 650 MByte

CD-RW: Compact Disc-Rewritable; kann vom Anwender im Gegensatz zur CD-R wiederholt beschrieben werden, Speicherkapazität ca. 650 MByte

5 **In welcher Form erfolgt bei der CD-ROM die Datenspeicherung?**

In einer einzelnen spiralförmigen Spur, die sich von innen nach außen zieht, sind die Daten in Form kleiner mikroskopischer Vertiefungen (Pits) und Erhebungen (Lands) aufgeprägt.

6 **Ordnen Sie den Zahlen im folgenden Querschnittsbild einer CD-ROM die einzelnen Schichten zu und geben Sie ihre Funktion an.**

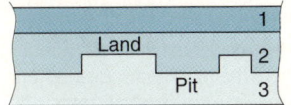

1. Oberflächenschicht (Lackierung):
   Schutz der Aluminiumschicht; Aufdruck des CD-Labels
2. Reflektierende Aluminiumschicht:
   Enthält die Information in Form von Lands und Pits, die der vom CD-ROM-Laufwerk ausgesendete Laserstrahl unterschiedlich reflektiert
3. Kunststoffschicht:
   Schutz der Aluminiumschicht auf der Rückseite der CD-ROM

7 **Auch die CD braucht wie die Diskette oder Festplatte ein Ordnungssystem für die Verwaltung und Interpretation der einzelnen Sektoren.
Für die CDs wurden dazu unterschiedliche Formate entwickelt.
Wodurch unterscheidet sich das Red-Book- und das Yellow-Book-Format?**

Das Red-Book-Format legt das physische Format von Audio CDs fest (Abspielen auf Audio-CD-Player oder CD-ROM-Laufwerk möglich).
Das Yellow-Book-Format legt hingegen das physische Format von Daten-CDs fest. Durch die Spezifikation XA (Extended Yellow Book) ist das Mischen von Audio und Daten auf derselben CD möglich.

8 **Worin zeigt sich bei der DVD (Digital Video Disk/ Digital Versatile Disk) eine Verbesserung gegenüber der CD-ROM?**

- Auf der DVD können bis zu 25-mal (17 GByte) mehr Daten gespeichert werden
- höhere Datentransferrate 4,69 MB/ Sekunde

9 **Für welche Anwendungen ist die DVD besser geeignet als die CD-ROM?**

Für Video- und Multimedia-Anwendungen ist die Speicherkapazität der CD-ROM zu gering (Stereo in →

▷ *Fortsetzung der Antwort* ▷

CD-Qualität rund 62 Minuten; komprimiertes Video nach MPEG 1 rund 57 Minuten). Eine DVD kann mit MPEG 2 mehr als zwei Stunden Videodaten mit Soundtrack aufnehmen. Die Transferraten bei MPEG 2 sind wesentlich schneller (zwischen 4 und 10 MBit/Sekunde) als bei MPEG 1.

10 Für welche Aufgaben sind Wechselplatten besonders gut geeignet?

Mit Wechselplatten können relativ große Datenmengen (100 Megabyte auf einer einzelnen ZIP-Diskette bei Iomega) transportiert werden. Der Zugriff erfolgt dabei wesentlich schneller und bequemer als bei Bandlaufwerken. Somit sind aufgrund dieser Eigenschaften Wechselplatten auch beim Backup gut geeignet (Datensicherung entfernt vom Computer).

11 Welche Unterschiede in den Parametern Kapazität, Dauertransferrate und Suchzeit gibt es zwischen dem JAZ-Laufwerk und dem ZIP-Laufwerk?

Kapazität:
– JAZ-Laufwerk zwischen 1 GB und 2 GB
– ZIP-Laufwerk 250 MByte

Dauertransferrate:
– JAZ-Laufwerk durchschnittlich 5,51 MByte/s
– ZIP-Laufwerk   1 MByte/s (IDE/SCSI)
              333 KByte/s (parallel)

Suchzeit (durchschnittlich):
– JAZ-Laufwerk 12 ms
– ZIP-Laufwerk 29 ms

12 Im Zusammenhang mit der Zuverlässigkeit von Geräten wird häufig der MTBF-Wert angegeben (Beispiel: Quantum Fireball/ 1,2-GByte-Festplatte hat einen MTBF-Wert von 500 000 Stunden).

Was sagt dieser Wert aus?

MTBF – Mean Time Between Failures gibt die durchschnittliche Zeitspanne zwischen zwei auftretenden Fehlern an. Es handelt sich dabei um eine statistische Maßzahl. Die Wahrscheinlichkeit des fehlerfreien Arbeitens der Quantum Fireball/1,2 GByte beträgt beispielsweise bei einer Betriebsdauer von fünf Jahren 92 %.

13 Von welchen Faktoren wird die tatsächliche Anzahl der vom Prozessor pro Sekunde verarbeiteten Instruktionen bestimmt?

- Die Größe der Instruktion im Speicher: Sie bestimmt, wie viele Taktzyklen benötigt werden, um sie dem Prozessor zur Verfügung zu stellen.
- Die Anzahl der von der Instruktion benötigten Operanden und deren Speicherort.
- Die für das Übermitteln der Operanden an den Prozessor benötigte Zeit.
- Die vom Prozessor für die Manipulation der Operanden tatsächlich benötigte Zeit.
- Die erforderliche Zeitspanne für die Resultatrückgabe.

14 Welche drei Arten von Informationen werden vom Computerbus übertragen?

- Daten (z. B. Instruktionen, Texte)
- Anweisungen (z. B. Angabe darüber, ob sich die angegebene Adresse auf das Ziel oder die Quelle der Daten bezieht)
- Adressen (die Stelle, an der die Anweisungen ausgeführt werden)

15 Wie groß ist der Adressbereich, den ein Mikroprozessor mit einem 32 Bit breiten Adressbus direkt ansprechen kann?

Mit 32 Adressleitungen kann ein Adressbereich von $2^{32} = 4$ GByte angesprochen werden.

4

16 Stellen Sie fest, welche der folgenden Aussagen für den jeweiligen Bus zutreffen.

Bus

1. VESA Local Bus
2. PCI-Bus
3. EISA-Bus

Aussagen

a) 32-Bit-Adressbus
b) 20-Bit-Adressbus
c) 32-Bit-Datenbus
d) 16-Bit-Datenbus
e) Bustakt 33 MHz
f) Bustakt 8,33 MHz
g) Bustakt entspricht dem Prozessortakt bis max. 50 MHz

1. *VESA Local Bus*
   b) 20-Bit-Adressbus
   c) 32-Bit-Datenbus
   g) Bustakt entspricht dem Prozessortakt bis max. 50 MHz

2. *PCI-Bus*
   a) 32-Bit-Adressbus
   c) 32-Bit-Datenbus
   e) Bustakt 33 MHz

3. *EISA-Bus*
   a) 32-Bit-Adressbus
   c) 32-Bit-Datenbus
   f) Bustakt 8,33 MHz

17 Entscheiden Sie, ob die Aussage richtig oder falsch ist:

Der PCI-Bus greift direkt auf den Prozessorbus zu und arbeitet mit derselben Taktgeschwindigkeit wie der Prozessor.

Die Antwort ist falsch. Der PCI-Bus ist mit dem Prozessorbus indirekt über einen Controller-Chip (bridge) gekoppelt. Er ist mit dem Takt der CPU gekoppelt und erhält bei schnelleren Prozessoren einen heruntergeteilten Takt von max. 33 MHz.

18 Welchen theoretischen Datendurchsatz in MByte pro Sekunde erreicht ein PCI-Bus bei einem Takt von 33 MHz und einem 32-Bit-Prozessor?

Theoretischer Datendurchsatz:
33 MHz $\times$ 32 Bit
= 1056 MBit pro Sekunde
1056 MBit pro Sekunde/8
= 132 MByte pro Sekunde

19 Welche wichtigen Eigenschaften besitzt der Universal Serial Bus (USB)?

- Anschluss von bis zu 127 Peripheriegeräten an frei wählbaren Steckplätzen.

- Nur ein Interrupt (IRQ) für die Funktion dieser unterschiedlichen Peripheriegeräte notwendig. →

▷ *Fortsetzung der Antwort* ▷

- Inbetriebnahme neuer Einheiten ohne größere Aufwendungen während des Betriebs.
- Hinzufügen und Entfernen von Peripheriegeräten während des Betriebs.

20 Festplatten bewegen sich mit konstanter Winkelgeschwindigkeit. Das bedeutet, dass die Geschwindigkeit, mit der sich die Festplattenfläche unter dem Schreib-Lese-Kopf bewegt, nach außen hin zunimmt.

Wie erreicht man es trotzdem, eine konstante Datenmenge pro Zeiteinheit zu lesen/ zu schreiben?

Jede Spur hat dieselbe Anzahl von Sektoren. Damit nimmt die Datendichte pro Spur von innen nach außen ab (keine optimale Speicherplatzausnutzung!).

4

21 Bei den technischen Daten einer Festplatte werden die Sektoren pro Spur mit min. 95, max. 177 angegeben.

Interpretieren Sie diese Angaben und geben Sie an, was mit dieser Formatierung erreicht wird.

Die Anzahl der Sektoren nimmt von der inneren Spur (95) kontinuierlich bis zur äußeren Spur (177) zu. Damit ist eine optimale Speicherplatzausnutzung möglich. Notwendig ist allerdings die Veränderung der Drehgeschwindigkeit der Festplatte in Abhängigkeit der Spurlage um weiterhin eine konstante Datenmenge pro Zeiteinheit zu lesen/zu speichern. Dieses Verfahren nennt man MZR (Multiple Zone Recording).

22 Welche Vorüberlegungen sind bei der Auswahl eines Bandlaufwerks für das Erstellen von Backups notwendig?

- Welche Datenmenge soll gesichert werden?
- Wie oft soll die Datensicherung geschehen?
- Soll der Prozess der Datensicherung automatisiert werden?
- Wie oft werden die gesicherten Daten von den Bändern wieder ausgelesen/ wiederhergestellt?

23 **Welche zwei grundsätzlichen Aufzeichnungsarten
werden bei Bandlaufwerken
unterschieden?**

Streamer-Technik:
Daten werden auf einem Magnetband in
mehreren parallelen Spuren bitweise
aufgezeichnet.

Helical-Scan-Technik:
Daten werden schräg zur Bandlaufrich-
tung in eng nebeneinander liegenden
Spuren aufgezeichnet.

24 **Geben Sie jeweils einen
Vorteil der Streamer- bzw.
Helical-Scan-Technik an.**

Streamer-Technik:
hohe Geschwindigkeit (mehrere Spuren
werden gleichzeitig gelesen; eine Spur
beginnt immer direkt am Ende der
vorhergehenden – es erfolgt hier eine
Umkehrung der Bandlaufrichtung)

Helical-Scan-Technik:
hohe Aufzeichnungskapazität (dicht
aneinander liegende Spuren)

25 **Welche Standards gibt es
bei Bandlaufwerken und welche Aufzeichnungskapazitäten
(unkomprimiert) werden
derzeit erreicht?**

QIC (**Q**uarter **I**nch **C**artridge):
– Streamer-Technik mit Kapazitäten von
40 MB bis 16 GB
– Beispiel: QIC – 5010

Travan:
– Streamer-Technik mit Kapazitäten von
400 MB bis 10 GB
– Beispiel: TR – 5

DAT (**D**igital **A**udio**t**ape):
– Helical-Scan-Technik mit Kapazitäten
von 1,3 GB bis 48 GB
– Beispiel DDS – 5 (**D**igital-**D**ata-**S**torage)

26 **Welcher Standard ist
beim Serverbetrieb bevorzugt
einzusetzen?**
**Begründen Sie Ihre Ent-
scheidung.**

DAT-Laufwerke bieten neben der hohen
Aufzeichnungskapazität auch die für den
Serverbetrieb notwendige Zuverlässigkeit
(sie sind in der Lage eine zu hohe
Fehlerrate des Bandes zu melden). Weiterhin kann die Dauer des Backups auf
die Hälfte reduziert werden, da die Daten
sofort („on the fly") ohne zusätzlichen
Prüfungsdurchgang überprüft werden.

27 **Welche Parameter dienen zur Abschätzung der Leistungsfähigkeit einer Festplatte?**

- Speicherkapazität
- Dauertransferrate
- Zugriffszeit
- Spurwechselzeit
- Cachegröße

28 **Geben Sie die Grundbausteine der physikalischen Formatierung einer Festplatte an.**

- Spuren: konzentrische Kreispfade auf den Oberflächen der Festplatte
- Zylinder: Spurensatz, der auf allen Seiten der Platten im gleichen Abstand von der Mitte angelegt ist
- Sektoren: Spurenausschnitt

4

29 **Wie groß ist die Dauertransferrate in MByte/s einer Festplatte mit folgenden Angaben:**

Formatierte Kapazität	1,216 GB
Platten	2
Oberflächen	4
Spuren pro Oberfläche	4 142
Sektoren pro Spur	min. 95, max. 177
Byte pro Sektor	512
Umdrehungsgeschwindigkeit	5400 U/min

Dauertransferrate in Byte/s
(für einen einzelnen Transfer)
= Anzahl der Bytes eines Sektors
  $\times$ Anzahl der Sektoren pro Spur
  $\times$ Anzahl der Umdrehungen pro Sekunde

Dauertransferrate
= 512 Byte $\times$ 136 (durchschnittlich)
  $\times$ 90 U/s
= **5,98 MByte/s**

30 **Welches Grundkonzept hat RAID und was erreicht man dadurch?**

RAID steht für **R**edundant **A**rray of **I**nexpensive **D**isks. Es werden mehrere normale Festplatten parallel (am besten mit SCSI) betrieben. Mit RAID erhält man mehr Speicherplatz, schnellere Transferraten und einen zuverlässigeren Massenspeicher.

31 Neben dem 3,5-Zoll-Diskettenlaufwerk für beispielsweise HD-Disketten (1,44 MByte) gibt es das Super-Disk-Laufwerk (LS120) und das ZIP-Drive.

a) Welche Speicherkapazitäten können hiermit erreicht werden?

b) Besteht Kompatibilität zur HD-Diskette?

a) Die Diskettenkapazität beträgt bei
   LS120:   120 MByte
   ZIP-Drive: 250 MByte

b) • LS120 kann die herkömmlichen 1,44-MByte-HD-Disketten lesen

   • das ZIP-Drive kann nur mit speziellen ZIP-Disketten arbeiten

32 Wie ist der Arbeitsspeicher eines Computers aufgebaut?

Der Arbeitsspeicher besteht aus RAM-(**R**andom **A**ccess **M**emory-)Bausteinen, die sich zu Speichermodulen zusammengefasst in den Speicherbänken befinden. Weitere Speicherbänke können zur Vergrößerung des Arbeitsspeichers mit Speichermodulen bestückt werden.

33 Nennen Sie zwei Eigenschaften von RAM-Speichern.

• In RAM-Speicher können beliebig oft Daten geschrieben oder gelesen werden.

• Der Speicherinhalt geht nach Abschaltung der Stromversorgung verloren.

• Typische Zugriffszeiten: 200 ns bis 8 ns

34 Bei den RAM-Bausteinen wird zwischen den statistischen SRAM und den dynamischen DRAM unterschieden.

Welcher der beiden Speicher bringt Geschwindigkeitsvorteile und wodurch?

Beim DRAM ist in periodischen Zeitabständen ein Refreshing (Ladungserhaltung der Kondensatoren, die durch ihren Ladezustand die Information speichern) notwendig. Während dieser Zeit ist kein Speicherzugriff möglich.
Beim SRAM bleibt der gespeicherte Zustand (Schaltstellung von Transistoren speichern die Information) konstant, ein Refreshing entfällt. Damit ergibt sich ein Geschwindigkeitsvorteil beim SRAM.

35 **Eine Weiterentwicklung des DRAM ist der SG-RAM.**

Geben Sie die Besonderheit und das Einsatzgebiet dieses RAMs an.

SG-RAM (**S**ynchronous **G**rafic RAM):
- synchronisiert sich mit dem Systemtakt des Prozessors → verringert die zeitlichen Toleranzen bei der Koordination von Prozessor- und Speicheroperationen → schnellere Datenübertragung
- blockweiser Zugriff auf einen speziellen Grafik-RAM-Bereich möglich → Anwendung bei Grafikkarten

36 **Welche Eigenschaften hat ein ROM-Speicher und welches Programm wird dort gespeichert?**

ROM (**R**ead **O**nly **M**emory):
- Daten bleiben auch nach dem Wegfall der Versorgungsspannung dauerhaft gespeichert (Festwertspeicher)
- Daten können *nur ausgelesen* werden

Im ROM-Speicher befindet sich das Programm BIOS (**B**asis **I**nput **O**utput **S**ystem), welches für den Bootvorgang des PCs unbedingt erforderlich ist.

4

37 **Woher erhält das BIOS die Information über die aktuelle Konfiguration des PCs?**

Diese Daten werden im CMOS (**Com**plementary**M**etall**O**xid**S**emiconductor) gespeichert.

38 **Zu welchem Speichertyp gehört der CMOS?**

Der CMOS ist ein statischer RAM-Baustein bei dem die Stromversorgung nach Ausschalten des Computers durch eine Primär- oder Sekundärzelle aufrechterhalten wird.

39 **Welche Funktion hat der Cache-Speicher und zu welchem Speichertyp gehört er?**

Der Cache-Speicher dient als Zwischenspeicher zwischen Prozessor und Arbeitsspeicher. Durch den schnellen SRAM (Zugriffszeiten unter 10 ns) wird der Zugriff des Prozessors (für häufig verwendete Prozessoranweisungen) auf den Arbeitsspeicher wesentlich beschleunigt.

40 Welche besonderen Leistungsmerkmale besitzen Pentium-Prozessoren?

Nennen Sie drei.

- Gleichzeitige Ausführung mehrerer Arbeitsschritte (superskalare Befehlsausführung) durch zwei parallel arbeitende Befehlsausführungseinheiten (so genannte Pipelines/Warteschlangen)
- Verwenden eines 64-Bit-Datenbus (da auch der Zyklus des Cache schneller ist, ergibt sich gegenüber dem 485-Prozessor eine fünfmal höhere Netto-Transferrate)
- Sprungvorhersage – es wird vorausschauend schon jeweils die Instruktion geladen, die beim letzten Schleifendurchlauf an der Reihe war (wiederholte Ausführung von Code-Schleifen)
- Aufteilung der Befehlsausführung in mehrere kleine Anweisungen

41 Ordnen Sie den angegebenen Prozessor-Architekturen die entsprechenden Merkmale zu.

1 CISC-Architektur
(**C**omplex **I**nstruction **S**et **C**omputing)

2 RISC
(**R**educed **I**nstruction **S**et **C**omputing)

a) kann verhältnismäßig kleinen, aber effizienten Befehlssatz verarbeiten

b) Ausführung eines Befehls erfordert meist mehrere Taktzyklen

c) kann umfassenden und komplexen Befehlssatz verarbeiten

d) komplexe Befehle werden vor der Bearbeitung in einfache Teilschritte zerlegt

1 b), c)
2 a), d)

42 Welche der beiden Architekturen (RISC, CISC) werden in Pentium-Prozessoren angewendet?

Es finden beide Architekturen Anwendung. Der Computer wird mit dem umfangreicheren CISC-Befehlssatz programmiert, verarbeitet aber die Befehle entsprechend der schnelleren RISC-Technologie.

43 Welche Einstellmöglichkeiten können bei Monitoren vorhanden sein?
Nennen Sie fünf.

- Horizontale Größe und Lage
- Vertikale Größe und Lage
- Nadelkissen (nach innen oder außen gekrümmte Wölbung an den Seiten der Bildanzeige kann variiert werden)
- Kippen, Drehen, Trapez
- Farbtemperatur
- Helligkeit und Kontrast
- Degauss (Entmagnetisierung)

4

44 Erklären Sie den Unterschied zwischen logischer und physikalischer Auflösung eines Monitors.

Logische Auflösung:
Anzahl der waagerechten und senkrechten Pixel, die von der Grafikkarte einzeln angesteuert werden können
(z. B. 1024×768)

Physikalische Auflösung:
durch die Bildschirmgröße fest vorgegebene/physikalisch vorhandene Anzahl von Bildpunkten (z. B. bei 17-Zoll-Monitor: 1381×1036)
Die physikalisch vorhandenen Bildpunkte (Farbtripel) begrenzen damit die logische Auflösung.

45 Was wird durch die Vertikalfrequenz bei einem Monitor angegeben?

Die Vertikalfrequenz (Bildwiederholfrequenz) gibt die Anzahl der Bilder an, die pro Sekunde dargestellt werden können. Die Angabe erfolgt in Hz.

46 Welche Vertikalfrequenz sollte aus ergonomischer Sicht ein Monitor mindestens haben?

Für ein ruhiges flimmerfreies Bild ist mindestens eine Vertikalfrequenz von 85 Hz notwendig.

47 Stellen Sie den Zusammenhang zwischen Videobandbreite, Auflösung und Vertikalfrequenz dar.

Die Videobandbreite ist ein Maß für die Datenübertragungskapazität des Videoverstärkers im Monitor (Angabe dieser Grenzfrequenz in kHz).

Theoretischer Zusammenhang:
Videobandbreite
= Auflösung $\times$ Vertikalfrequenz

48 Viele Hersteller ergänzen den Wert der Videobandbreite mit der Angabe „–3 dB".
Was bedeutet diese Angabe?

Man verdeutlicht hiermit, dass es sich bei der Videobandbreite um eine Grenzfrequenz handelt, bei der laut Definition die Amplitude auf 70 % des maximalen Wertes abgesunken ist (–3 dB entspricht dem Amplitudenabfall auf 70 %).

49 Ein Monitor hat folgende Angaben:

Bildschirmgröße 17″
(sichtbarer Bildschirmbereich 317 mm $\times$ 238 mm)

Lochabstand 0,28 mm

Bildwiederholfrequenz 72 Hz

a) Für welche Auflösung ist der Monitor geeignet (800 $\times$ 600; 1024 $\times$ 768; 1280 $\times$ 1024)?

b) Wie groß ist die erforderliche Horizontalfrequenz?

c) Welchen Wert sollte die Videobandbreite mindestens haben?

a) maximale horizontale Auflösung
317 mm : 0,28 mm = 1132

maximale vertikale Auflösung
238 mm : 0,28 mm = 850

geeignet für eine Auflösung bis
1024 $\times$ 768

b) vertikale Auflösung $\times$ Bildwiederholfrequenz = Horizontalfrequenz
768 $\times$ 72 Hz = 55,3 kHz

c) Auflösung $\times$ Bildwiederholfrequenz = Videobandbreite
1024 $\times$ 768 $\times$ 72 Hz = 56,6 MHz

Dieser Wert ist noch mit dem Faktor $\sqrt{2}$ zu multiplizieren (Amplitude von 70 % auf 100 %)
56,6 MHz $\times \sqrt{2}$ = 80 MHz
(siehe Aufgabe **48**)

50 Ein Monitor arbeitet im Interlaced Modus.
Wie erfolgt hier die Darstellung?

Es werden hintereinander zwei Halbbilder aufgebaut (es wird im Halbbild nur jede zweite Zeile dargestellt). Der Wechsel ist wegen der Trägheit des menschlichen Auges nicht erkennbar (bei großen hellen Flächen treten jedoch Flackererscheinungen auf, welche langfristig zur Ermüdung der Augen führen).

51 **Welche Angaben sind beim Kauf eines Monitors zu beachten?**
Nennen Sie fünf.

- Bildschirmgröße
- Punktabstand
- Horizontal-Vertikalfrequenz
- Farbechtheit
- Konvergenz
- Schärfe

52 **Welche Monitorarten werden zur Zeit angeboten?**

- CRT-Monitor (**C**atode **R**ay **T**ube)
- Touch Screens (berührungsempfindliche Bildschirme)
- Flachdisplay (beispielsweise aktive LCD- oder passive LCD-Plasmabildschirme)

4

53 **Ordnen Sie folgenden Monitorarten die entsprechenden Eigenschaften zu:**

1 CRT-Monitor

2 passives LCD

3 aktives LCD
(TFT-LCD Thin Film Transistor)

a) nur bei <u>einer</u> Auflösung ohne Qualitätsverlust einsetzbar

b) Konvergenz- und Geometriefehler möglich

c) nur schmaler Betrachtungswinkel

d) flimmerfreies Bild ab einer Bildwiederholfrequenz von 75 Hz

1 b), d)
2 a), c)
3 a)

54 **Welche besonderen Eigenschaften haben Multiscan-Monitore?**

Diese Monitore sind in der Lage sich ohne Qualitätsverlust verschiedenen Bildschirmauflösungen anzupassen.

55 Welche Möglichkeit eröffnet DDC (Display Data Channel)?

Von einem DDC-kompatiblen Monitor können Informationen über die Fähigkeiten des Monitors zur DDC-fähigen Grafikkarte übergeben werden, die wiederum diese Informationen an das Betriebssystem weitergibt (Windows ist DDC-fähig). Ist der Monitor Plug & Play-kompatibel eingerichtet, kann die Plug & Play-Software den Monitor automatisch erkennen und konfigurieren.

56 Welche neuen Einsatzgebiete des Computers werden durch Virtual Reality möglich?

Datenvisualisierung:
komplexe Daten werden durch eine „begehbare" 3-D-Darstellung der Daten verständlicher (Darstellung von DNA-Sequenzen)

Simulation:
– Architekt kann mögliche Probleme seines Entwurfs bereits vor Baubeginn feststellen;
– die Gestaltung technischer Umgebungen (z. B. Flugzeugcockpit) wird über die Simulation im Voraus getestet

Medizinische Diagnose:
Mediziner können Bilder von z. B. Computertomographien sehr detailliert studieren

57 Nennen Sie fünf Punkte, die bei der Auswahl einer Grafikkarte von Bedeutung sind.

- Beschleunigung für 2-D/3-D/MPEG
- max. Datentransferrate auf dem Bus
- Auflösung
- max. Bildwiederholfrequenz
- unterstützte Farbtiefe
- TV-Tuner/Video-Capturing

58 Welche grundsätzlichen Komponenten enthält eine VGA-Karte?

- Grafik-Prozessor
- BIOS-ROM
- VIDEO-RAM
- RAM-DAC (Digital Analog Converter)
- Schnittstelle zum Bus/Monitor

59 Welche Daten werden im

a) Video-RAM

b) BIOS-ROM

gespeichert?

a) Digitales Abbild des Monitorbildes (Bildschirmspeicher)

b) ● Grundlegende Informationen über die VGA-Karteneigenschaften

● Daten für den Bildaufbau bei Systemstart, bevor Software-Grafiktreiber aktiv werden

60 Woraus ergibt sich die Speichergröße des Video-RAM?

Speichergröße des Video-RAM
= horizontale Auflösung $\times$ vertikale Auflösung $\times$ Farbtiefe

61 Wie viel Farben sind bei einer Farbtiefe von 16 Bit darstellbar?

65 536 Farben (2^{16})

4

62 Wie groß ist die Transferrate zum RAM-DAC bei einer:

horizontalen Auflösung von 1280

vertikalen Auflösung von 1024

Bildwiederholfrequenz von 75 Hz

Farbtiefe von 24 Bit?

Die Transferrate beträgt 281,25 MByte/sek.
$1280 \times 1024 \times 75$ Hz $\times$ 3 Byte
$= 2,9491 \times 10^{8}$ Byte/sek
$= 281,25$ MByte/sek

63 Für welche Farbtiefe steht die Bezeichnung True Color?

24 Bit Farbtiefe (jeweils 8 Bit für Rot, Grün, Blau – die erreichte Anzahl von verschiedenen Farben $\approx$ 16,7 Millionen kann vom Menschen nicht mehr unterschieden werden!)

64 Warum kann eine reine 3-D-Grafikkarte nur zusammen mit einer 2-D-Grafikkarte betrieben werden?

Der Grafikchip der reinen 3-D-Grafikkarte verarbeitet **nur** Informationen der 3. Achse (Z-Achse).

65 Welche Verfahren zur Verbindung von 2-D-Grafikkarte und 3-D-Grafikkarte gibt es?

1. Analog Loop Through (2-D-Grafikkarte → 3-D-Grafikkarte [ersetzen oder durchschleifen des Signals] → Monitor)

→

▷ *Fortsetzung der Antwort* ▷

2. Busmastering (2-D-Grafikkarte arbeitet parallel zur 3-D-Grafikkarte; Datenaustausch über Systembus; Busmasterfähigkeit des Motherboards notwendig; Anschluss des Monitors an die 3-D-Grafikkarte)

66 Wie groß ist die erforderliche Speichergröße des Video-RAM bei einer:

horizontalen Auflösung von 1280

vertikalen Auflösung von 1024 und einer Farbtiefe von 24 Bit?

1280 × 1024 × 3 Byte pro Pixel
= 3 932 160 Byte
= *3,75 MByte*

67 Was versteht man unter Windows-GDI?

GDI steht für **G**raphics **D**evice **I**nterface und stellt die Softwareschnittstelle zwischen einem unter Windows laufenden Programm und der Grafikkarte dar.

68 Was bietet die Softwareschnittstelle GDI?

- Mithilfe von Treibern können grafische Darstellungen auf z. B. dem Bildschirm, Drucker oder Plotter ausgegeben werden.
- Es macht die Programme unabhängig von der benutzten Hardware (es muss nur noch ein einziger Treibersatz bei Hardwareänderung aktualisiert werden).
- Besitzt eine Oberfläche zur Gestaltung von grafischen und textorientierten Programmen

69 Was ist bei der Einstellung der Grafikkarte auf dem Monitor und dessen Eigenschaften zu beachten?

Um ein flimmerfreies und stabiles Bild zu erhalten, muss der Monitor die eingestellte Auflösung und Anzeigemodi unterstützen. Dabei sollte eine Bildwiederholfrequenz eingestellt werden, die der Monitorspezifikation möglichst nahe kommt, aber keinesfalls höher (besitzt der Monitor keinen eingebauten Schutz, kann er dadurch beschädigt werden!)

70 Welche Tastatureinstellungen sind möglich?

- Tastatur-Anschlaggeschwindigkeit
- Wiederholrate einer gedrückt gehaltenen Taste
- Ansprechverzögerung

71 Viel und schnelles Schreiben mit der Tastatur führt zu Beschwerden, die durch wiederholte Belastungen ausgelöst werden (RSI – Repetitive Strain Injuries).
Was ist bei der Auswahl der Tastatur zu beachten um RSI vorzubeugen?

Verwenden von „geteilten" Tastaturen (zwei Tastaturblöcke, die in einem Winkel zueinander stehen). Handgelenk kann im gesamten Tastaturbereich gerade nach vorne gehalten werden. Weiterhin sollte die Front der Tastatur angehoben werden können, damit die Hände nicht nach oben abgewinkelt werden müssen.

4

72 Nennen Sie je zwei Vorteile und Nachteile des Trackballs gegenüber der Maus.

Vorteile:
- geringerer Platzbedarf (es bewegt sich nur die Kugel, nicht der Körper)
- Trackball kann fest angebracht werden (Standfestigkeit z. B. bei Transportmitteln)
- sehr gute Feinkontrolle z. B. beim Zeichnen (Tasten des Trackballs sind physisch **nicht** mit der Kugel verbunden)

Nachteile:
- Hand muss ständig relativ zu den Tasten des Trackballs bewegt werden
- es ist schwierig, gleichzeitig die Taste gedrückt zu halten und den Trackball zu drehen

73 Welche Vorteile bringen Grafiktabletts als Zeichengeräte mit sich?

- Man kann die gewohnten Zeichenbewegungen wie auf einem Blatt Papier ausüben (Kreisbogen, Strich usw.)
- wesentlich höhere Auflösung (12 700 Lpi – Linien pro Inch; Maus: 400 ppi – Punkte pro Inch)

74 **Von Scannerherstellern werden zwei Auflösungen genannt – optische und interpolierte Auflösung.**

Was ist jeweils darunter zu verstehen?

Optische Auflösung:
Ist die tatsächliche (physikalische) Auflösung, die der Sensor des Scanners erzielt (Angabe in dpi – dots per inch, Punkte pro Zoll).

Interpolierte Auflösung:
Es werden zu den vom Scanner gelesenen Pixeln weitere Pixel berechnet und hinzugefügt. Hat die Vorlage einen linearen/kontinuierlichen Farbverlauf, stimmen die interpolierten (abgeleiteten) Pixel mit denen der Vorlage überein. Weist die Vorlage scharfe Farbübergänge/Kanten auf, gibt das gescannte (interpolierte) Bild das Original nicht korrekt wieder.

75 **Was ermöglicht OCR?**

OCR – Optical Character Recognition (optische Zeichenerkennung).
Beim Vorgang OCR wird das gesamte Bild nach Mustern durchsucht, die denen von Buchstaben und anderer Zeichen entsprechen. Es wird eine editierbare Textvorlage ausgegeben.

76 **Was ist bei der Scannerauswahl zu beachten?**

Nennen Sie drei Punkte.

- Auswahl hängt beim Scanner sehr stark von der tatsächlich zu erledigenden Aufgabe ab (OCR-Anwendungen; Verarbeitung hochwertiger Grafiken).
- Endergebnis hängt von der Qualität (Auflösung) des Scans ab und kann durch spätere Bearbeitung qualitativ nicht mehr verbessert werden!
- Dokumenteneinzug nur dann notwendig, wenn sehr viel mit dem Scanner gearbeitet wird.
- Arbeiten mehrere Personen regelmäßig mit dem Scanner, ist ein Scanserver für den Netzwerkanschluss von Vorteil.

77 Geben Sie je einen typischen Anwendungsfall/ Vorteil/Nachteil für

a) Laserdrucker

b) Tintenstrahldrucker

an.

Anwendung:

a) bei sehr hohen Anforderungen an Text, Grafik; fotorealistische Bilder

b) je nach eingestellter Auflösung Konzeptausdruck bis hochwertige Grafiken

Vorteil:

a) sehr leiser, dokumentenechter Druck

b) günstiger Anschaffungspreis bei geringen Folgekosten (Textdruck)

Nachteil:

a) hoher Anschaffungspreis, besonders bei Farbdruckern

b) Ausdruck nicht licht- und wasserfest; Spezialpapier für hohe Druckqualität notwendig

4

78 Welche Vorteile bieten Kombigeräte (Drucken, Faxen, Kopieren)?

- Sie können unbeaufsichtigt als Faxgerät und Kopierer, selbst bei ausgeschaltetem PC, betrieben werden,
- einlaufende Faxe führen zu keiner Unterbrechung der PC-Arbeit,
- Faxe und Druckjobs werden in einem Speicher gepuffert

79 Nennen Sie drei Punkte, die bei der Druckerauswahl zu beachten sind.

- Die zu erwartende Druckmenge,
- die benötigte Druckqualität in Farbe bzw. in Schwarzweiß,
- bei Netzwerkanbindung: die entsprechende Netzwerkschnittstelle (z. B. Thinnet-Schnittstelle für 10 Base-T-Verbindungen) sollte vorhanden sein und die richtige Netzwerk-Software unterstützt werden

80 Welche Funktion erfüllt ein Modem?

Durch ein Modem (Modulator/Demodulator) werden binäre Daten für die Übertragung über eine Telefonleitung und die Schaltvorrichtungen in den Ämtern aufbereitet.

81 Nennen Sie zwei Probleme, die Telefonschaltvorrichtungen für Modems darstellen.

- Bei analoger Arbeitsweise:
  der Computer als Telefon muss seine digitalen Signale in analoge wandeln und empfangene Signale in digitale zurückwandeln,

- der Frequenzbereich einer Telefonverbindung ist sehr beschränkt (150 Hz bis 4 kHz),

- die Vollduplex-Arbeitsweise (gleichzeitig senden und empfangen) führt bei nur zwei Drähten zu einer Feedbackschleife (im Telefon unterdrückt eine Schaltung das Feedback, indem es einige der gesendeten Daten von den empfangenen abzieht)

82 Welche Modemarten werden unterschieden?

- Sprachband-Modem
- Kabel-Modem
- Funk-Modem
- Netzleitungs-Modem

83 Welche grundlegenden Funktionen hat ein Sprachband-Modem zu erfüllen?

- Umwandeln der digitalen Signale des Endgerätes (PC) in analoge Tonfrequenzen
- Aufbau der Verbindung mit der Gegenstelle
- Verarbeitung der empfangenen Kommandos
- Geschwindigkeitsanpassung entsprechend der Leitungsqualität
- Korrektur von Übertragungsfehlern

84 Geben Sie drei Funktionen eines Faxgerätes an.

- Scannen: Umwandeln der Vorlage in ein Bitmap (Pixelgitter)
- Modulieren/Demodulieren: ein kompressionsfähiges Modem empfängt und sendet die Daten (Gruppe-3-Kompression zur Verringerung der zu übertragenden Datenmenge)
- Drucken: Ausdruck der empfangenen Daten

85 Welche Schnittstellen werden üblicherweise eingesetzt?

- serielle Schnittstelle (RS-232, V.24)
- parallele Schnittstelle (Centronics)
- IDE-/AT-Bus-Controller
- EIDE-Controller
- SCSI-Schnittstelle
- AGP (Accelerated Graphics Port)

86 Was wird durch die Baudrate angegeben?

Die Baudrate (Übertragungsrate) gibt an, wie viele Signalwechsel pro Sekunde übermittelt werden (typischer Wert: 9 600, 19 200, 28 800 Baud).

4

87 Die serielle Schnittstelle (Spezifikation RS-232C) überträgt eine Reihe von Signalen. Nennen Sie drei.

Signale zur:
– Datenübertragung
– Übertragungskontrolle
– Empfangskontrolle
– Verbindungsüberwachung

88 Ordnen Sie den angegebenen Schnittstellen die folgenden Eigenschaften zu:

1 IDE

2 SCSI

a) alle möglichen Arten von Geräten werden unterstützt (Modem, Scanner, Drucker, Festplatten usw.)

b) es kann nur ein einziges Gerät pro Kabelverbindung aktiv sein

c) die Schnittstelle arbeitet busunabhängig

d) die Übertragungsrate geht zur Zeit bis 40 MByte/s

1 IDE   b)

2 SCSI   a), c), d)

4.3 System- und Anwendungssoftware

1 **Bei der Software wird zwischen Systemsoftware und Anwendungssoftware unterschieden.**

Nennen Sie jeweils drei Beispiele.

Systemsoftware:
– Betriebssystem
– Dienstprogramme
– Hilfsprogramme

Anwendungssoftware:
– Individualsoftware
– Standardsoftware
– Branchensoftware

2 **Worin bestehen die wesentlichen Aufgaben eines Betriebssystems?**

● Durchführung der Startprozedur, um damit das System entsprechend den Voreinstellungen nutzbar zu machen

● Übernahme aller Funktionen zur Steuerungs- und Dateiorganisation

● Ermöglichung der Ausführung von Anwendungsprogrammen

3 **Welche der folgenden Aussagen trifft auf das Betriebssystem Windows NT (NT = New Technology) zu?**

a) 32-Bit-Betriebssystem;

b) läuft ausschließlich auf Intel-Prozessoren;

c) wurde in der Programmiersprache C programmiert;

d) verglichen mit Windows 95/98 besteht relativer Mangel an Gerätetreibern;

e) die Anforderungen an die Leistungsfähigkeit der Hardware sind gering

a); c); d)

4 **Ein Vorteil von 32-Bit-Windows (95, 98 und NT) und UNIX ist preemptives Multitasking.**

Was versteht man darunter?

Windows holt sich beim preemptiven Multitasking selbst die Steuerung von einer Anwendung zurück und gibt sie an eine andere Anwendung weiter oder es schaltet vielfach pro Sekunde zwischen den Anwendungen um.

5 Ordnen Sie den folgenden Gruppen der Anwendungssoftware die entsprechenden Aussagen zu.

a) **3**

b) **2**

c) **1**

d) **2**

Anwendungssoftware:

1 Individualsoftware

2 problemorientierte Software

3 branchenorientierte Software

Aussage:

a) Programm bietet eine spezielle Lösung für Arztpraxen an

b) Programm ist auf bestimmte Funktionen zugeschnitten

c) Programm wurde für den Anwender nach dessen Forderungen erstellt

d) Programm bietet eine Lösung zur Lohn- und Gehaltsabrechnung

4

6 Durch welche Merkmale sollte sich Software mit hoher Qualität auszeichnen.

Nennen Sie fünf.

- Zuverlässigkeit (Fehler der Hardware, Bedienung und Übertragung erkennen und deren negative Auswirkung gering halten)
- Funktionsgenau (Software liefert auf alle möglichen Eingabedaten die richtigen Ergebnisse)
- Änderungs-, erweiterungs- und wartungsfreundlich (leichte Anpassung an geänderte oder erweiterte Aufgabenstellungen; schnelle Analyse der Software)
- hohe Übertragbarkeit auf andere Computer und Betriebssysteme →

▷ *Fortsetzung der Antwort* ▷

- dem Benutzer angepasst (leichte Bedienbarkeit durch Benutzeroberflächen)
- angemessener Funktionsumfang

7 **Geben Sie drei Betriebssysteme neben Windows/ Windows NT an.**

- Unix
- OS/2 Warp
- MAC OS
- Linux

8 **Bei Windows 98 wurde der Active Desktop eingeführt. Was ist damit möglich?**

Der Aktive Desktop integriert den Internet-Explorer in das Betriebssystem. Damit kann man unabhängig davon, ob sich die Daten im PC oder Internet befinden, nahtlos auf die Daten zugreifen, diese speichern, freigeben oder suchen.

9 **Welche Möglichkeiten bzw. Erleichterungen bieten in Windows 98**
a) Plug & Play-Technik
b) Multitasking
c) Intelligente Assistenten

a) Installieren und Anpassen neuer Hardwarekomponenten ohne größeren Aufwand während des Betriebs

b) der Anwender kann mit mehreren Programmen gleichzeitig arbeiten

c) Erleichterung bei der Pflege von Datenbeständen und der Wartung von Hard- und Software

10 **Welche neuen Kommunikationsmöglichkeiten sind mit Windows 98 möglich?**

- Einfache Kommunikation im Internet mit den Internet-Tools (E-Mails, „chatten", Diskussion in Newsgroups)
- Net Meeting – Konferenzgespräch mit beispielsweise dem Projektteam und gleichzeitiges gemeinsames Arbeiten an einem Dokument
- Outlook Express – Texte als HTML-Nachrichten senden und empfangen

11 **Welche neuen Multimedia-Optionen bietet Windows 98?**

- Unterstützung von High-Density-DVD-Laufwerken (geeignet auch für Audio-CD und CD-ROM)
- Empfang von Live-Multimediadaten über das Internet/lokale Netzwerk/ Intranet über Net Show

12 **Welche Verbesserungen bringt das optimierte Dateisystem NTFS (New Technology File System) von Windows NT?**

- Lange Dateinamen
- Zugriffskontrolle (Administrator legt Benutzerrechte fest)
- besonders bei großem Datenbestand schneller als FAT-Systeme

13 **Nennen Sie drei Optionen, die für die Entscheidung, welches Betriebssystem (Windows 95/98, Windows NT oder Unix) man einsetzt, ausschlaggebend sind.**

Bedeutsam für die Entscheidung sind:
- die am Rechner angeschlossenen Geräte
- die zu verwendenden Programme
- die benötigte Stabilität und Sicherheit

4

14 **Welche der folgenden Aussagen trifft auf die angegebenen Betriebssysteme zu?**

1 Windows 95/98

2 Windows NT

3 Unix

Das Betriebssystem besitzt gegenüber den anderen

a) eine höhere Anzahl von Gerätetreibern

b) eine höhere Stabilität

c) die Möglichkeit einen stabilen und sicheren Internet-Server preiswerter einzurichten

1 a)

2 b)

3 b), c)

15 **Wodurch unterscheidet sich LINUX von anderen Betriebssystemen und wodurch zeichnet es sich besonders aus?**

- Das Betriebssystem wird von einer großen Programmiergemeinde weltweit ständig weiterentwickelt
- 32-Bit-Betriebssystem mit modularer System-Ebene, deren besonders herausragende Eigenschaften sich in der Vielseitigkeit und Anpassungsfähigkeit zeigen

16 Welche Benutzerkategorien werden in LINUX unterschieden?

1. Systemadministrator (Root-Account): hat uneingeschränkte Rechte

2. Hintergrundbenutzer (Daemon User): Dienste und Protokolle für Systemarbeit, die im Hintergrund ablaufen

3. Systembenutzer: besitzen innerhalb ihrer zugewiesenen Ressourcen keine weiteren Rechte

17 LINUX unterstützt die so genannten Loadable Modules. Worum handelt es sich dabei?

Über das Loadable Module werden nur die Treiber für ein Gerät geladen, die auch beim Systemstart vorhanden sind (modulares Zuladen von Hardware-Treibern). Die geladenen Treiber können dynamisch wieder aus dem Speicher entfernt werden.

18 Welche fünf Sicherheitsanforderungen erfüllt Windows NT?

- Systemzugriff nur über ein Benutzerkonto möglich (log in: Angabe von Passwort und Benutzername)
- Speicherzugriff auf fremde Daten wird verhindert
- Zugriffskontrolle (Vergabe von Rechten auf die Daten – wer in welcher Art)
- Überwachung/Aufzeichnung aller Zugriffe (Zugriffsfunktion, Benutzer, Zeitpunkt)
- Datensicherungsvorgänge können protokolliert werden

19 Welche minimalen Voraussetzungen für die angegebene Hardware besitzt Windows NT?

a) Prozessor-Typ

b) Kapazität des Arbeitsspeichers (RAM)

c) Festplattenkapazität

a) mindestens 80486 DX Prozessor

b) mindestens 12 MB RAM-Kapazität

c) mindestens 124 MB Festplattenkapazität

20 **Welche Neuerungen bietet OS/2 Warp 4? Nennen Sie drei.**

- Automatische Hardwareerkennung
- Plug & Play-Unterstützung
- Internetanbindung
- IBM Voice Type (Spracherkennung)

21 **Für welche Bereiche kann man IBM Voice Type bei OS/2 Warp 4 anwenden?**

- Diktat zur Texteingabe
- Navigation zur Programmsteuerung

22 **Was verstehen Sie unter dem Begriff Office-Paket?**

Ein Office-Paket ist eine Programmsammlung für häufig gebrauchte Büro-Funktionen wie Textverarbeitung, Tabellenkalkulation, Datenbankbearbeitung und Geschäftsgrafikerstellung.

4

23 **Welche Programme enthält das Office-Paket für Windows?**

- WORD (Textverarbeitungsprogramm)
- EXCEL (Tabellenkalkulationsprogramm)
- ACCESS (Datenbankprogramm)
- POWER-POINT (Programm zum Erstellen von Präsentationen)
- OUTLOOK (Programm zur Organisation von Terminen, E-Mails usw.)

24 **Welche entscheidenden Vorteile haben Programme, die unter dem Office-Paket zusammengefasst sind?**

- Einheitliche Benutzeroberfläche, damit identische Bedienung der Programme
- Datenaustausch (Texte, Tabellen, Grafiken) zwischen den Programmen problemlos möglich (Datenkompatibilität)

25 **Welche Formen des Datenaustausches sind z. B. zwischen WORD und EXCEL möglich?**

- statischer Datenaustausch
- In-Place-Editing
- OLE (Object Linking and Embedding)
- dynamischer Datenaustausch

26 In einem in WORD geschriebenen Umsatzbericht, der monatlich aktualisiert wird, sollen EXCEL-Tabellen und Diagramme eingebunden werden.

Für welche Form des Datenaustausches entscheiden Sie sich und warum?

Dynamischer Datenaustausch: WORD-Dokument und EXCEL-Tabelle/Diagramm sind miteinander verknüpft, d.h. die Tabelle bzw. das Diagramm im WORD-Dokument wird immer aktualisiert, wenn sich am Original etwas ändert.

27 Welche Möglichkeiten bietet POWER POINT für die Gestaltung von Präsentationen?

- Erstellen von Folien für Overhead-Projektor (24 Autolayouts)
- Anfertigen von Handreichungen für die Zuhörer sowie Notizen für den Vortragenden
- Bildschirmpräsentation

28 Was sind CAD-Programme?

CAD (**C**omputer **A**ided **D**esign): mit diesen Grafikprogrammen können professionelle technische Zeichnungen erstellt werden (z. B. Auto Cad). Man bedient sich dabei der Layertechnik (erstellen verschiedener Zeichnungsebenen unabhängig voneinander und anschließende Kombination). Für verschiedene Berufsgruppen existieren fertige Programmbibliotheken (Elektrotechniker, Architekten ...)

29 Welche Mindestvoraussetzungen fordert ACCESS 97 für
a) Prozessor
b) Hauptspeicherkapazität
c) Speicherkapazität der Festplatte (Einzel-PC)
d) Speicherkapazität der Festplatte einer Arbeitsstation in Mehrbenutzerumgebung mit kompletter Installation des Datenbankprogramms auf einem Server?

a) 80486-Prozessor
b) 16 MByte Hauptspeicherkapazität
c) rund 60 MByte freier Festplattenspeicherplatz
d) 3 MByte freier Festplattenspeicherplatz

30 Welche Leistungsmerkmale besitzt ACCESS 97 hinsichtlich

a) der Auswertung vorhandener Datenbanken und

b) der Verbindung mit WORD und EXCEL?

a) • einfache menügesteuerte Abfragefunktionen

• SQL-Tools zur Abfrage und Bearbeitung externer Datenbanken

b) direkte Schnittstellen (z. B. direkter Zugriff auf die Datenbank aus WORD oder EXCEL heraus möglich)

31 Welche zwei prinzipiellen Möglichkeiten bietet ACCESS 97 zur Anwendungsentwicklung?

Access bietet zur Anwendungsentwicklung die Nutzung von:

• Makros und

• die Programmiersprache VBA (**V**isual **B**asic for **A**pplications)

an.

4

32 ACCESS 97 bietet die Möglichkeit des Multithreading.

Was versteht man darunter?

Verschiedene Vorgänge innerhalb derselben Anwendung können parallel ausgeführt werden (z. B. Abfrage starten und gleichzeitig an einem Formularentwurf weiterarbeiten).

33 Was ermöglicht die Office 97 Developer Edition (ODE)?

Nennen Sie zwei Beispiele.

• Lizenz für den lizenzgebührenfreien Vertrieb und Tools, mit deren Hilfe selbst entwickelte Office-Programme an alle Benutzer weitergegeben werden können

• Active X-Steuerelemente für die flexiblere Gestaltung von Anwendungen (duplizieren von Windows-95-Funktionalität; neue Steuerelemente für Internet-Anwendungen)

34 Nennen Sie drei Anwendungen, die mit Datenbanken in einem Personalinformationssystem möglich sind.

• Personalstammdatenverwaltung

• Stellenverwaltung

• Bewerberdatenbank

• Seminarverwaltung

35 ACCESS kann im Netzwerk eingerichtet werden.

Vergleichen Sie die beiden Installationsmöglichkeiten miteinander.

1. Auf Server und Clients wird das vollständig benötigte ACCESS Programm installiert (günstigeres Zeitverhalten, aber entsprechender Speicherplatz wird auf allen Computern benötigt)

2. Nur Administrator-Server erhält das vollständige Programm; Clients erhalten nur die Initialisierungsdateien (geringerer Speicherplatzbedarf bei den Clients [3 MB], aber Arbeit mit dem Programm deutlich verlangsamt)

36 Welche Treiber benötigt ACCESS 97 für den Datenaustausch mit anderen Programmen?

- Eingebaute Treiber (z. B. für Kalkulationstabellen in EXCEL-Format; HTML-Dokumente)
- ODBC-Treiber (z. B. für die Verbindungen zu Microsoft SQL Server-Datenbanken und Daten aus anderen Programmen)

37 Welche drei Sicherungsmaßnahmen gibt es für eine ACCESS-Datenbank?

- Sicherung der Benutzer- und Systemdaten auf Datenträgern
- Schutz der Datenbank durch Kennwortvergabe
- Einrichten von Benutzergruppen mit der gezielten Vergabe von Benutzerberechtigungen

4.4 Netze und Dienste

1 Welche Geräte, Programme und Informationen können im Netzwerk gemeinsam genutzt werden?

Im Netzwerk können Festplatten, CD-ROM-Laufwerke und Drucker sowie alle im Netzwerk abgelegten Dateien gemeinsam verwendet werden. Dabei ist zu beachten, dass der einzelne Benutzer vom Administrator die Erlaubnis erhalten muss, diese Ressourcen benutzen zu dürfen.

2 **Welche Aufgaben hat der Administrator (Supervisor) im Netzwerk?**

Der Administrator ist der Verwalter des Netzwerkes. Nur er hat das Recht und die Möglichkeit Benutzer einzurichten, alle anderen Objekte zu verwalten und Zugriffe freizugeben. Er ist derjenige, der konsultiert wird, wenn Probleme bezüglich der Netzarbeit oder an der Workstation auftreten. Er muss regelmäßig den Fileserver warten und so eine ungestörte Arbeit mit dem Netzwerk gewährleisten.

3 **Welche Rechte kann ein Administrator dem Benutzer vergeben?**

4

Es gibt insgesamt acht mögliche Rechte. Die wichtigsten sind dabei:

F	File Scan	Suche nach Dateien erlaubt
R	Read	Lesen von Dateiinhalten
W	Write	Schreiben in vorhandene Dateien erlaubt
C	Create	Erzeugen von Dateien und Verzeichnissen erlaubt
E	Erase	Löschen von Dateien und Verzeichnissen erlaubt

4 **Welche Netzwerktopologien können bei Ethernet verwendet werden?**

Im Ethernet werden Bus- und Sterntopologie verwendet:
- Bus wird bei Thin Ethernet und Thick Ethernet verwendet;
- Stern bei strukturierter Verkabelung mit Ethernet-TP.

5 **Welche Befehle sind nötig, um den Server fernbedienen zu können?**

Auf dem Server muss die Fernkonsole und das Bedienprotokoll gestartet sein. Die Befehle bei Novell Netware 4 sind Load remote; Load rspx.
Zur Fernbedienung muss auf dem client das Programm
`SYS\Public\rconsole.exe`
(Novell Netware 4) gestartet sein.

6 Wie erfolgt der Zugriff auf die Daten, die im Netzwerk gespeichert sind?

Der Zugriff erfolgt bei DOS mittels Laufwerksbuchstaben. Dazu wird das Netzwerkvolumen mittels des Befehls `SYS\Public\map.exe` (Novell Netware 4) zugewiesen.

7 Wie erfolgt die Einrichtung eines Benutzers?

Der Administrator benutzt dazu den Befehl `SYS\Public\map.exe` (Novell Netware 4). Es muss ein eindeutiger Benutzername angegeben werden. Zusätzlich müssen die vorgesehenen Volumes und Verzeichnisse freigegeben und dafür Zugriffsrechte gesetzt werden. Er kann ein Anmeldepasswort verlangen und das Login-Skript erstellen. Viele weitere Optionen sind möglich.

8 Wie erfolgt die Einrichtung des Netzdruckers?

Zum Einrichten dient der Befehl `SYS\Public\map.exe` (Novell Netware 4), der auf einem Client ausgeführt wird. Der Administrator richtet damit einen Printserver, die Printqueue und den Drucker ein. Um den Drucker benutzen zu können, muss auf dem Fileserver anschließend der Druckserver gestartet werden (load pserver bei Novell Netware 4).

9 Welcher Unterschied besteht zwischen den IP-Adressen und den symbolischen Adressen im Internet?

Bei den IP-Adressen im Internet wird jedes Byte als Dezimalzahl dargestellt und durch einen Punkt vom Nachbarbyte getrennt (z. B. 190.134.112.4). Da diese Dotted Decimal Notation nicht aussagefähig bezüglich des Standortes und schlecht zu merken ist, hat man das System der symbolischen Adressen eingeführt und sich bei der Adressdarstellung auf hierarchische alphanumerische Internet-Namen geeinigt (z. B. `www.ibm.de`).

10 **Wo erfolgt die Umsetzung zwischen symbolischen Adressen und IP-Adressen?**

Die Umsetzung zwischen symbolischen Adressen und IP-Adressen erfolgt durch Nameserver. Das sind Computer im Internet, die eine Liste der symbolischen Adressen und der zugehörigen IP-Adressen bereitstellen.

11 **Worüber gibt die Endung .com der symbolischen Internetadresse `www.ibm.com` Auskunft?**

Der rechte Teil gibt Auskunft über die Art der Domain. Die Endung .com steht für kommerzielle Internetadressen, als Firma im Internet.

12 **Welche Unterschiede bestehen zwischen einem Internetprovider und einem Online-Dienst?**

Ein Internetprovider stellt lediglich einen Zugang zum Internet inklusive der im Internet möglichen Dienste zur Verfügung. Ein Online-Dienst stellt neben seinem Internetzugang auch noch andere Dienste zur Verfügung wie z. B. Homebanking, Auskünfte und andere Sonderdienste.
Typische Online-Dienste sind z. B. t-online, AOL, Compuserve.

4

13 **Welche Fragen ergeben sich bei der Auswahl eines Internetanbieters, Providers oder Online-Dienstes?**

- Wie ist der Anbieter zu erreichen?
- Gibt es eine Telefonverbindung zum Ortstarif?
- Besteht eine Anbindung über das Breitbandkabelnetz?
- Welche Kosten können entstehen?
- Wie wird abgerechnet (pauschal, nach Zeit oder nach Volumen)?
- Ist eine E-Mail-Adresse im Angebot enthalten?
- Kann eine eigene Homepage ins Internet gebracht werden?

14 **Welche Angaben sind notwendig, um über das DFÜ von Windows 95/NT eine Internetverbindung herzustellen?**

- die Telefonnummer des Providers
- die Anmeldeadresse
- das Anmeldepasswort
- die Adresse des Nameservers

15 Welche Arten von Informationen werden bei der Multimediakommunikation übertragen?

Multimediakommunikation stellt eine gemeinsame Kommunikation von Sprache, Text, Daten, Bildern und Tönen dar.

16 Ordnen Sie den angegebenen Kommunikationsrichtungen zwischen den Partnern A, B und C die entsprechenden Kommunikationsarten zu.

1 c)
2 a)
3 e)
4 b)
5 d)

1 Vollduplex   a) A ⇄ B

2 Halbduplex   b) A ⟨ B C

3 Simplex

4 Verteilen   c) A ←→ B

5 Sammeln   d) A ⟨ B C

    e) A ⟶ B

17 Welche zwei Verbindungsformen können in einem Festnetz oder Mobilfunknetz realisiert werden?

- Standleitung (fest geschaltete, starre Verbindung zwischen Kommunikationspartnern)
- Wählverbindung (zeitweise vom Anwender zusammengeschaltete Verbindung zwischen Kommunikationspartnern)

18 Was ist ein

a) Transceiver

b) Attachment Unit Interface (AUI)?

a) Transceiver:
   Koppelmodul zwischen Datenendeinrichtung und Übertragungsmedium

b) Attachment Unit Interface (AUI):
   Verbindung zwischen Transceiver und der Ethernet-Schnittstelle des Computers

19 Stellen Sie drei wesentliche Unterschiede des Thinnet gegenüber dem Thick Ethernet dar!

- Kein externer Transceiver und damit auch kein AUI-Kabel notwendig
- Verästelungen sind beim Thinnet-Kabel nicht erlaubt

→

▷ *Fortsetzung der Antwort* ▷

- Verwendung eines flexiblen Koaxial-kabels (0,5 cm Durchmesser) beim Thinnet. Beim Thick Ethernet ist das Standard-Transceiver-Kabel relativ unflexibel und lässt sich damit nur schlecht verlegen (1 cm Durchmesser)
- Thinnet ist preiswerter als Thicknet, lässt sich einfach installieren, ist aber auf 10 MBit/Sekunde beschränkt

20 Was bedeutet die Bezeichnung ISDN?

Integrated
Services
Digital
Network

4

21 Welche zwei wichtigen Argumente sprechen für die Datenkommunikation über ISDN?

Für ISDN sprechen:
- attraktive ISDN-Gebührenstruktur (Kostenvergleich mit anderen Datennetzen spricht für ISDN)
- flexible Anpassung an das zu übertragende Datenvolumen (Bandwidth on Demand)

22 Welche Dienste beinhaltet bzw. unterstützt ISDN?

- Telefondienste (z. B. Telefonie, Telefax, Bildtelefon)
- Zusatzdienste (z. B. Rufnummern-identifizierung, Gebührenberechnung)
- Übermittlungsdienste (Funktionen im Netzbereich, Vermittlung)

23 Nennen Sie drei Mindest-angebote von Euro-ISDN.

- Übermittlung der Rufnummer des Anrufers zum gerufenen Teilnehmer
- Mehrfachrufnummer (individuelle Rufnummernzuordnung für die Endgeräte)
- Integration von Datenendeinrich-tungen in gewünschte Netzkonzepte oder Dienste durch Durchwahlmög-lichkeit zu Nebenstellen in TK-Anlagen

24 **Welche Telefonunter-stützung erhält der Kunde durch ISDN (national)?**
Nennen Sie drei.

- Rufnummernanzeige bei den Teilnehmern
- Anklopfen mit Rufnummernanzeige (ankommender Verbindungswunsch wird während einer bereits bestehenden Verbindung signalisiert)
- Dreierkonferenz (drei Gesprächspartner können gleichzeitig miteinander telefonieren)
- Bestimmte Formen der Anrufweiterschaltung

25 **Erklären Sie das ISDN-Dienstmerkmal „Makeln"?**

Ein Teilnehmer ist gleichzeitig mit zwei Anschlüssen (intern/intern oder intern/extern) verbunden. Gesprochen werden kann allerdings nur mit einem der beiden Teilnehmer, während der andere mithören kann.

26 **„Bridges" sind geeignet Teilnetze miteinander zu verbinden.**
Welche Nachteile muss man in Kauf nehmen?

Bridges haben:
- keine Auswirkung auf die lokale Netzwerkkapazität
- keine Zugriffskontrolle (alle Rechner können eine Meldung an beliebige Empfänger im Netz versenden)

27 **Welche Merkmale hat die PC-PC-Kommunikation über die Schnittstelle V.24?**

- Unterstützung aller Datenfernübertragungsanwendungen (Text, Daten) über COM-Port, die typischerweise über Modem-Verbindungen betrieben werden
- PC-Nachrüstung zu multifunktionalem Endgerät nicht möglich
- Es besteht die Möglichkeit der begleitenden Sprachkommunikation
- Datenübertragung mit Modem am analogen Fernsprechnetz möglich

28 Welche Möglichkeit bietet eine ISDN-TK-Anlage hinsichtlich der Erweiterung der Zugänglichkeit bestehender DV-Infrastrukturen?

- PCs mit entsprechender ISDN-Karte können bei Anschluss an die TK-Anlage die Möglichkeiten der Datenkommunikation mit ISDN nutzen (Entfernung PC $\longleftrightarrow$ TK-Anlage bis 4 km möglich)
- Telekooperation: Möglichkeit der gleichzeitigen Sprach- und Datenkommunikation (Diskussion einer Bildschirmseite, die bei beiden Teilnehmern angezeigt wird)
- Anschluss eines LAN kostengünstig an das ISDN

4

29 Bei PCs mit ISDN-Karte kann eine CAPI-Softwareschnittstelle installiert werden. Was ist damit möglich? CAPI (Common application programming interface)

CAPI bietet einen einfachen Zugriff einer beliebigen Anzahl von Anwendungen auf ISDN-Adapterkarten und gewährleistet uneingeschränkte Nutzung ihrer Funktionalität (standardisierter Befehlssatz).
Der PC kann damit zu einem multifunktionalen PC-Arbeitsplatz erweitert werden.

30 Digitale Informationen werden einem Trägersignal aufgeprägt, das wiederum über ein Medium transportiert wird (z. B. beim Modem der Ton). Nennen Sie zwei weitere Träger digitaler Informationen.

- Lichtwelle (über Glasfaser oder Luft bei Infrarot-Übertragung)
- Funkwelle (kabellose Übertragung über Luft oder über die Stromleitung)

31 Welche Eigenschaften besitzt das Ethernet?

- Für lokale Netzwerke die verbreitetste Technologie
- leicht einrichtbar
- preiswert
- hinreichend schnell (10 MBit/s; Fast-Ethernet 100 MBit/s; Gigabit-Ethernet 1000 MBit/s)

32 In welchen Schritten erfolgt die Übertragung von Informationen beim Token-Ring?

Die Informationen (Messages) werden von PC zu PC in der Reihenfolge des Rings weitergereicht → der Ziel-PC kennzeichnet die Information und quittiert damit den Empfang → der Sender überträgt daraufhin ein leeres Token zum nächstfolgenden PC.

33 In welcher Betriebs- und Verbindungsart arbeiten Token-Ring-Netzwerke?

- Nur der PC mit dem Token darf senden: Halbduplexbetrieb
- Bei jeder Übertragung wird eine Zieladresse beigefügt: Paketverbindung (Packet Switching)
- Punkt-zu-Punkt-Verbindung, die in einer MAU (**M**edia **A**ccess **U**nit) zusammenlaufen: Beim Versagen eines einzelnen PCs fällt damit nicht das gesamte Netzwerk aus

34 Was stellt das OSI-Referenzmodell dar? (OSI: **Open **S**ystem **I**nterconnection)**

OSI stellt ein in Schichten aufgebautes Gefüge dar, welches die Zusammenschaltung bzw. die Zusammenarbeit von Systemen beschreibt. Dabei bietet jede Schicht der darüberliegenden Schicht definierte Dienste über definierte Schnittstellen an. Über diesen Rahmen werden Systeme mit standardisierten Protokollen/Prozeduren spezifiziert und entwickelt.

35 Was wird durch die Prozeduren und Dienste der OSI-Schicht 2 ermöglicht (Data Link Layer)?

Sicherungsschicht: Die Prozeduren und Dienste ermöglichen einen zuverlässigen und unverfälschten Datenaustausch über einen einzelnen Übermittlungsabschnitt (z. B. Prozeduren zur Fehlererkennung, Fehlerbehebung, Flusskontrolle)

36 Geben Sie die Struktur einer ISDN-Adresse an.

Landes-kennzahl	Vorwahl	ISDN-Ruf-nummer	ISDN-Sub-Adresse

37 **Wie wird die IPv4-Adresse (IPv – Internet Protocol Version) 180.111.101.12 auf die neue IPv6-Adressenstruktur abgebildet?**

Es stehen bei IPv6 128 anstatt 32 Bits zur Verfügung. Diese werden mit acht durch Doppelpunkt getrennte Hexadezimalziffern abgebildet. Die letzten 32 Bits werden für die IPv4-Adressen benutzt. Damit ergibt sich:
0 : 0 : 0 : 0 : 0 : 0 : 180 . 111 . 101 . 12

38 **Wofür werden Repeater benötigt und auf welcher Schicht des OSI-Modells arbeiten sie?**

Repeater (Wiederholer) regenerieren und verstärken ankommende Signale und stellen sie allen Ports zur Verfügung. Sie ermöglichen die Verbindung unterschiedlicher Ethernet-Segmente (z. B. 10 Base 5 auf 10 Base 2) und arbeiten auf der physikalischen Schicht (Physical-Layer-Schicht 1).

4

39 **Beschreiben Sie die Bustopologie hinsichtlich**
a) **Übertragungsmedium,**
b) **Erweiterbarkeit,**
c) **Sicherheit und Zuverlässigkeit.**

a) • Alle Teilnehmerstationen sind an einen gemeinsamen Bus angeschlossen, an dem alle Netzknoten angebunden sind
 • die Ausdehnung ist abhängig vom benutzten Medium (Twisted Pairs, Glasfaser, drahtlos) bzw. vom Einsatz von Router oder Bridges
b) Leicht erweiterbar (Stationen können beliebig hinzugefügt oder weggenommen werden)
c) • Anfällig gegenüber Ausfällen des Übertragungsmediums (z. B. Kabelbruch)
 • fehlende Abhörsicherheit

40 **Was ist ein Hub und wo werden sie eingesetzt?**

• „Hoch intelligentes" Vermittlungssystem zwischen LAN-Segmenten und Endgeräten
• Ist Konzentrationspunkt bei sternförmiger Verkabelung zur Bildung logischer LANs

41 Ordnen Sie Departmental-, Workgroup- und Enterprise Hubs entsprechend ein.

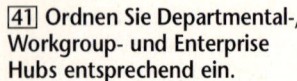

Arbeitsplatz-   Abteilungs-   Unternehmens-
ebene   ebene   ebene

PC   ☐   Hub   ▥

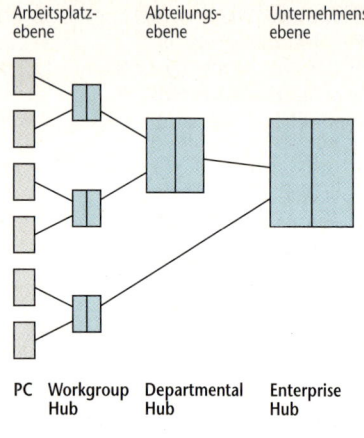

42 Welche Funktion erfüllt ein Hub?

- Verbindung zwischen den Arbeitsplatz-PCs
- Repeater-, Bridging-, Routing-Funktionen
- Vermittlungsfunktion (Verbindung mehrerer LANs bzw. LAN-Segmente – LAN Switch)
- Bereitstellen von Detailinformationen des gesamten Netzsegmentes und der einzelnen Stationen

43 Beschreiben Sie Client-Server-Netze hinsichtlich

a) Funktionen des Servers,

b) möglicher Aufgabenbereiche,

c) Beispiele für gängige Betriebssysteme.

a) • Verwaltet die Netzressourcen und stellt sie den Clients zur Verfügung,
- stellt die installierten Anwendungsprogramme bereit,
- regelt die gemeinsame Nutzung von Programmen und Daten,
- regelt und verwaltet die Zugriffsrechte auf Dateien und Programme.

b) • Fileserver
- Printserver
- Kommunikationsserver   →

▷ *Fortsetzung der Antwort* ▷

c) • Novell Netware (Novell)
   • Windows NT (Microsoft)
   • OS/2 LAN Server (IBM)

44 Wie erfolgt beim Peer-to-Peer-Netzwerk die Server-Client-Aufteilung und wo werden diese Netzwerke angewendet?

• Jeder im Netz angeschlossene PC kann seine Arbeitsplatzressourcen (Festplattenspeicherplatz, Anwenderprogramme, Drucker, CD) zur Nutzung durch andere am Netz angeschlossene PCs freigeben (Server) oder diese anfordern (Client)
• Praktisch für kleinere Arbeitsgruppen (zwischen 5 und 20 Arbeitsplätze)

4

45 Wie nennt man die im Bild dargestellten Punkte A und B und welche Funktion erfüllen sie?

	Service User	Service User
OSI Schicht n+1	A	B
OSI Schicht n	Service Provider	

• Dies sind Dienstzugangspunkte (SAP, Service Access Point)
• Der gesamte Informationsaustausch zwischen zwei benachbarten OSI-Schichten erfolgt über den Dienstzugangspunkt

46 Nennen Sie die drei Phasen einer TCP-(transmission control protocol-)Übertragung.

1. Aufbau einer Eins-zu-eins-Verbindung
2. Nutzdatenübertragung
3. Verbindungsabbau

47 Welche wesentlichen Dienstleistungen stellt das TCP-Protokoll für die Anwendungsprozesse bereit? Nennen Sie fünf.

• Hohe Zuverlässigkeit (bestätigen jeder Nachricht)
• Verbindungsorientierung
• Reihenfolgegarantie
• Verlustsicherung
• Zeitüberwachung einer Verbindung
• Multiplexing
• Transparenter Datentransport
• Gesicherter Verbindungsauf- und -abbau
• Flusskontrolle

48 **Ergänzen Sie die fehlenden Aussagen zu TCP/IP-Protokollen.**

a) **Sie unterstützen direkt die Funktionalität ...**

b) **Bekannte Protokolle sind z. B. ...**

a) Sie unterstützen direkt die Funktionalität der Vermittlungs- und Transportschicht (OSI-Modelle) sowie verschiedene Dienste, die auf diesen Protokollen aufbauen

b) Bekannte Protokolle sind z. B. IP-Protokoll, UDP-Protokoll (User datagram protocol)

49 **Geben Sie die Bedeutung folgender Leistungsmerkmale von Windows NT an.**

a) **multitasking**

b) **skalierbar**

c) **modular**

d) **distribute-computing-fähig**

a) Ausführen mehrerer Programme gleichzeitig

b) PC mit Windows NT ist aufrüstbar

c) Windows NT ist in einer objektorientierten Sprache programmiert worden

d) Aufgaben können an andere PCs im Netz abgegeben werden

50 **Stellen Sie einen Zusammenhang zwischen den Begriffen**

- **Benutzerkonto**
- **Domäne**
- **Benutzermanager**

her.

Der Systemverwalter richtet für jeden Nutzer ein **Benutzerkonto** ein, welches auf der **Domäne** (enthält alle angelegten Benutzerkonten) abgelegt und administriert wird. Der Benutzer selbst wird über den **Benutzermanager** eingerichtet.

51 **Welche Nutzereinstellungen können über das Ikon „Profil" des Benutzermanagers bei Windows NT vorgenommen werden?**

Benutzerprofil:
enthält die Arbeitsumgebung des Benutzers (dauerhaft oder individuell änderbar)

Anmeldeskript:
legt bestimmte Programme fest, die zu Beginn der Sitzung gestartet werden

Basisverzeichnis:
in dieses Verzeichnis werden die Daten des Benutzers abgelegt

52 Das Netzwerk-Betriebs-system des File-Servers hat die Aufgabe, die den Netzwerk-benutzern zur Verfügung gestellten Ressourcen zu verwalten.
Nennen Sie drei wesentliche Verwaltungsaufgaben.

- Verwaltung des von allen Benutzern gemeinsam genutzten Massenspei-chers
- Steuerung der Schreib-/Lesezugriffe auf die Datenbestände
- Verwaltung der Druckaufträge der Netzwerkbenutzer

53 Welches Protokoll verwendet bzw. unterstützt Novell Netware?

Netware Server verwenden IPX (von Novell entwickeltes Protokoll). Unterstützt werden aber auch Protokoll-Standards wie TCP/IP, OSI, AppleTalk.

4

54 Wodurch wird die gleich-zeitige Nutzung mehrerer Protokolle sowohl auf der Seite des Netzwerk-Servers als auch bei der Workstation bei No-vell/Intranet Ware ermöglicht?

Mit ODI (Open Data Interface). Hiermit kann die Verbindung zwischen verschiedenen Netzwerksystemen hergestellt werden.

55 In welche drei Bereiche lassen sich die Zugriffsrechte für Dateien und Verzeichnisse unter Unix einteilen?

OWNER: Besitzer (hat die Datei erstellt bzw. das Verzeichnis angelegt)
GROUP: Gruppe (wurden ein oder mehrere Benutzer zugeordnet)
OTHERS: Übrige (sind weder Besitzer noch Gruppenmitglied)

56 Was ermöglichen die Dienste unter Unix
a) ruptime
b) rlogin
c) ftp?

a) ruptime:
   liefert Statusinformationen über an-geschlossene Rechner und angemel-dete Benutzer
b) rlogin (Remote login):
   ermöglicht das Anmelden und Arbei-ten auf einen entfernten Rechner
c) ftp (File Transfer Protocol):
   ermöglicht das Übertragen von Dateien zwischen zwei Rechnern des Netzwerks sowie das Anlegen und Löschen von Dateien und Verzeichnissen

**57 Für welche Anwendungs-
bereiche sind Frame-Relay-
Netze geeignet?**

- LAN-LAN-Verbindungen
- Verbindung von Applikationen mit hoher Bitrate (z. B. CAD – Computer Aided Design)
- Anbinden von Terminals an Großrechner (Mainframe)

**58 Zur Verbindung von
Netzwerken oder Netzwerk-
segmenten werden u. a.**

1 Repeater,

2 Gateway und

3 Router

verwendet.

**Ordnen Sie die folgenden
Angaben diesen Geräten
richtig zu.**

**a) Verstärkung und Regenerie-
rung ankommender Signale**

**b) Ermittlung des kürzesten
bzw. schnellsten Weges
zwischen zwei Teilnehmern**

**c) Verbindet Netzwerke
(auch mit unterschiedlichen
Protokollen) bis zur Anwen-
dungsschicht im OSI-Refe-
renzmodell**

1 Repeater a)
2 Gateway a), b), c)
3 Router b)

5 Herstellen und Betreuen von Systemlösungen

5.1 Ist-Analyse und Konzeption

Die Fragen dieses Kapitels beziehen sich auf den Software-Entwicklungs-prozess und bauen somit aufeinander auf.

---

1 Die Entwicklung eines Anwendungssystems beginnt mit der genauen Aufgaben-beschreibung.
Welche Methoden können hierfür angewendet werden?

- Top-down-Methode (vom Groben zum Feinen)
- Buttom-up-Methode (vom Feinen zum Groben)

---

2 Wann spricht man bei der Zergliederung einer Aufgabe in Teilaufgaben von Elemen-taraufgaben.

Eine Elementaraufgabe ist eine Teilauf-gabe, die nicht weiter zergliedert wird/werden kann.

---

3 Was wird als nächstes hinsichtlich der Elementar-aufgaben bestimmt?

Es wird bestimmt, wer die Elementar-aufgaben löst:
- weiter wie bisher (Elementaraufgaben sind nicht Bestandteil der Anwen-dungsentwicklung)
- von einem neu zu entwickelnden Anwendungsprogramm
- von „Standardprogrammen" für häufig vorkommende Aufgaben, die entsprechend angepasst werden.

---

4 Im nächsten Schritt wird die Art und Beschaffenheit der Daten der jeweiligen Elemen-taraufgabe bestimmt.
Welche Angaben enthält die Datenbeschreibung?
Nennen Sie drei.

- Kurzbezeichnung
- Länge
- Datentyp
- Beschreibung

5

5 **Wie können nun die Daten eindeutig und unverwechselbar gekennzeichnet werden?**

Man bedient sich so genannter Schlüsselsysteme, die der Anwendungsentwickler aus den bestehenden Daten übernimmt (z. B. Lehrgangsnummer 4299 bei einer Lehrgangsverwaltung) oder selbst entwickelt.

6 **Die Lehrgangsnummer 4299 gliedert sich in:**

42   **(Lehrgangsnummer des jeweiligen Jahres)**

99   **(Jahreszahl)**

Wie nennt man diesen Schlüssel?

Identifikationsschlüssel (ID) mit der Besonderheit, dass zwei Angaben zugleich verschlüsselt werden (Parallelschlüssel)

7 **Welche Überlegungen sind bei der Datenerfassung notwendig?**

- Welche Eingabedaten sind notwendig?
- In welcher Form liegen die Eingabedaten vor (Datenerfassungsformular, Diskette, CD-ROM)?
- Wie werden die Daten am Computer eingegeben (eintippen über Bildschirmmaske, einlesen vom Datenerfassungsgerät z. B. Scanner, einlesen von z. B. Diskette, CD-ROM)?

8 **Nennen Sie drei Kriterien für die Weiterleitung zentral erfasster Daten.**

- Die Menge der Daten
- Die zeitliche Verteilung der Entstehung der Daten
- Die Dringlichkeit der Datenerfassung und -verarbeitung

9 **Wann spricht man von Online-Erfassung der Daten?**

Unmittelbare Übertragung der Daten in den Computer durch ein Datenerfassungsgerät (ohne Zwischenspeicherung).

10 **Im nächsten Schritt müssen die Daten, die gespeichert werden sollen, strukturiert werden.**

Was ist dazu festzulegen/ zu bestimmen?

- Welche Daten werden benötigt
- Wie ist diese Datei in Datensätze gegliedert und wie lautet der Ordnungsbegriff (ID) dieser Datei
- Welche Datenfelder gibt es (Datenbeschreibung entsprechend der Daten der Elementaraufgabe)

11 Geben Sie die mögliche Struktur einer Datei für Lehrgangsteilnehmer an.

Datei:	LEHRGANGSTEILNEHMER		
Satzaufbau	Ordnungs-begriff	Daten	Daten
Datenfelder	TEILNEHMER-NUMMER	NAME	ANMEL-DUNG für Lehrgang
1. Satz	634	Bertram	EXCEL
2. Satz	635	Schmidt	WORD
:	:	:	:

12 Welche Überlegungen sind zur Datenausgabe erforderlich?

- Welche Daten werden benötigt?
- In welcher Form/Art sind die Daten auszugeben?
- Zu welchem Zeitpunkt werden die Daten gebraucht?

13 Welche Festlegungen sind hinsichtlich der Datenübertragung zu treffen?

- Erfolgt die Datenübertragung über das Telefonnetz: Wähl- oder Standverbindung?
- Kommen Wechselmedien, CD-R bzw. Bandlaufwerke in Betracht?
- Reicht Datenübertragung per Funk aus?

14 Nennen Sie drei Möglichkeiten zur Datensicherung?

- Überprüfung der Eingabedaten vor der Verarbeitung auf formale und sachliche Richtigkeit
- Sicherung der Datenbestände in bestimmten Zeitabständen
- Zugriffsschutz durch Verschließbarkeit der Computer oder Kennwortschutz

15 Geben Sie für das Beispiel Lehrgangsverwaltung eine mögliche Überprüfung der Eingabedaten auf
a) formale
b) sachliche
Richtigkeit an.

a) Überprüfung auf formale Richtigkeit: z. B. Datenfeld Lehrgangsteilnehmerzahl: numerischer Datentyp

b) Überprüfung auf sachliche Richtigkeit: z. B. Datenfeld Teilnehmernummer: Ist die dem Lehrgang zugewiesene Teilnehmernummer auch in der Anwendung Teilnehmeradressen erfasst?

5

16 Bei der Betriebsart unterscheidet man zwischen Echtzeit- und Stapelbetrieb.

Was ist damit jeweils gemeint?

Echtzeitbetrieb:
– sofortige Verarbeitung der Eingabedaten
– die Ausgabedaten können dabei gleichzeitig mit dem jeweiligen Geschäftsvorgang bereitgestellt werden

Stapelbetrieb:
– Daten werden zunächst gesammelt und zu einem späteren Zeitpunkt stapelweise verarbeitet

17 Innerhalb der Ist-Analyse betrieblicher Prozesse ist noch zu prüfen, ob Verbindungen/Schnittstellen zu bereits vorhandenen Anwendungssystemen bestehen.

Welche Daten könnten zwischen den verschiedenen Anwendungen einer Lehrgangsverwaltung (Teilnehmerkontakt, Teilnehmerzertifikate, Gebührenberechnung, Lehrgangs-/Teilnehmerliste) ausgetauscht werden und welchen Vorteil bringt das?

Z. B. Namen und Adressen der Teilnehmer

Vorteil:
– alle Anwendungen haben immer einen einheitlichen Stand
– Neuaufnahmen, Änderungen und Löschungen von Namen und Adressen müssen nur in einer Anwendung (z. B. „Teilnehmeradressen") erfasst werden
– da die Daten nur einmal gespeichert werden, verringert sich der Speicherbedarf

18 Welche Abstimmungen sind bei den auszutauschenden Daten notwendig?

Die auszutauschenden Daten müssen bezüglich ihrer/ihres
– Formate
– Inhalte
– Satzaufbaus
– Übergabezeitpunktes
– Übergabedatenträgers
abgestimmt werden.

5.2 Programmiertechniken

1 Nennen Sie Hilfsmittel, die dem Softwareentwickler für die Planung und Entwicklung zur Verfügung stehen.

- Datenflussplan
- Programmablaufplan
- Netzplantechnik
- Modultechnik
- Programmiersprachen

2 Was wird im Netzplan dargestellt?

Der Netzplan stellt alle auszuführenden Tätigkeiten unter Berücksichtigung ihrer gegenseitigen Abhängigkeiten (zeitlich, sachlich, personell) übersichtlich und verständlich in einer Grafik dar.

3 Ein Interessent für einen EXCEL-Lehrgang ruft bei der Lehrgangsverwaltung an. Nach der Überprüfung, ob solche Lehrgänge angeboten werden und ob der Interessent schon an früheren Lehrgängen teilgenommen hat und damit bereits erfasst ist, werden ihm die nächsten EXCEL-Lehrgangstermine vorgeschlagen.

Stellen Sie diesen Vorgang in einem Programmablaufplan dar.

5

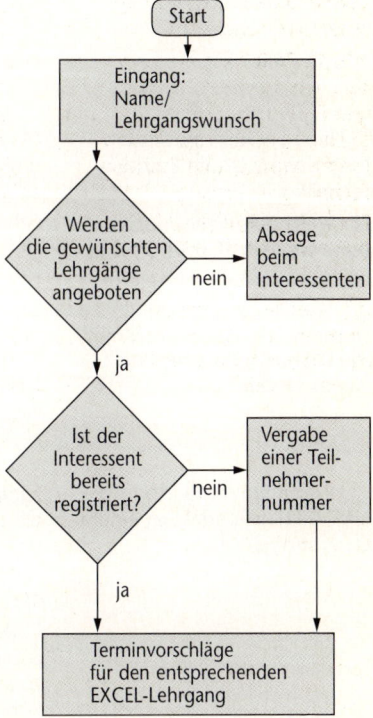

© Holland + Josenhans

4 Welche Angaben sind für jede Tätigkeit (entspricht einem Kästchen im Netzplan) zu machen?

- Frühester und spätester Anfangstermin (FAT, SAT)
- frühester und spätester Endtermin (FET, SET)
- Zeitreserve für die Durchführung der entsprechenden Tätigkeiten (Puffer)
- Dauer der Tätigkeit
- Beschreibung der Tätigkeit
- welches Team wird für die Tätigkeit eingesetzt

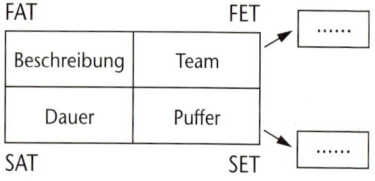

FAT   FET

Beschreibung	Team
Dauer	Puffer

SAT   SET

5 Eine Entwurfsmethode für Software ist die Bausteintechnik.

Für welche Anwendungssysteme wendet man sie an und wie geht man dabei vor?

Die Bausteintechnik wird vor allem für größere, komplexe Anwendungssysteme angewendet. Das Gesamtproblem wird dabei schrittweise in Teilprobleme bis hin zu überschaubaren Einzelproblemen zerlegt.

6 Was versteht man unter einem Modul?

Module sind Programmbausteine für ein nach der Bausteintechnik formuliertes Einzelproblem.

7 Worin unterscheidet sich ein Funktionsmodul von einem Datenmodul?

Funktionsmodule entstehen, wenn die Zerlegung des Gesamtproblems nach den gewünschten Funktionen des Anwendungssystems erfolgt (funktionsorientierte Sicht)

In **Datenmodulen** werden die wesentlichen Datentypen und Datenstrukturen zusammengefasst (datenorientierte Sicht)

8 Erstellen Sie in Bausteintechnik die Module zur
Angebotspreisermittlung für
die Installation und Hardware
eines Netzwerkes.

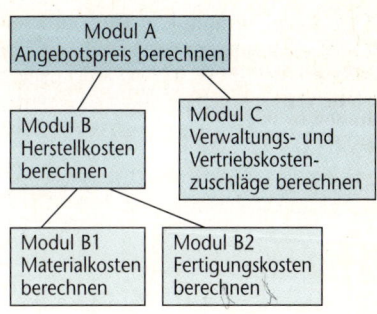

9 Welche Vorteile bietet die
Bausteintechnik?

- Die Module können bei der Pro-
  grammerstellung parallel zueinander
  erstellt werden
- Änderungen (beispielsweise bei
  Berechnungsformeln) sind nur in dem
  betroffenen Modul notwendig
- Es kann frühzeitig mit dem Test
  der Gesamtanwendung begonnen
  werden
- Es können Standard-Lösungen/Mo-
  dule verwendet werden (Modulbank)

10 Wozu werden Dummy-
Module benutzt?

Dummy-Module (Platzhalter) dienen
während der Erstellungszeit zum Testen
des erstellten Moduls. Mit den Dummy-
Modulen werden noch nicht fertig
erstellte Module nachempfunden (Test
des Datenaustausches, Übergabe von
Testdaten).

11 Wofür eignet sich die
Methode der Entscheidungs-
tabellentechnik besonders?

Sie bietet eine übersichtliche Darstellung
von Entscheidungssituationen, die von
vielen verschiedenen Faktoren beeinflusst
werden.

12 Welche Form und Inhalte hat eine Entscheidungstabelle?

In der Entscheidungstabelle wird festgehalten, unter welchen Voraussetzungen (Bedingungen) welche Tätigkeiten (Aktionen) durchgeführt oder nicht durchgeführt werden sollen.

Bedingungen	Regeln
Aktionen	Ergebnisse

Im Feld Regeln werden dabei alle möglichen Kombinationen abgefragt.

13 Entwickeln Sie eine Entscheidungstabelle für die Vergabe von Lehrgangsunterlagen am Beispiel Lehrgangsverwaltung.

Regel 1: Erster Lehrgang eines Teilnehmers:
Teilnehmer erhält die Lehrgangsunterlagen kostenlos sowie ein Informationsheft zum Gesamtangebot

Regel 2: Zweiter bis vierter Lehrgang:
Gebühren für die Lehrgangsunterlagen

Regel 3: Bei WORD- und EXCEL-Lehrgängen generell keine Lehrgangsgebühren

Regel 4: Ab dem fünften Lehrgang alle Lehrgangsunterlagen kostenlos; zusätzlich erhält der Teilnehmer eine CD mit Lernsoftware für den entsprechenden Lehrgang

Bedingungen	Regel 1	Regel 2	Regel 3	Regel 4
1. Lehrgang des Teilnehmers	j	–	–	–
2. bis 4. Lehrgang des Teilnehmers	–	j	j	–
ab 5. Lehrgang des Teilnehmers	–	–	–	j
WORD-, EXCEL-Lehrgg.	–	n	j	–
Aktionen (Teilnehmer erhält)				
Informationsheft	×			
kostenlose Lehrgangsunterlagen	×		×	×
Lehrgangsunterlagen gegen Gebühr		×		
CD mit Lernsoftware				×

14 **Für welche Vorgänge eignet sich der Datenflussplan?**

Im Datenflussplan wird der Weg, den die Daten nehmen, mit Angabe der beteiligten Hardware und Datenverarbeitungsprogramme grafisch dargestellt.

15 **Wozu dient der Programmablaufplan?**

Der Programmablaufplan zergliedert ein Problem in einzelne Arbeitsschritte (Operationen und Programmverzweigungen).

16 **Ergänzen Sie in den angegebenen Beispielen die Funktionen und geben Sie an, um welche Grundstruktur es sich jeweils handelt?**

a)

b)

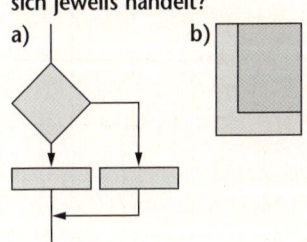

5

a)

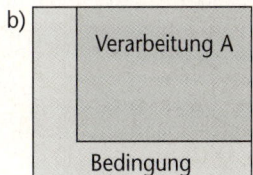

bedingte Verzweigung
(Auswahl der Verarbeitung A oder Verarbeitung B aufgrund einer logischen Entscheidung)

b)

Wiederholung in Form einer fußgesteuerten Schleife (Verarbeitung A wird so lange wiederholt, bis die Bedingung erfüllt ist; Abfrage der Bedingung nach der Verarbeitung)

17 Entwickeln Sie für den angegebenen Ablauf das entsprechende Struktogramm.

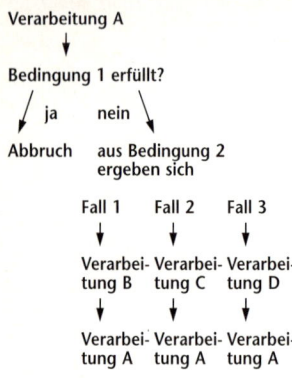

Verarbeitung A

Bedingung 1 erfüllt?

ja   nein

Abbruch   aus Bedingung 2 ergeben sich

Fall 1   Fall 2   Fall 3

Verarbeitung B   Verarbeitung C   Verarbeitung D

Verarbeitung A   Verarbeitung A   Verarbeitung A

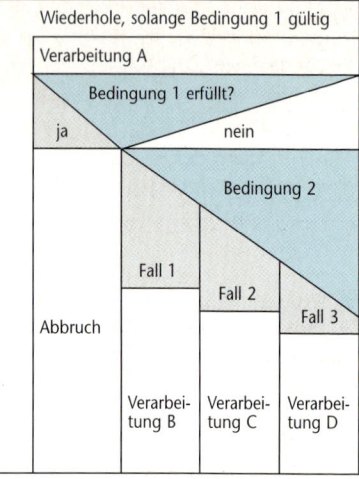

18 Welche Konsequenzen ergeben sich für den Programmierer aus der Anwendung der strukturierten Programmierung?

- Der Programmablauf wird im Struktogramm dargestellt
- Die Programmbausteine besitzen jeweils nur einen Eingang und einen Ausgang und sind in sich abgeschlossen
- Sprünge zwischen Programmbausteinen sind nicht erlaubt (in Ausnahmefällen innerhalb der Programmbausteine)

19 Nennen Sie fünf Vorteile, die sich durch die strukturierte Programmierung ergeben.

- Beschränkung auf wenige Standardabläufe
- Übersichtliche und änderungsfreundliche Programme
- Test einzelner Programmbausteine (losgelöst vom Gesamtprogramm) möglich
- Test des Gesamtprogramms unter Verwendung von Dummys (für noch nicht fertige Programmbausteine) möglich
- Hilft verständliche Dokumentationen zu erstellen

20 Beschreiben Sie den Programmablauf für das gegebene Baumdiagramm.

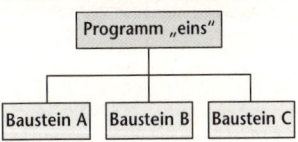

Programm „eins" startet mit Baustein A, darauf folgt zwingend Baustein B und darauf folgt zwingend Baustein C.

21 Ordnen Sie folgende Begriffe der entsprechenden Beschreibung richtig zu.

a) Iteration
b) Sequenz
c) Selektion

1. Folge von Elementen
2. Wiederholung eines Elements, bis eine bestimmte Bedingung eingetreten ist
3. Auswahl eines Elements von mehreren in Abhängigkeit einer Bedingung

a)   2.
b)   1.
c)   3.

22 Was sind Tools? Nennen Sie ein Beispiel.

Tools (Werkzeuge) sind Computerprogramme, die z. B. bei der Softwareentwicklung behilflich sind.

Beispiel:
– Tools zur Erstellung von Struktogrammen zur Programmdokumentation
– Tools zur Überprüfung, ob die Logik der Programme richtig in Befehle umgesetzt ist

23 Wodurch sind maschinenorientierte Programmiersprachen gekennzeichnet?

• Sie sind der Maschinensprache des jeweiligen Computertyps angepasst
• Die CPU wird auf der untersten Ebene programmiert (optimaler Maschinencode)

→

▷ *Fortsetzung der Antwort* ▷

→ höhere Geschwindigkeit als bei anderen Programmiersprachen

• Direkter Zugriff auf die Hardware des PC möglich

24 Was ist ein Assembler?
to assemble: zusammenbauen

Ein Assembler übersetzt (baut zusammen) ein aus Mnemonics bestehendes Programm (Assemblerprogramm) in ein Maschinenprogramm, z. B.

Befehl:	Lade Register A mit der Zahl 7
Mnemonic:	MOV A,7 oder LDA 7
Maschinen-befehl:	10101101 00000111

25 Was sind Compiler?
to compile: zusammenstellen, zusammenbauen

Ein Compiler übersetzt (baut zusammen) ein aus komplexen Befehlen und Daten bestehendes Programm in ein Maschinenprogramm. Der Programmierer kann sich beim Aufbau des Programms an dem zu lösenden Problem orientieren und ist nicht mehr an die Architektur des Computers oder die Belegung der Speicherzellen gebunden (höhere bzw. problemorientierte Programmiersprache).

26 Nennen Sie drei problemorientierte Programmiersprachen und geben Sie ihr Anwendungsgebiet an.

C++	für professionelle objektorientierte Softwareentwicklung
PASCAL	für Software aus dem wissenschaftlich-technischen Bereich
SPL	(System Programming Language) für die Entwicklung von Systemsoftware
Cobol	zur Lösung kaufmännischer Probleme

27 Nennen Sie drei wichtige Prinzipien der Softwareentwicklung.

• Verständlichkeit (übersichtliche Programmgestaltung hilft Abläufe leicht nachzuvollziehen)   →

▷ *Fortsetzung der Antwort* ▷

- Zuverlässigkeit (Programm erfüllt die geforderten Funktionen; läuft fehlerfrei; bei Falscheingaben und Hardwarefehlern reagiert das System den Forderungen entsprechend)
- Modifizierbarkeit (Programmänderungen mit minimalem Aufwand möglich)

28 In welchen Schritten erfolgt die Entwicklung von Software (Phasenmodell)?

1. Problemanalyse
2. Funktionsanalyse
3. Programmentwurf
4. Codierung
5. Systemtest
6. Programmeinführung und -pflege

29 Wann spricht man von Implementierung?
implementieren:
in etwas einfügen

Bei Softwareentwicklung:
Abschluss des Umsetzens eines Programmablaufs in Anweisungen einer Programmiersprache (Codierung des Programms) und Installation des Programms

5

30 Was soll beim Programmtest erreicht werden?

- Verwenden von speziell erstellten Testdaten, um alle Programmvarianten (auch Fehlerfälle) auszutesten
- Erkennen von logischen Fehlern im Programm durch Auswertung der Testdaten
- Überprüfung des Programms unter praxisnahen Bedingungen (Testrahmen: simulierte Umgebung z. B. Schnittstellen zu anderen Programmen schaffen/simulieren)

31 Nennen Sie drei Bestandteile der Dokumentation des Programmbausteins.

- Spezifikation (Programmvorgaben)
- Darstellung der Programmlogik (Struktogramm, Entscheidungstabellen usw.)
- Protokolle (z. B. Übersetzungsprotokoll, Testprotokoll)
- Testdaten

32 Wann ist die Integration abgeschlossen?

- Wenn die einzelnen Programmbausteine zu einem funktionierenden Anwendungssystem zusammengeführt wurden und

- Die Dokumentation des Anwendungssystems (Unterlagen und Ergebnisse der Integration) vorliegt

33 Wodurch sind prozedurale Programmiersprachen gekennzeichnet?

- Die Gesamtaufgabe wird in mehrere Teilaufgaben zerlegt, die beispielsweise in Prozeduren und Funktionen beschrieben werden

- Zusammenfassen der Prozeduren und Funktionen in eine Unit (Modularisierung)

- Die Module sind in sich abgeschlossen, klar abgegrenzte und getestete Einheiten (Wiederverwendbarkeit auch für andere Aufgaben möglich)

- Trennung von Operationen (Funktionen und Prozeduren) und Daten

34 Wie erfolgt bei der objektorientierten Programmierung die Zerlegung der Gesamtaufgabe in Teilaufgaben?

- Die Aufteilung der Teilaufgaben wird nach Klassen vorgenommen

- Eine Klasse ist dabei eine abstrakte Beschreibung eines Objekts, in dem Daten und die auf ihnen durchgeführten Operationen eine einzige Struktur bilden

5.3 Installieren und Konfigurieren

1 Ist für das CD-ROM-Laufwerk ein spezieller Treiber notwendig?

Windows 95, Windows NT und andere Betriebssysteme unterstützen SCSI- und IDE-(ATAPI-)CD-ROMs. Unter DOS sind Treiber und das Programm MSCDEX.EXE notwendig.

2 Welche Voraussetzungen sind notwendig, um einen Computer von CD-ROM zu booten?

Zunächst ist ein bootfähiges CD-ROM-Laufwerk erforderlich. Von der entsprechenden CD kann man dann beispielsweise Windows booten. Weiterhin muss das BIOS des Computers das Booten von CD unterstützen.

3 Wie ist das BIOS einzurichten, damit das CD-ROM-Laufwerk erkannt wird?

Es gibt nur wenige BIOS-Versionen, bei denen einzustellen ist, an welchem Port ein CD-ROM-Laufwerk betrieben wird und ob es als Master oder Slave arbeiten soll. Bei einem SCSI-CD-ROM-Laufwerk oder auch IDE-CD-ROM-Laufwerk braucht nichts eingestellt zu werden.

4 Sie wollen sich einen Überblick über den aktuellen Stand der Ressourcenbelegung verschaffen.
Welche Möglichkeit bietet hierfür Windows 95/98?

Mit dem Ressourcenübersichtsreport erhält man:
– eine Systemübersicht
– eine Übersicht zur Interrupt-Belegung
– eine Übersicht zu den I/O-Anschlüssen
– eine Übersicht zur Speicherbelegung

5

5 Wie erhält man den Ausdruck des Ressourcenübersichtsreports bei Windows 95/98 für das verwendete System?

Auswahl von „Start" – „Einstellungen" – „Systemsteuerung" – „System" – „Geräte-Manager" – Option „Drucken" – Reporttyp „Systemübersicht" – „OK"

6 Welche drei grundsätzlichen Möglichkeiten bestehen, unter Windows 95/98 einen neuen Treiber zu installieren?

• Nutzen der Plug-and-Play-Funktion
• Verwenden des Hardwareassistenten in der Systemsteuerung
• Benutzen des Geräte-Managers in der Systemsteuerung

7 Erläutern Sie die Funktion Plug and Play.

Mit der Plug-and-Play-Funktion werden neue Karten im Computer selbstständig identifiziert und konfiguriert. Dies gilt auch für beliebige Geräte mit bidirektionaler Kommunikation zum Computer. Voraussetzung ist allerdings, dass Plug and Play von der entsprechenden Hardware, vom BIOS und vom Betriebssystem unterstützt wird.

8 Welche drei grundsätzlichen Schritte umfasst die Strukturierung von Festplatten?

Folgende Formatierungsschritte sind in der angegebenen Reihenfolge erforderlich:

1. Low-Level-Formatierung
2. Partitionierung
3. Logische Formatierung der angelegten Partition(en)

9 Was geschieht bei der Low-Level-Formatierung?

Auf der Plattenoberfläche wird eine Struktur von logischen Spuren (Tracks) und Sektoren (Sectors) erzeugt. Dabei hängt die Anzahl der Spuren und Sektoren vom physikalischen Aufbau der Festplatte ab. Diese Formatierung erfolgt durch den Hersteller der Festplatte.

10 Welche Speicherkapazität hat in der Regel ein Sektor?

Die Speicherkapazität eines Sektors beträgt in der Regel 512 KByte.

11 Folgende technische Daten einer Festplatte sind angegeben:

Platten 11, Oberflächen 21, Spuren pro Oberfläche 3 711, Sektoren pro Spur durchschnittlich 108, Bytes pro Sektor 512, Cachegröße 1 024 Kbyte.

Wie groß ist die formatierte Kapazität dieser Festplatte?

Anzahl der Sektoren:
Oberfächen $\times$ Spuren pro Oberfläche $\times$ durchschnittliche Sektoren pro Spur = 8 416 548

Formatierte Kapazität:
Anzahl der Sektoren $\times$ Bytes pro Sektor = 4,31 GB

12 Was versteht man unter dem Vorgang Partitionierung einer Festplatte?

Beim Partitionieren wird ein Laufwerk in Bereiche mit eigenen Dateisystemen aufgeteilt. Den so entstandenen Partitionen werden unter Windows 95/98 und Windows NT Laufwerksbuchstaben zugeordnet.

13 Ordnen Sie den Speicherbereichen Sektor bzw. Cluster die richtigen Aussagen zu:

Speicherbereich	Aussage
1 Sektor	a) ist der kleinste Speicherbereich, der von einem Dateisystem genutzt werden kann
2 Cluster	b) ist die kleinste mögliche Speichereinheit auf der Festplatte
	c) die Speicherkapazität ist von der Low-Level-Formatierung abhängig
	d) die Speicherkapazität ist von der Partitionsgröße abhängig

1   b),   c)
2   a),   d)

5

14 Was bedeutet der Begriff FAT?

FAT steht für **F**ile **A**llocation **T**able (Dateizuordnungstabelle) und ist das Dateisystem von DOS und Windows 95.

15 Auf einer Festplatte soll mit mehreren Betriebssystemen gearbeitet werden (Windows 95, Windows NT, UNIX).

Wie richten Sie die Festplatte ein?

Die drei Betriebssysteme verwenden jeweils ihr eigenes Dateisystem.
– Windows 95 – FAT
   (**F**ile **A**llocation **T**able)
– Windows NT – NTFS
   (**N**ew **T**echnology **F**ile **S**ystem)
– UNIX – Berkeley oder System V

Auch wenn Windows NT und UNIX das FAT-Dateisystem lesen können, empfiehlt es sich drei Partitionen einzurichten, die das jeweilige Dateisystem enthalten.

16 **Welche Aufgaben haben Dateisysteme (z. B. FAT 32, NTFS)?**

Dateisysteme verwalten den belegten und freien Speicher sowie Verzeichnisse und Dateinamen. Weiterhin wird festgehalten, wo die unterschiedlichen Teile einer Datei auf der Festplatte gespeichert sind.

17 **Nennen Sie zwei Möglichkeiten für das Partitionieren der Festplatte.**

- FDISK-Programm von DOS oder Windows 95/98
- Dienstprogramme verschiedener Anbieter (z. B. Partition Magic)
- Partitionierungswerkzeuge des jeweiligen Betriebssystems (erstellen eigener Partitionen im freien Festplattenbereich bei Windows NT und UNIX)

18 **Stellen Sie in einer Übersicht die Arten physikalischer Übertragungsmedien zusammen.**

physikalische Übertragungsmedien		
leiterungebundene	leitergebundene	
• Funk • Infrarot	metallische Leiter	nichtmetallische Leiter
	• Koaxialkabel • symmetrische Kupferkabel	• Glasfaserkabel • Lichtwellenleiter

19 **In welchen Bereichen wird Koaxialkabel eingesetzt?**

Einsatz von Koaxialkabel erfolgt im Bereich:
- HF-Übertragungstechnik (speziell in Sende- und Empfangsanlagen; bis in den GHz-Bereich einsetzbar)
- Unterhaltungselektronik
- Computertechnik

20 **Welches Kabel kommt beim Anschluss von Peripheriegeräten (Drucker, Monitor usw.) zur Anwendung?**

Verwendet wird hierfür ein symmetrisches Anschlusskabel (z. B. 2Y [ST] Y)

[21] Welche Einschränkung hinsichtlich der Kommunikation zweier über *Koaxialkabel* verbundener Computer gibt es?

Es kann jeweils nur ein Computer übertragen, da das Koaxialkabel für die Aufgaben Empfangen und Senden nur eine Leitung besitzt (Halbduplexbetrieb).

[22] Ordnen Sie den folgenden Leitern die entsprechende Farbkennzeichnung nach DIN zu.

1 PE-Leiter (Schutzleiter)
2 PEN-Leiter (Neutralleiter mit Schutzfunktion)
3 Neutralleiter
4 Außenleiter, Schaltleiter

a) Hellblau
b) grün-gelb
c) schwarz oder braun (zur Unterscheidung bei mehreren Leitungsgruppen)

1	b)
2	b)
3	a)
4	c)

5

[23] Für PCs ohne ISDN-Adapterkarten ist für den Anschluss an eine ISDN-TK-Anlage eine Anpassung seiner seriellen Schnittstelle V.24 notwendig.
Wie kann diese Anpassung vorgenommen werden?

- Anpassung in einem digitalen Telefon
- Anpassung in einem separaten Terminaladapter V.24

[24] Über das Netzwerk-Symbol in Windows lassen sich die gewünschten Netzwerkfähigkeiten des Systems festlegen.
Welche Bedeutung haben dabei:
a) CLIENT FÜR MICROSOFT-NETZWERKE
b) CLIENT FÜR NETWARE-NETZWERKE
c) DFÜ-ADAPTER

a) Zugriff von und auf andere Computer, die mit den Microsoft-Protokollen arbeiten (oberste Ebene), wird aktiviert
b) Zugriff auf andere Computer, die als Novell-Datei-Server fungieren, wird aktiviert
c) Zugriff auf das Netzwerk über ein direkt angeschlossenes Modem wird ermöglicht

25 Beim Einsatz von TCP/IP müssen u. a. folgende Werte eingestellt werden:

a) Name der Domäne

b) Netzmaske

c) Gateway

Welche Bedeutung haben diese Einstellungen?

a) Der Name bezieht sich auf das Netzwerk, dem sie angehören

b) • Abgrenzung des Netzwerkteils der IP-Adresse von der Host-Nummer (numerischer Wert)

• Bei Wählverbindungen zum Internet wird die Netzmaske dynamisch für die jeweilige Verbindung zugewiesen

c) IP-Adresse von Rechnern, an denen Mitteilungen für Maschinen weitergeleitet werden, die nicht direkt im Netzwerk bekannt sind (Router mit Außenverbindung im LAN)

26 Was versteht man unter dem Begriff Systemressourcen?

Systemressourcen sind die von den Erweiterungsgeräten benötigten Adressen und Signale, damit sie in das Computersystem eingebunden werden können.

27 Welche drei wichtigen Systemressourcen gibt es?

• Interrupts (IRQ: **I**nterrupt **Re**quest)

• DMA-Kanäle (**D**irect **M**emory **A**ccess)

• I/O-Adressen (**I**nput/**O**utput)

28 Was bewirkt das Signal IRQ?

Der Controller teilt dem Prozessor mit, dass zu erledigende Aufgaben vorliegen. Der Prozessor unterbricht seinen Funktionsablauf und bearbeitet die externe Anforderung.

29 Die Anzahl der IRQs ist auf 15 beschränkt. Ist es möglich, dass sich mehrere Geräte einen Interrupt teilen?

Nein. Jeder Interrupt kann nur einem einzigen Gerät zugeordnet werden.

30 Wozu dienen DMA-Kanäle?

Über diese Leitungen wird direkt (unter Umgehung des Prozessors) auf den Arbeitsspeicher zugegriffen. Die Buskontrolle erfolgt über die Controller der Erweiterungskarte.

31 **Welchen Geräten würden Sie vorzugsweise DMA-Kanäle zuordnen?**

Alle Geräte mit einer hohen Datenübertragungsrate sollten DMA-Kanäle nutzen (z. B. Soundkarten, Netzwerkkarten, Streamer).

32 **Können sich mehrere Geräte einen der sieben zur Verfügung stehenden DMA-Kanäle teilen?**

Eine Teilung ist prinzipiell möglich. Einschränkung: Die Geräte können den gemeinsamen Kanal nicht zur gleichen Zeit nutzen.

33 **Welchen Speicherbereich kennzeichnet die so genannte Port-Adresse?**

Mit der Port-Adresse (I/O-Adresse) wird ein Speicherbereich gekennzeichnet, der von jeder Ein- und Ausgabegruppe benötigt wird, um vom Prozessor angesprochen werden zu können.

34 **Können in Arbeitsspeichern Speichertypen und -kapazitäten gemischt installiert werden?**

- Ist vom Typ des Motherboards abhängig
- Sicherer: Typ und Geschwindigkeit **nicht** mischen
- In jedem Fall: die verwendeten Module müssen vom Motherboard unterstützt werden; die BIOS-Einstellungen müssen korrekt sein

35 **Wozu dient der 3,3-V-Anschluss auf einigen Motherboards?**

- PCI-Spannungsversorgung erfolgt meist durch das Motherboard mit 5 V, +12 V oder –12 V
- PCI-Spezifikation fordert 3,3 V-Spannungsversorgung → bei Nutzung eines 3,3-V-PCI-Adapters ist eine spezielle Spannungsversorgung bzw. Regulator erforderlich, der mit diesem 3,3-V-Anschluss auf dem Motherbord verbunden wird

36 **Können zwei Prozessoren die Leistung von Windows 95 verbessern?**

Nein. Windows 95 unterstützt keine Multiprozessorsysteme (anders bei Windows NT).

5

37 Wie ist der PIN 1 eines USB-Kabels vom Motherbord (Super-Micro-Kabel) gekennzeichnet?

Am Verbindungsstecker ist bei PIN 1 ein kleines Dreieck eingeprägt.

38 Welche Voraussetzungen sind für Modem-Verbindungen mit 56 KBit/s notwendig?

1. Internet-Provider digital
2. 56 KBit/s müssen von beiden Seiten unterstützt werden
3. Maximal ein analoger Streckenabschnitt (von Modem bis zum Netz des Telefonanbieters)

39 Welche drei Dienste sollten bei Windows NT immer zur Verfügung stehen?

- Serverdienst (empfängt Anfragen aus dem Netz/bearbeitet sie weiter)
- Arbeitsstationsdienst (überprüft, ob Ressourcen im Netz genutzt werden sollen/leitet diese Anfragen weiter)
- Computersuchdienst (lokalisiert Ressourcen im Netz)

40 Welche Voraussetzungen müssen erfüllt sein, damit diese Dienste (Aufgabe 39) funktionieren?

- Alle PCs im Netz, mit denen kommuniziert werden soll, müssen die gleichen Netzprotokolle fahren
- Die Protokolle müssen richtig konfiguriert sein (Registerkarte PROTOKOLLE; ändern über EIGENSCHAFTEN)
- Die verwendete Netzwerkkarte muss vom System erkannt und mit dem richtigen Treiber angesprochen werden (Registerkarte NETZWERKKARTE)
- Verbindungen zwischen Diensten, Protokollen und Netzwerkkarten müssen aktiviert sein (Registerkarte BINDUNGEN)

41 Welche Vorteile bringt die Festplattenformation NTFS gegenüber FAT bei Windows-NT-Servern?

- Verbesserte Zuordnung des freien Speicherplatzes
- Automatische Sortierung von Verzeichnissen
- Schutzvorkehrungen (z. B. Zugriffslisten)
- Schnellerer Zugriff

5.4 Datenschutz und Urheberrechte

1 **Nennen Sie drei wichtige gesetzliche Grundlagen im Bereich der Telekommunikation.**

- Telekommunikationsgesetz (TKG)
- Informations- und Kommunikationsdienstegesetz (InKDG)
- Telekommunikations-Kundenschutzordnung (TKV)

2 **Wie bestimmt das Telekommunikationsgesetz den Begriff Telekommunikation?**

Im Sinne des Telekommunikationsgesetzes (§ 3 Begriffsbestimmungen [Nr. 16]) ist „Telekommunikation der technische Vorgang des Aussendens, Übermittelns und Empfangens von Nachrichten jeglicher Art in der Form von Zeichen, Sprache, Bildern oder Tönen mittels Telekommunikationsanlagen".

3 **Welche Netze werden durch das Telekommunikationsgesetz erfasst?**

Alle Netze der Individual- und der Massenkommunikation, wenn sie über Grundstücksgrenzen hinausgehen. Dazu gehören beispielsweise Telefonnetze, Rundfunkverteilernetze, Lokale Netze (**L**ocal **A**rea **N**etwork) und Weitverkehrsnetze (**W**ide **A**rea **N**etwork).

4 **Was unterliegt im Sinne des Telekommunikationsgesetzes dem Fernmeldegeheimnis?**

Dem Fernmeldegeheimnis unterliegt „der Inhalt der Telekommunikation und ihre näheren Umstände, insbesondere die Tatsache, ob jemand an einem Telekommunikationsvorgang beteiligt ist oder war".

5 **Wer ist zur Wahrung des Fernmeldegeheimnisses verpflichtet?**

Alle, die geschäftsmäßig Telekommunikationsdienste erbringen oder daran mitwirken. Dies gilt auch nach dem Ende der Tätigkeit oder Beschäftigung bei den Unternehmen (Anbietern/Betreibern von Telekommunikationsanlagen).

5

6 Was ist von geschäftsmäßigen Betreibern von Telekommunikationsanlagen durch geeignete Maßnahmen bzw. technische Vorkehrungen zu schützen?

- Das Fernmeldegeheimnis
- personenbezogene Daten
- Telekommunikations- und Datenverarbeitungssysteme bzw. Telekommunikationsnetze vor äußeren Angriffen
- programmgesteuerte Telekommunikations- und Datenverarbeitungssysteme vor unerlaubtem Zugriff

7 Bei welchen technischen Maßnahmen ist dem Betreiber der Telekommunikationsanlage oder seinem Beauftragten das Aufschalten auf bestehende Verbindungen erlaubt?

- Durchführen von Umschaltungen
- Erkennen und eingrenzen von Störungen im Netz

In jedem Fall muss es dem betroffenen Gesprächsteilnehmer ausdrücklich vorher mitgeteilt und das Aufschalten durch ein akustisches Signal angezeigt werden.

8 Welchem Zweck dient das Bundesdatenschutzgesetz (BDSG)?

Nach § 1 (1) ist der Zweck dieses Gesetzes „den einzelnen davor zu schützen, dass er durch den Umgang mit seinen personenbezogenen Daten in seinem Persönlichkeitsrecht beeinträchtigt wird".

9 Welche Angaben beinhalten im Sinne des Bundesdatenschutzgesetzes personenbezogene Daten?

Personenbezogene Daten beinhalten Einzelangaben über persönliche Verhältnisse (Name, Anschrift, Staatsangehörigkeit …) oder sachliche Verhältnisse (Einkommen, Versicherungsverhältnisse, Kunden-, Mitarbeiter- oder Lieferantendaten …) einer bestimmten oder bestimmbaren natürlichen Person.

10 Was ist eine Datei im Sinne des Bundesdatenschutzgesetzes?

Eine Datei ist eine Sammlung personenbezogener Daten, die
- durch automatisierte Verfahren nach bestimmten Merkmalen ausgewertet werden kann (automatisierte Datei),
- gleichartig aufgebaut ist und nach bestimmten Merkmalen geordnet, umgeordnet und ausgewertet werden kann (nicht automatisierte Datei).

11 **Welche Vorgänge umfasst das Verarbeiten personenbezogener Daten im Sinne des Bundesdatenschutzgesetzes? Erläutern Sie diese Vorgänge kurz.**

Verarbeiten umfasst:

Speichern:
Erfassen, Aufnehmen oder Aufbewahren personenbezogener Daten auf einem Datenträger zum Zwecke ihrer weiteren Verarbeitung oder Nutzung

Verändern:
inhaltliches Umgestalten gespeicherter personenbezogener Daten

Übermitteln:
Bekanntgeben gespeicherter oder durch Datenverarbeitung gewonnener personenbezogener Daten an einen Dritten

Sperren:
Kennzeichnen gespeicherter Daten, um ihre Verarbeitung oder Nutzung einzuschränken

Löschen:
Unkenntlichmachen gespeicherter persönlicher Daten

5

12 **Geben Sie den Anwendungsbereich des Bundesdatenschutzgesetzes an.**

Das Bundesdatenschutzgesetz gilt nach § 1 (2) „für die Erhebung, Verarbeitung und Nutzung personenbezogener Daten durch

1. öffentliche Stellen des Bundes
2. öffentliche Stellen der Länder, soweit der Datenschutz nicht durch Landesgesetz geregelt ist und soweit sie
   a) Bundesrecht ausführen oder
   b) als Organe der Rechtspflege tätig werden und es sich nicht um Verwaltungsangelegenheiten handelt,
3. **nicht öffentliche Stellen**, soweit sie die Daten in oder aus Dateien geschäftsmäßig oder für berufliche oder gewerbliche Zwecke verarbeiten oder nutzen."

13 **Durch wen sind geeignete technische und organisatorische Maßnahmen zu treffen, die erforderlich sind, um die Ausführung der Vorschriften des Bundesdatenschutzgesetzes zu gewährleisten?**

Durch alle öffentlichen und nicht öffentlichen Stellen, die selbst oder im Auftrag personenbezogene Daten verarbeiten.

14 **Werden personenbezogene Daten automatisiert verarbeitet, sind durch geeignete technische und organisatorische Maßnahmen bestimmte Vorgänge zu kontrollieren.**

Was ist bei den angegebenen Kontrollen zu verhindern?

- **Zugangskontrolle**
- **Benutzerkontrolle**
- **Transportkontrolle**

Zugangskontrolle:
verhindert den Zugang Unbefugter zu den Datenverarbeitungsanlagen, mit denen personenbezogene Daten verarbeitet werden

Benutzerkontrolle:
verhindert, dass Datenverarbeitungssysteme mithilfe von Einrichtungen zur Datenverarbeitung von Unbefugten genutzt werden können

Transportkontrolle:
verhindert, dass bei der Übertragung personenbezogener Daten sowie beim Transport von entsprechenden Datenträgern die Daten von Unbefugten gelesen, kopiert, verändert oder gelöscht werden können

15 **Nennen Sie zwei Datenschutzkontrollbehörden.**

- Der Bundesbeauftragte für den Datenschutz.
- Die Landesbeauftragten für den Datenschutz.
- Die Aufsichtsbehörden (der Länder) für den Datenschutz.

16 **Welche Aufgabe hat der Bundesbeauftragte für den Datenschutz?**

Der Bundesbeauftragte für den Datenschutz kontrolliert die Einhaltung der Vorschriften des BDSG und anderer Vorschriften (des Bundes) über den Datenschutz bei den öffentlichen Stellen des Bundes (§ 24 BDSG).

17 **Was beinhaltet das Datengeheimnis nach § 5 BDSG?**

Es ist den bei der Datenverarbeitung beschäftigten Personen untersagt, personenbezogene Daten unbefugt zu verarbeiten oder zu nutzen.
Handelt es sich um eine nicht öffentliche Stelle, sind diese Personen bei der Aufnahme ihrer Tätigkeit auf das Datengeheimnis zu verpflichten. Das Datengeheimnis besteht auch nach Beendigung ihrer Tätigkeit fort.

18 **Was ist beim Erheben personenbezogener Daten zu beachten?**

- Zulässig ist die Erhebung personenbezogener Daten nur dann, wenn ihre Kenntnis zur Erfüllung der Aufgaben der erhebenden Stelle erforderlich ist,
- der Erhebungszweck ist den Betroffenen mitzuteilen (§ 13 BDSG).

19 **Unter welchen Bedingungen ist das Speichern, Verändern oder Nutzen personenbezogener Daten zulässig?**

- Es ist zur Erfüllung der in der Zuständigkeit der speichernden Stelle liegenden Aufgaben erforderlich,
- es erfolgt für die Zwecke, für die die Daten erhoben worden sind.

20 **Über was ist einem Betroffenen Auskunft zu erteilen?**

- Die zu seiner Person gespeicherten Daten,
- Herkunft/Empfänger dieser Daten,
- Zweck der Speicherung.

21 **Unter welchen Umständen sind personenbezogene Daten in Dateien zu löschen?**

- Die Speicherung ist unzulässig,
- die Kenntnis der personenbezogenen Daten ist für die speichernde Stelle zur Erfüllung der in ihrer Zuständigkeit liegenden Aufgaben nicht mehr erforderlich.

22 **Wann spricht man von Datensicherheit?**

Datensicherheit bedeutet:
- eine missbräuchliche Verwendung der Daten kann ausgeschlossen werden
- Daten sind vor Verlust geschützt
- eine unberechtigte Veränderung, Einsichtnahme und Entnahme von Daten kann ausgeschlossen werden

5

23 Wodurch kann die Sicherheit der Daten gefährdet werden?
Nennen Sie fünf Beispiele.

- Menschliches Fehlverhalten (Fehlbedienung, fahrlässige Zerstörung von Hard-/Software)
- Computerviren
- Installationsfehler von Hardware, Betriebssystem, Programm
- Stromausfall
- Datendiebstahl durch unerlaubte Zugriffe
- unsachgemäße Behandlung der Hardware (Staub, Magnetisierung usw.)

24 Was sind Computerviren?

Ein Computervirus ist ein kleines Programm mit schadenverursachendem Inhalt, das in der Lage ist, sich über eine Infektion fremder Programme selbstständig zu vermehren.

25 Woran erkennt man einen Virenbefall des Computers?
Nennen Sie drei typische Symptome.

Typische Symptome für eine Infektion durch einen bestimmten Virentyp sind:
- freier Platz auf der Festplatte wird ohne Zutun des Anwenders kleiner
- geringere Rechenleistung
- vermehrte Festplatten- und Diskettenzugriffe
- plötzlicher Hauptspeichermangel
- unerklärliche und unbekannte Fehlermeldungen

26 Nennen Sie drei der häufigsten Ursachen für den Virenbefall des Computers.

- Daten/Programme von Disketten laden, von deren Herkunft und damit über deren Sauberkeit keine genaue Kenntnis besteht,
- gepackte Datenbestände aus öffentlichen Mailboxen laden, deren Herkunft nicht bekannt ist,
- Laden von Informationen aus dem Internet

27 **Geben Sie drei Grund-typen von Computerviren an.**

- Makroviren
- Bootsektorviren
- Fileviren
- Stealth Viren
- CIH-Viren

28 **Welche Eigenschaften besitzen Bootsektorviren?**

- Übertragung erfolgt durch einen Bootvorgang von der infizierten Diskette auf die Festplatte,
- der Boot- oder Partition-Sektor (Haupt-Bootsektor) wird durch das Virenprogramm ersetzt,
- bei jedem Aufruf des Bootstraps (Routine, die das BIOS auffordert, das Betriebssystem zu laden) lädt sich der Virus vor dem Start des Betriebssystems resistent in den Arbeitsspeicher und bleibt dort aktiv

29 **Welche besonderen Eigenschaften haben Computerviren mit dem Namen „Trojanische Pferde"?**

Das Virenprogramm tritt offen z. B. als nützliches Tool auf. Wird das Programm gestartet, führt es seine Schadensfunktion aus (z. B. Festplatte löschen, Bootvirus installieren, fernsteuern des PCs über Internet bei Kenntnis des Passwortes)

30 **Wie verbreiten sich so genannte „Würmer" (Variante von „Trojanischen Pferden")?**

- Sie können sich selbst reproduzieren und sich mit Netzfunktionen auf andere Computer kopieren
- Sie sind in der Lage, sich selbst z. B. über E-Mail an neue Empfänger zu verschicken (durchsuchen des Posteingangs und verschicken einer infizierten Antwort an alle Absender)

31 **Wie kann man sich vor Makroviren schützen?**

- Es sollte einem makrofähigen Programm nicht gestattet werden Makros in den Dokumenten automatisch auszuführen
- Dokumente (besonders aus dem Internet) sollten vor dem Öffnen auf Viren untersucht werden

5

32 **Eine effektive Methode sowohl bekannte als auch neue Viren zu entdecken ist die Prüfsummen-Methode. Wie funktioniert sie?**

Im ersten Durchlauf erstellt der Virenscanner nach festgelegten Regeln eine Prüfsumme aus dem Datencode. Bei jedem neuen Durchlauf wird diese Summe überprüft und bei Veränderung eine Warnung ausgegeben. Der Anwender entscheidet, ob diese Veränderung zulässig ist oder aber von einem Virus verursacht sein könnte.

33 **Auf welche zwei prinzipielle Arten können Computerviren in Programme eingeschleust werden?**

- Der Viruscode überschreibt einen Teil des Programmcodes und zerstört ihn.
- Der Viruscode baut sich in die Originaldateien so ein, dass die Programme nach wie vor funktionieren.

34 **Wie kann man sich vor Computerviren und deren Schäden schützen?**

Einen absoluten Virenschutz gibt es nicht. Wirksam entgegentreten kann man aber durch folgende Maßnahmen:
- regelmäßige Sicherheitskopie der wichtigsten Dateien
- Virenscanner (aktuelle Version) regelmäßig, vor allem bei Daten fremder Herkunft einsetzen
- Zugriffsberechtigung für den Computer vergeben (Benutzerkennwort)

35 **Welche Maßnahmen ergreifen Sie bei infizierten Bootsektoren?**

1. System ausschalten
2. von einer nicht infizierten und schreibgeschützten Diskette das System neu booten
3. überschreiben des infizierten Bootsektors der Festplatte (DOS-Befehl sys)
4. mit Virenscanner prüfen, ob der Virus noch vorhanden ist

36 **In welchen Schritten sollte die Erstellung einer Master-Diskette erfolgen?**

1. Computer mit aktuellem Virensuchprogramm überprüfen
2. Master-Diskette neu formatieren (Parameter „\U" überschreibt alle Rest-Informationen)

→

▷ *Fortsetzung der Antwort* ▷

3. – Dateien fortlaufend auf Diskette kopieren (bei notwendigem Ersetzen von Dateien mit der Erstellung neu beginnen)
   – zu kopierende Programme sollten eine Selbstprüfung auf Veränderung enthalten
4. Volume Lable (Name) für die Diskette vergeben
5. Schreibschutzschieber entfernen
6. Überprüfung mit Virensuchprogramm

37 Welche Aufgaben hinsichtlich des Computervirenschutzes erfüllt das Bundesamt für Sicherheit in der Informationstechnik (BSI)?

- Das BSI führt eine Statistik über Virenvorfälle und kann somit Virenaufkommen und Virenquellen eingrenzen,
- gibt bei aktueller Bedrohung eine Virenwarnung aus,
- bietet Hilfe zur Beseitigung von Vireninfektionen und zur Verhinderung von Datenverlusten an.

5

38 Wie können Sie das BSI in seiner Arbeit unterstützen?

Dem BSI sollten Virenschadensfälle gemeldet werden. Dazu kann der vom BSI ausgegebene Virenmeldebogen eingesetzt werden (wird vertraulich behandelt und dient nur statistischen Zwecken).

39 Welche Rechte hat ein Datenbankhersteller?

Der Datenbankhersteller besitzt das ausschließliche Recht die Datenbank (insgesamt oder wesentliche Teile) zu vervielfältigen, zu verbreiten und öffentlich wiederzugeben.
Die Nutzung der Datenbank ist auf deren Auswertung beschränkt (keine unzumutbare Beeinträchtigung der berechtigten Interessen des Datenbankherstellers).

40 Ist das Betreiben von Meta-Suchmaschinen zulässig?

Meta-Suchmaschine:
Suche und Darstellung von Angeboten anderer Internetanbieter im Volltext, ohne die gesamte Seite des Ursprungsanbieters wiederzugeben.

Wird dabei die Werbung des Ursprungsanbieters ausgeblendet (unzumutbare Beeinträchtigung der Interessen des Datenbankherstellers) oder führt die Übernahme des fremden Leistungsergebnisses zu eigenen wirtschaftlichen Vorteilen, die eigentlich dem Ursprungsanbieter zustehen, ist das Betreiben solcher Suchmaschinen nicht zulässig.

6 Informations- und telekommunikationstechnische Systeme

6.1 Systemtechnik

1 Beim Brennen einer CD kommt es zu einer Unterbrechung des Datenstroms (Buffer underrun) und damit zum Abbruch des Brennvorgangs.

Nennen Sie zwei Maßnahmen, die dies verhindern.

- Anlegen eines Masterimages auf der Festplatte und dieses dann auf der CD-R brennen. Die entsprechende Partition der Festplatte für das Masterimage sollte vorher defragmentiert werden.

- Durchführen eines Geschwindigkeitstestes vor dem eigentlichen Brennen, um abschätzen zu können, ob die benötigte kontinuierliche Transferrate gewährleistet werden kann.

- Den CD-Brenner mitsamt unterstützender Festplatte (für das Masterimage) auf einen separaten SCSI-Bus legen.

2 Welche Kriterien sind bei der Auswahl eines CD-ROM-Laufwerks heranzuziehen?

- Geschwindigkeitsfaktor und die damit verbundene Datentransferrate
  Beispiel:
  Geschwindigkeitsfaktor 32× entspricht einer Datentransferrate von 4,8 MByte pro Sekunde

- Zugriffszeit

- Größe der Datenpuffer und deren Verwaltung durch das Laufwerk

3 Ein weit verbreitetes Wechselplatten-System ist das ZIP-Laufwerk von Iomega. Angeboten werden Versionen für SCSI, IDE und parallele Schnittstellen.

Für welche Version entscheiden Sie sich, wenn Sie das ZIP-Laufwerk zum Datentransport zu unterschiedlichen PCs benutzen möchten?

Am geeignetsten ist hierfür die Version für die parallele Schnittstelle, da SCSI noch nicht so weit verbreitet ist. Die Transferrate ist natürlich beim parallelen Port kleiner.

6

4 Seagate Software hat für Windows 95 das Programm Direct Tape Access (DTA) entwickelt. Ein Bandlaufwerk kann danach wie ein normales Festplattenlaufwerk behandelt werden.

Für welche Aufgabe ist ein solches Programm besonders geeignet?

Für den Austausch von Dateien mit anderen Anwendern stellt das Programm eine große Hilfe dar. Kann DTA an beiden Kommunikationsenden verwendet werden, kann man ohne Verwendung von Backup-Programmen einen schnellen Überblick der auf dem Band befindlichen Dateien (z. B. über den Windows-Explorer) erhalten und mit diesen Dateien wie bei einer Festplatte arbeiten. Der Dateizugriff dauert dabei natürlich wesentlich länger.

5 Nennen Sie drei Funktionen, die vor dem Anschluss/ Einbau eines Bandlaufwerks durch Schaltereinstellung zu realisieren sind?

- Wahl einer noch freien SCSI-ID (0 und 1 sollte für Festplatten reserviert bleiben)
- Setzen des MRS-(**M**edia **R**ecognition **S**ystem-)Modus; das DDS-(**D**igital **D**ata **S**torage-)Format wird vom Laufwerk erkannt, welche physische Codes nach MRS aufweisen
- Paritätsüberwachung der über den SCSI-Bus eintreffenden Daten durch das Laufwerk setzen
- Kompression setzen
- Selbsttest des Laufwerks setzen

6 Wodurch unterscheidet sich die Technik der digitalen Telefonverbindung von der analogen Telefonverbindung?

- Technik im Leitungsnetz: transparente Übertragung digitaler Signale
- Vermittlungstechnik: Verbindungen werden in digitalen Netzknoten durchgeschaltet (digitale Übertragung zwischen Ursprungsnetzknoten und Zielnetzknoten)
- Leitungsabschluss: digitaler Netztrennabschluss sorgt für korrekte Umwandlung der Signale vom Endgerät auf das Leitungsnetz

7 **Welche Besonderheiten gibt es bei der Datenübermittlung direkt über die Schnittstelle S$_o$?**

- Nur Punkt-zu-Punkt-Verbindung im ISDN (kein Übergang zu anderen Netzen)
- die Bitrate beträgt 64 KBit/s
- Wählverbindungen (normale Telefonverbindungen) und
- vorbestellte Dauerwählverbindungen

8 **Skizzieren Sie die „ISDN-Datenübermittlung 64 KBit/s" mit zwei Datenendeinrichtungen.**

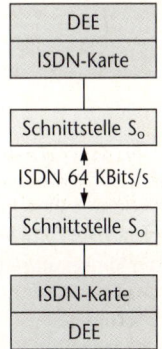

9 **Über welche Dosen erfolgt die Anschaltung der ISDN-Geräte an die S$_o$-Installation?**

- IAE-Dose (**I**SDN-**A**nschluss**e**inheit)
- UAE-Dose (**U**niversal-**A**nschluss**e**inheit)

10 **Was bedeutet die Bezeichnung IAE 2×8(4)?**

ISDN-Anschlusseinheit mit 2 parallel geschalteten 8-poligen Buchsen. Die Buchse hat 4 Kontaktfedern und 4 Anschlussklemmen.

11 **Was beinhaltet ein Datenübertragungsprotokoll?**

- Alle Formate, Parameter und Eigenschaften für eine vollständige, fehlerfreie und effektive Datenübertragung
- Übereinkünfte über Datenformate, Zeitabläufe und Fehlerbehandlung beim Datenaustausch zwischen Computern

6

12 Was kennzeichnet eine asynchrone Übertragung?

- Sender und Empfänger arbeiten ohne kontinuierlichen Zeittakt
- Das Synchronisationssignal wird in gewissen Zeitabständen vom Empfänger generiert
- Es gibt keinen zentralen Takt, der die zeitliche Folge der Operationen steuert
- Jedes zu übertragende Zeichen enthält ein Startbit und Stoppbit
- Synchronisation für die Dauer eines zu übertragenden Zeichens
- Asynchroner Abstand bis zur Übertragung des nächsten Zeichens

13 Verbinden Sie im angegebenen Bild die Computer nach den Thick Ethernet.

Bezeichnen Sie die verwendeten Geräte und geben Sie die Schnittstellen an.

AUI-Kabel:
Attachment Unit Interface – Verbindung zwischen MAU und der Ethernet-Schnittstelle des Computers (15-pol. Sub-D-Anschluss)

MAU (auch: Transceiver)
Media Access Unit – Koppelmodul zwischen Datenendeinrichtung (DTE: Data Terminal Equipment) und Übertragungsmedium (15-pol. Sub-D-Anschluss)

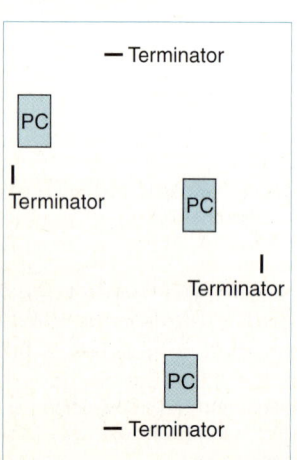

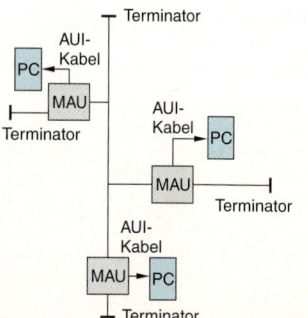

14 Geben Sie die Bezeichnung der Schnittstellen der MAU in Richtung Datenendeinrichtung und Übertragungsmedium an.

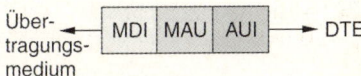

Über-
tragungs-
medium

→ DTE

AUI: Access Unit Interface
(Anschlusseinheit Interface)

MDI: Medium Dependent Interface
(Schnittstelle hin zum Medium)

15 Welche drei Datensignale werden zwischen der Ethernet-Schnittstelle des Computers und der MAU/Transceiver übertragen?

- Daten übertragen (Transmit Data)
- Daten empfangen (Receive Data)
- Kollision erkennen (Detect Collision)

16 Welche Eigenschaften hat das TP-Kabel (Twisted pair)?

- Kupferkabel mit zwei gegeneinander verdrillten Adern
- gleichförmiger symmetrischer Aufbau, d. h. geringe Toleranzen bei Wellenwiderstand, Induktivitäten und Kapazitäten

17 Welcher Unterschied besteht zwischen den Ausführungsformen STP-Kabel und UTP-Kabel beim Twisted-Pair-Kabel?

Beim STP-(Shielded-Twisted-Pair-)Kabel sind die paarweise verdrillten Leitungen abgeschirmt, während sie beim UTP-(Unshielded Twisted Pair-)Kabel nicht abgeschirmt sind.

6

18 Ordnen Sie die verschiedenen Ausführungsformen des TP-Kabels den entsprechenden Darstellungen zu.

1 a)
2 c)
3 b)

1 Sternvierkabel   a)

2 STP-Kabel   b)

3 UTP-Kabel   c)

19 Welche Schirmung besitzt das S/STP-Kabel?

Dieses Twisted-Pair-Kabel besitzt einen Gesamtschirm (S) mit einzeln abgeschirmten Adernpaaren (STP).

20 Worin besteht der Vorteil der Leitungsverseilung und des symmetrischen Aufbaus beim TP-Kabel?

Die Einstreuungen durch Störsignale treten auf beiden Leitungen in gleicher Stärke auf. Da der Empfänger nur die Störsignaldifferenz des Leitungspaares empfängt, können somit diese eingestreuten Störungen ausgeglichen werden.

21 Ordnen Sie den angegebenen Kabeln die entsprechende Kommunikationsart zu.

1 Twisted-Pair-Kabel

2 Koaxialkabel

3 Glasfaserkabel

a) Halbduplex
b) Vollduplex
c) Simplex

1 b),
2 a),
3 b)

22 Nennen Sie drei Eigenschaften des Transceiver-Kabels/AUI-Kabels.

- Begrenzt auf eine max. Länge von 50 m
- vier oder optional fünf einzeln abgeschirmte verdrillte Leitungspaare
- symmetrisches Kabel
- gemeinsame Schirmung gegen Einstrahlung von außen und Abstrahlung von innen
- Kabelimpedanz: 75 Ohm

23 Erklären Sie den Begriff Dämpfung.

Mit Dämpfung beschreibt man die Minderung der übertragenen Energie eines Signals im Verlauf einer Übertragungsstrecke. Da jedes Übertragungsmedium mit frequenzunabhängigen und frequenzabhängigen Verlusten behaftet ist, wird das zu übertragende Signal unterschiedlich stark in seinen Frequenzanteilen gedämpft.

24 Welche Eigenschaften hat ein Single-Mode-Glasfaserkabel?

- Besonders geeignet für das Übertragen von Signalen über große Distanzen
- Anschlüsse über Typ SC
- Teurer als Multi-Mode-Glasfaserkabel

6.2 Installation

1 Eine Grundvoraussetzung für die erfolgreiche Arbeit an der Computer-Hardware ist das Vermeiden der Entladung statischer Elektrizität.
Welche Folgen kann eine solche Entladung haben?

Die Spannungsobergrenze vieler Chips liegt bei 6,5 Volt. Man kann leicht statische Elektrizität von mehreren tausend Volt erzeugen und damit die Chips zerstören bzw. so beschädigen, dass sie nach kurzer Betriebsdauer ausfallen.

2 Geben Sie zwei Vorkehrungen an, um statische Elektrizität zu vermeiden.

- Alles erden, auch sich selbst
- Materialien meiden, die statische Ladungen aufbauen
- Luftbefeuchter zum schnelleren Abbau statischer Ladungen einsetzen

3 Was sollte bei einer sorgfältigen Erdung zur Vermeidung statischer Elektrizität beachtet werden?

Bei der Erdung ist durchweg auf gute Masseverbindungen zu achten. Die Masseleitungen sind dabei mit einem metallenen Wasserleitungs- oder Heizungsrohr zu verbinden. Der Arbeitsplatz sollte neben der Erdung des Arbeitstisches auch über eine Erdungsmatte und ein Erdungsarmband, welches fest um das Handgelenk zu binden ist, verfügen.

6

4 Die Schutzmaßnahmen gegen den elektrischen Schlag werden in drei Schutzebenen aufgeteilt.
Nennen Sie diese Schutzebenen nach DIN VDE 0100-410 („Schutzmaßnahmen-Schutz gegen den elektrischen Schlag").

- Basisschutz
- Fehlerschutz
- Zusatzschutz

5 Wie müssen elektrische Betriebsmittel ausgeführt sein, damit Sie den Anforderungen des Basisschutzes genügen?

Elektrische Betriebsmittel müssen so ausgeführt sein, dass ein ungewolltes Berühren unter Spannung stehender Teile (aktiver Teile) nicht möglich ist.

6 Nennen Sie Schutzmaßnahmen, die den Basisschutz (Schutz gegen direktes Berühren) vollständig gewährleisten.

Schutz durch:
– Isolierung
– Abdeckung
– Umhüllung

7 Welche Forderungen müssen bei der Schutzmaßnahme „Schutz durch Isolierung aktiver Teile" erfüllt sein?

Die Isolierung muss so ausgeführt sein, dass kein Körperstrom fließen kann. Dazu müssen die spannungsführenden Teile vollständig von der Isolierung umschlossen sein, die nur durch Zerstören entfernt werden kann (z. B. Leitungsisolation). Farben oder Lacke als Isolierung bieten keinen ausreichenden Schutz gegen direktes Berühren.

8 Was wird durch den IP-Code angegeben?

IP (International Protection) gibt die Schutzart durch Umhüllungen (Gehäuse) an.

9 Welchen Schutz erfüllt ein Gehäuse mit dem IP-Code IP 24?

In der Kennzeichnung IP 24 bedeutet das erste Zeichen: 2

- Betriebsmittel ist gegen das Eindringen von festen Fremdkörpern $\geq$ 12,5 mm geschützt
- gefährliche Teile können mit den Fingern nicht berührt werden (Zugangsschutz)

zweite Zeichen: 4

- Schutz des Betriebsmittels gegen das Eindringen von Spritzwasser

Hinweis:
Wahlfrei sind noch zwei weitere Buchstaben möglich. Sie geben den Schutz von Personen gegen den Zugang zu gefährlichen Teilen bzw. ergänzende Informationen an.

10 Die Schutzart kann auch durch Symbole angegeben werden.

Welche Schutzart wird durch das folgende Symbol gekennzeichnet?

Das Gehäuse ist staubdicht (entspricht IP6X).

11 Schutz gegen direktes Berühren kann auch durch Umhüllung/Abdeckung erreicht werden.

Wie muss eine solche Umhüllung/Abdeckung ausgeführt werden?

- Alle aktiven Teile müssen umschlossen werden,
- Schutzart mindestens IP2X,
- bei leitfähigem Material einer Umhüllung (Gehäuse) sind die aktiven Teile durch isolierende Abstandhalter von der Umhüllung sicher zu trennen,
- sie lassen sich nur mit Werkzeug wieder entfernen

12 Schutz durch Hindernisse oder durch Abstand bieten nur einen teilweisen Schutz gegen direktes Berühren aktiver Teile.

Was wird durch diese Schutzmaßnahmen verhindert bzw. kann nicht verhindert werden und wo dürfen sie angewendet werden?

Diese Schutzmaßnahmen verhindern das unbeabsichtigte, aber nicht das beabsichtigte Berühren aktiver Teile. Die Anwendung ist z. B. in abgeschlossenen elektrischen Betriebsstätten erlaubt.

6

13 Wie bezeichnet man die im Bild angegebenen Fehler 1 bis 4?

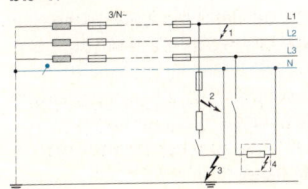

1. Kurzschluss (kein Nutzwiderstand im Fehlerstromkreis)

2. Leiterschluss (Nutzwiderstand im Fehlerstromkreis vorhanden)

3. Erdschluss

4. Körperschluss

14 Welche Spannung bezeichnet man als Fehlerspannung (U_F)?

Eine Spannung, die im Fehlerfall zwischen
- Körpern (berührbare leitfähige Teile von elektrischen Betriebsmitteln, die im Fehlerfall unter Spannung stehen können) oder
- Körper und Bezugserde

anliegt.

15 Welche Spannung wird als Berührungsspannung (U_B) bezeichnet?

Die Berührungsspannung ist der Teil der Fehlerspannung, der vom Menschen überbrückt werden kann bzw. eine Spannung, die zwischen gleichzeitig berührbaren Teilen während eines Isolationsfehlers auftreten kann.

16 Welche *zusätzliche* Schutzmaßnahme kann beim Schutz gegen direktes Berühren (Basisschutz) angewendet werden?

Zusätzlichen Schutz bietet eine RCD (**R**esidual **C**urrent Protective **D**evice) ($I_{\Delta N} \leqq 30$ mA) Fehlerstromschutzeinrichtung.
Zusätzlich bedeutet: eine Basis- bzw. eine Fehlerschutzmaßnahme muss in jedem Fall vorhanden sein, da die RCD *allein* den Schutz *nicht* sicherstellen kann.

17 Nennen Sie Schutzmaßnahmen ohne Schutzleiter, die sicherstellen, dass im Fehlerfall keine gefährlichen Körperströme fließen können (Fehlerschutz –Schutz bei indirektem Berühren).

- Schutz durch Anwendung von Betriebsmitteln der Schutzklasse II oder einer gleichwertigen Isolierung (Schutzisolierung)
- Schutztrennung
- Schutzkleinspannung

18 Wie erfolgt der Schutz elektrischer Betriebsmittel der Schutzklasse II?

Zusätzlich zur Basisisolierung der aktiven Teile sorgt eine verstärkte oder doppelte Isolierung (Schutzisolierung) dafür, dass bei einem Fehler der Basisisolierung keine gefährliche Spannung an berührbaren Teilen elektrischer Betriebsmittel auftreten kann.

19 **Mit welchem Zeichen erfolgt die Kennzeichnung schutzisolierter Betriebsmittel (Schutzklasse II)?**

Doppelquadrat für:

– elektrische Betriebsmittel mit doppelter oder verstärkter Isolierung

– typgeprüfte fabrikfertige Gerätekombinationen mit Schutzisolierung

20 **Welche Forderungen müssen die Anschlussleitungen schutzisolierter Geräte erfüllen?**
Nennen Sie drei.

• Anschlussleitung darf keinen Schutzleiter enthalten

• Stecker (soweit er unlösbar mit der Leitung verbunden ist) darf keine Schutzkontaktstücke besitzen

• Anschlussleitung muss fest mit dem Gerät verbunden sein

• Sind Stecker und Leitung miteinander vergossen, darf diese Anschlussleitung ausschließlich nur für schutzisolierte Geräte verwendet werden

21 **Wie wird bei der Schutzmaßnahme „Schutztrennung" der Schutz bei indirektem Berühren erreicht?**

Aufgrund des *erdfrei* (z. B. über einen Trenntransformator) betriebenen Sekundärstromkreises kann im Fehlerfall keine Berührungsspannung zwischen Gerät und Erde auftreten.

22 **Welche Bedingungen sind bei der Schutzmaßnahme „Schutztrennung" einzuhalten?**

• Es müssen besondere Stromquellen (hochwertige Isolierung zwischen Primär- und Sekundärstromkreis) für die Betriebsmittel verwendet werden (z. B. Trenntransformatoren).

• Leiter/Betriebsmittel im Sekundärstromkreis nicht erden und nicht mit anderen Stromkreisen (Körper, Schutzleiter) verbinden.

• Maximale Sekundärspannung (Spannung auf der schutzgetrennten Seite) 500 V.

6

23 Welche Gefährdung kann beim Anschluss *mehrerer* Geräte an einen Trenntransformator entstehen?

Bei zwei körperschlussbehafteten Geräten kann zwischen den Geräten eine gefährliche Spannung auftreten.

24 Welche Maßnahme ist beim Anschluss *mehrerer* Geräte an einen Trenntransformator vorgeschrieben?

Die Körper der Geräte eines Stromkreises sind untereinander durch einen ungeerdeten isolierten Potenzialausgleichsleiter zu verbinden. Dabei ist der Schutzleiter aller beweglichen Leitungen als Potenzialausgleichsleiter zu verwenden, der an die Schutzkontakte von Steckdosen angeschlossen wird.

25 Stellt die Berührungsspannung für den angegebenen Fehlerfall eine Gefährdung für den Menschen dar?

Fehlerfall: Körperschluss
Widerstand des Körperschlusses R_F: vollkommener Körperschluss
Netzspannung: $U_O = 230 \text{ V}$
Leitungswiderstand: $R_L = 1 \ \Omega$
Betriebserde: $R_B = 2 \ \Omega$
Übergangswiderstand: $R_{\ddot{U}} = 500 \ \Omega$
Widerstandswert für den Menschen: $R_M = 2,5 \text{ k}\Omega$
Transformatorenwicklungswiderstand R_T vernachlässigbar klein

Gehen Sie zur Beantwortung der Frage in folgenden Schritten vor:

a) Ersatzschaltbild des Fehlerstromkreises

b) Berechnung der Berührungsspannung

c) Beurteilung der berechneten Berührungsspannung hinsichtlich ihrer Gefährdung für den Menschen

a)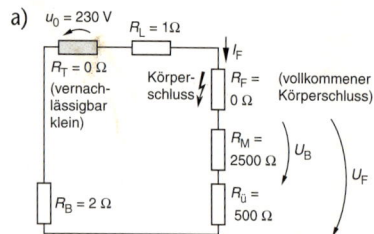

b) Gesamtwiderstand R_G

$R_G = R_T + R_L + R_F + R_M + R_{\ddot{U}} + R_B$
$R_G = 3003 \ \Omega$

Fehlerstrom

$I_F = \dfrac{U_O}{R_G} = 76,6 \text{ mA}$

Fehlerspannung

$U_F = I_F \cdot (R_M + R_{\ddot{U}})$
$U_F = 229,8 \text{ V}$

Berührungsspannung

$U_B = I_F \cdot R_M$
$U_B = 191,5 \text{ V}$

c) Weil der maximal zulässige Wert der Berührungsspannung von 50 V überschritten wird, besteht Lebensgefahr!

26 **Wie erreicht man durch die Schutzmaßnahme Schutzkleinspannung eine ungefährliche Berührungsspannung im Fehlerfall?**

- Anlagen und Geräte werden mit Spannungen betrieben, die gleich oder kleiner der zulässigen Berührungsspannung sind Schutzkleinspannung
  Wechselspannung $U \leq 50\ V$
  Gleichspannung $U \leq 120\ V$
- aktive Teile/Körper des Kleinspannungsstromkreises dürfen nicht mit der Erde, mit aktiven Teilen oder Schutzleitern anderer Stromkreise oder mit fremden leitfähigen Teilen verbunden werden
- Stecker und Steckdosen dürfen keine Schutzkontakte haben
- Stecker dürfen nicht in Steckdosen von Stromkreisen höherer Spannung passen
  (Bezeichnung nach DIN VDE 0100 – 410: SELV – **S**afety **E**xtra **L**ow **V**oltage)

Ist aus Funktionsgründen eine Erdung erforderlich, erfolgt der Schutz durch PELV (Protective Extra Low Voltage – Funktionskleinspannung mit sicherer elektrischer Trennung).

6

27 **Ordnen Sie den folgenden Symbolen die entsprechende Bezeichnung zu.**

1 d)
2 a)
3 b)
4 c)

1 a) **Schutztrennung**

2 b) **Schutzkleinspannung**

3 c) **Anschlussstelle für Schutzleiter**

4 d) **Sicherheitstransformator**

28 Welches Schutzziel haben

a) **Schutzisolierung, Schutztrennung**

b) **Schutz durch automatisches Abschalten?**

Schutzziel:

a) Verhindern, dass eine zu hohe Berührungsspannung *entsteht*

b) Verhindern, dass eine zu hohe Berührungsspannung länger als zulässig *bestehen bleibt*

29 Wodurch ist der Schutz durch automatisches Abschalten gekennzeichnet?

- Das Bestehenbleiben einer zu hohen Berührungsspannung wird durch das Ansprechen einer Abschalteinrichtung verhindert

- Der am Körper des Betriebsmittels angeschlossene geerdete Schutzleiter PE (**P**rotection **E**arth) bildet den für das Fließen eines Auslösestromes notwendigen geschlossenen Stromkreis

30 Die Schutzmaßnahme – Schutz durch automatisches Abschalten – ist eine netzformabhängige Schutzmaßnahme.

Wodurch ist das TN-Netz gekennzeichnet?

Beim TN-Netz sind die Körper der Betriebsmittel über den Schutzleiter PE der elektrischen Anlage mit dem PEN-Leiter (Schutz und Neutralleiterfunktion) des Netzes, der die Verbindung zum geerdeten Drehstromnetz herstellt, verbunden.

T: franz. terre – direkte Erdung eines Punktes

N: Körper direkt über einen Netzleiter mit dem Betriebserder verbunden (Sternpunkt der Transformatorenwicklung)

31 Welche Farbkennzeichnung haben isolierte PE- bzw. PEN-Leiter?

PE- und PEN-Leiter müssen in ihrem gesamten Verlauf grün-gelb gekennzeichnet sein. PEN-Leiter haben zusätzlich an den Leiterenden eine hellblaue Markierung.

32 Nennen Sie zwei Schutzeinrichtungen im TN-System?

- Fehlerstromschutzeinrichtung (RCD)
- Überstromschutzeinrichtungen (Niederspannungssicherungen, Leitungsschutzschalter, Leistungsschalter)

33 Wie ist der Abschaltstrom I_a definiert?

Strom, der bei einem Körperschluss das automatische Abschalten in der entsprechenden Abschaltzeit bewirkt.

34 Wie groß darf die Impedanz der Fehlerschleife maximal sein, damit im TN-Netz ein einpoliger Kurzschluss zum sicheren Abschalten führt?

Bedingung für die Schleifenimpedanz:

$$Z_S \leqq \frac{U_0}{I_A}$$

35 Zur Bestimmung der Schleifenimpedanz werden mit hinreichender Genauigkeit nur Wirkanteile der Teilwiderstände berücksichtigt.

Nennen Sie die Teilwiderstände, die bei der Bestimmung des Schleifenwiderstandes berücksichtigt werden müssen.

Der Schleifenwiderstand setzt sich zusammen aus dem Widerstand:
– der Transformatorenwicklung R_{Tr}
– des Außenleiters einschließlich Sicherung R_L
– des Schutzleiters R_{PE}
– des PEN-Leiters R_{PEN}
– des Anlagen- und Betriebserders R_B

$$R_S = R_{Tr} + R_L + R_{PE} + R_{PEN} + R_B$$

36 Nach welcher Methode erfolgt die Messung des Schleifenwiderstandes zur Prüfung des Schutzes durch Abschalten?

Die Messung erfolgt im eingeschalteten Zustand des Netzes! Die Netzspannung U_0 und die Spannung U_B am Belastungswiderstand R_P wird gemessen. R_S wird aus der Beziehung

$$R_S = \frac{U_0 - U_B}{U_B} \cdot R_P \quad \text{berechnet.}$$

Achtung!
Die Messung mit hochohmigem Widerstand beginnen, um das Auftreten gefährlicher Berührungsspannungen zu vermeiden! Gefahr einer zu hohen Berührungsspannung besteht, wenn hierbei die Spannung bereits stark abfällt.

6

37 Welche Messmittel sollten zur Prüfung von Schutzmaßnahmen eingesetzt werden?

• Messgeräte mit Prüffunktion oder besser
• Universalprüfgeräte nach DIN VDE 0100

38 Welche Messungen/Prüfungen sind mit Universalprüfgeräten nach DIN VDE 0100 möglich?

- Widerstandsmessungen
  - Schleifenwiderstand
  - Isolationswiderstand
  - Erdungswiderstand
  - Netzinnenwiderstand
- Spannungen
  - Netzspannung
  - Berührungsspannung der FI-Schutzschaltungen
- Frequenz
- Drehfeld
- Prüfung der Schutzleiteranschlüsse
- Prüfen von Fehlerstromschutzeinrichtungen

39 Welche Vorteile bietet der Einsatz von Universalprüfgeräten nach DIN VDE 0100 gegenüber Messgeräten mit Prüffunktion?
Nennen Sie drei.

- Alle Betriebsbedingungen werden automatisch eingestellt.
- Beim Überschreiten der höchstzulässigen Berührungsspannung wird abgeschaltet.
- Netzspannungsschwankungen beeinflussen die Messergebnisse nicht.
- Die für das Abnahmeprotokoll geforderten Werte können direkt oder über einen PC ausgedruckt werden.

40 Nennen Sie mindestens drei Folgen von Isolationsfehlern.

Isolationsfehler können zu:
- Personenschaden durch elektrischen Schlag,
- Kurzschluss,
- Erdschluss,
- Körperschluss,
- Entzündung leicht brennbarer Stoffe (bereits ein kleiner Fehlerstrom führt zur örtlichen Überhitzung)
führen.

41 Nennen Sie zwei Maßnahmen, die bei der Durchführung der Isolationswiderstandsmessung zu beachten sind.

- Messung nur im *spannungsfreien* Zustand der elektrischen Anlage und Betriebsmittel,
- als Messspannung nur Gleichspannung verwenden (max. das 1,5fache der Anlagenspannung)

42 Nennen Sie drei Beispiele für Isolationswiderstandsmessungen.

Messen des Isolationswiderstandes
– zwischen den Leitern
– zwischen zwei Überstromschutzeinrichtungen
– Anlage gegen Erde

43 Welche Mindestisolationswiderstände sind einzuhalten?

Der Messwert des Isolationswiderstandes muss mindestens so groß sein wie der Wert der entsprechenden DIN-VDE-Bestimmung (z. B. DIN-VDE Bestimmung 57701 – Instandsetzen von Geräten der Schutzklasse II – Mindestisolationswiderstand 2 MΩ).

6

44 Wie kann die Funktion eines Fehlerstromschutzschalters überprüft werden?

Durch Betätigen der Prüftaste (D) kann die ordnungsgemäße Funktion (elektrisch und mechanisch) des Fehlerstromschutzschalters überprüft werden. Damit wird jedoch *nicht* die Funktionstüchtigkeit der Schutzmaßnahme selbst geprüft!

45 Wegen eines unvollkommenen Körperschlusses in einem TN-S-Netz wird der Abschaltstrom des vorgeschalteten Überstromschutzorgans nicht erreicht. Es erfolgt keine sofortige Abschaltung – Brandgefahr!
Wie kann die Sicherheit bei solchen Fehlerfällen erhöht werden?

Durch Einsatz eines Fehlerstromschutzschalters in das TN-S-Netz wird erreicht, dass die Abschaltung bereits bei dem kleinen Fehlerstrom $I_{\Delta n} \leqq 0,5$ A des Fehlerstromschutzschalters erfolgt. Dadurch wird ein erhöhter Brandschutz erreicht.

46 **Was ist bei der Erstprüfung elektrischer Anlagen festzustellen?**

- Es ist zu überprüfen, ob die gesamte elektrische Anlage normgerecht errichtet wurde (VDE-Bestimmungen).
- Es ist die Wirksamkeit der Schutzmaßnahmen gegen direktes und bei indirektem Berühren gemäß VDE 0100 Gruppe 600 nachzuweisen.

47 **Welche Maßnahmen gehören zum Prüfen (Reihenfolge beachten)?**

1. Besichtigen
2. Erproben
3. Messen

48 **Was soll durch Besichtigen festgestellt bzw. überprüft werden?**

Bei der Besichtigung sollen optisch erkennbare Mängel und Schäden an Betriebsmitteln sowie offensichtliche Installationsfehler festgestellt werden. Weiterhin sind Einrichtungen zur Unfallverhütung, ersten Hilfe und Brandbekämpfung zu überprüfen.

49 **Nennen Sie fünf Prüfungspunkte beim „Besichtigen".**

- Sind die Überstromschutzorgane den Leiterquerschnitten entsprechend bemessen?
- Ist der Schutzleiter grün-gelb und richtig angeschlossen?
- Sind in Schutzleitern/PEN-Leitern keine Schalter oder Überstromschutzorgane vorhanden?
- Sind notwendige Isolierungen beschädigt?
- Sind der geforderte Querschnitt für Schutzleiter, PEN-Leiter, Erdungsleiter und Potenzialausgleichsleiter eingehalten und sind diese richtig angeschlossen?
- Sind FI-(Fehlerstrom-)Schutzeinrichtungen richtig ausgewählt und eingesetzt?

__50__ Welche Maßnahmen gehören zum Prüfungsteil „Erproben"?

- Funktionskontrolle Schutzeinrichtungen
  - Prüftaste bei FI-Schutzeinrichtungen betätigen
  - NOT-AUS-Einrichtungen betätigen
- Kontrolle der Wirkung von Sicherheitsstromkreisen (Notbeleuchtung, Brandschutzeinrichtung)
- Funktionskontrolle der Melde- und Anzeigeeinrichtungen

__51__ Nach Instandsetzungen, Änderungen und Einbau von Einzelteilen bei Geräten der Informationstechnik sind nach DIN VDE 701 Sicherheitsprüfungen durchzuführen.

a) Was soll bei diesen Prüfungen nachgewiesen werden?

b) Welche Prüfungen sind durchzuführen?

a) Sicherheitsprüfungen dienen dem Nachweis, dass der Schutz gegen direktes Berühren und bei indirektem Berühren wirksam ist (Nachweis der elektrischen Sicherheit)

b) • Messung des Schutzleiterwiderstandes
   • Messung des Isolationswiderstandes

__52__ Was wird bei Geräten der Schutzklasse II im Rahmen der Sicherheitsprüfung zum Nachweis der Isolationsfestigkeit gemessen?

Es ist der Isolationswiderstand zwischen den aktiven Teilen und den leitfähigen, berührbaren Teilen zu messen. Der Mindestwert beträgt 2 MΩ.

6

53 Gegeben sind vier Symbole, die die Möglichkeiten der Umwandlung in Stromversorgungsgeräten kennzeichnen.

Ordnen Sie den Symbolen die entsprechenden Bezeichnungen zu.

1 b)
2 a)
3 c)
4 d)

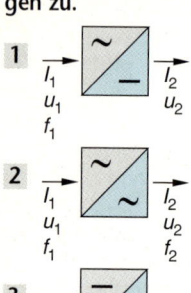

a) Wechselstromumrichter

b) Gleichrichter

c) Wechselrichter

d) Gleichstromumrichter

54 Geben Sie die Größen

U_L (Spannung über den Belastungswiderstand)

I_L (Belastungsstromstärke) und

R_i (Innenwiderstand der Spannungsquelle)

für

a) ideale Spannungsquelle

b) ideale Stromquelle

an!

a) Ideale Spannungsquelle
U_L = konstant
I_L = veränderlich
R_i = 0

b) Ideale Stromquelle
U_L = veränderlich
I_L = konstant
R_i = ∞

55 Durch welche Größe wird die Güte von spannungsstabilisierten Netzteilen bewertet und wie wird sie berechnet?

Stabilisierungsfaktor S

$$S = \frac{\text{Eingangsspannungs-}\\\text{änderung}\quad \frac{\Delta U_1}{U_1}}{\text{Ausgangsspannungs-}\\\text{änderung}\quad \frac{\Delta U_L}{U_L}}$$

$$S = \frac{\Delta U_1 \cdot U_L}{\Delta U_L \cdot U_1}$$

56 Beurteilen Sie die Güte der Spannungsstabilisierung für folgendes Beispiel:

$U_1 = 25\,V$ $U_L = 24\,V$
$\Delta U_1 = 5\,V$ $\Delta U_L = 0,6\,V$

Stabilisierungsfaktor S:

$$S = \frac{\Delta U_1 \cdot U_L}{\Delta U_L \cdot U_1} = \frac{5\,V \cdot 24\,V}{0,6\,V \cdot 25\,V} = \mathbf{8}$$

Da für eine ausreichende Stabilisierung der Stabilisierungsfaktor mindestens den Wert 10 besitzen sollte, liegt für das angegebene Beispiel keine ausreichende Stabilisierung vor.

57 Welche zwei weiteren Forderungen neben der guten Stabilisierung bei kleinem Innenwiderstand gibt es für eine Spannungsstabilisierungsschaltung?

- Einstellbarkeit der Lastspannung
- Unempfindlichkeit gegen Kurzschlüsse

6

58 Aus welchen vier grundsätzlichen Baugruppen bestehen lineare Gleichspannungsnetzteile zur Stromversorgung elektronischer Geräte?

1. Netztransformator
2. Gleichrichter
3. Glättungsmittel
4. Stabilisierungsschaltung

59 Welche Funktion haben der
a) Netztransformator und
b) die Glättungsmittel
im Netzgerät?

a) Netztransformator:
  – Schaltung galvanisch vom Netz trennen
  – transformieren der Netzwechselspannung auf den erforderlichen Wert

b) Glättungsmittel: unterdrücken der restlichen in der Gleichspannung enthaltenen Wechselspannungsanteile

60 PC-Netzteile arbeiten nach dem Grundprinzip eines Schaltnetzteiles.

Geben Sie in einer Folgekette die grundsätzliche Arbeitsweise von primär getakteten Schaltnetzteilen an.

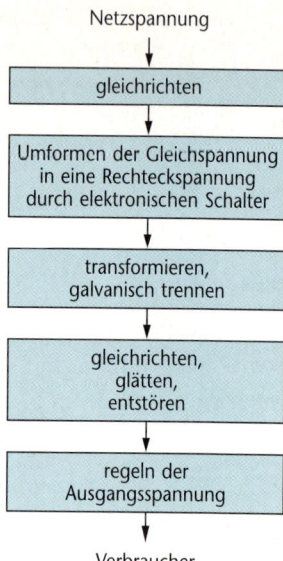

Netzspannung

↓

gleichrichten

↓

Umformen der Gleichspannung in eine Rechteckspannung durch elektronischen Schalter

↓

transformieren, galvanisch trennen

↓

gleichrichten, glätten, entstören

↓

regeln der Ausgangsspannung

↓

Verbraucher

61 Welchen Vorteil hat ein primär getaktetes Schaltnetzteil gegenüber einem linearen Gleichspannungnetzteil?

- Höherer Wirkungsgrad – Verlustleistung und Erwärmung des Stelltransistors (elektronischer Schalter) vernachlässigbar gering
- Volumen- und Gewichtsersparnis
- größerer Eingangsspannungsbereich

62 Welche elektrischen Schutzmaßnahmen werden beim PC-Netzteil angewendet?

- Schutz gegen direktes Berühren durch Metallgehäuse und Isolierung der aktiven Teile
- Schutz bei indirektem Berühren durch Schutzleiteranschluss am Metallgehäuse

63 Was ist bei der Dimensionierung des Netzteils hinsichtlich der Nennleistung zu beachten?

- Netzteil muss entsprechend der zu erwartenden Leistungsaufnahme der angeschlossenen Komponenten dimensioniert sein (z. B. Festplattenlaufwerk ca. 15 Watt, Motherboard ca. 25 Watt) →

▷ Fortsetzung der Antwort ▷

- Leistungsreserven für nachträgliche Erweiterungen vorsehen
- das Netzteil sollte im Mittel bis zu 80 % seiner Nennleistung abgeben (Standard zur Zeit: Nennleistung von 200 Watt)

64 Was versteht man unter einer USV?

USV steht für **u**nterbrechungsfreie **S**tromversorgung (Peripheral Power Supply, Uninruptile Power Supply). Sie übernimmt bei Stromausfall die Stromversorgung für den Computer so lange, bis alle Daten gesichert sind.

65 Welche Aufgaben haben USV-Anlagen?
Nennen Sie drei.

- Überbrücken von Netzausfällen (bereits Stromausfälle im Millisekundenbereich können zu Computerneustart/Einfrieren führen).
- Umsetzen der Spannungsart bzw. Spannungshöhe auf die erforderlichen Werte.
- Ausfiltern von Überspannungen.
- Regeln der Speisespannung.
- Verteilen der Energie an die nachgeschalteten Verbraucher.

6

66 Bei den USV werden drei Systeme unterschieden:
Offline-USV,
Online-USV,
Line-Interactive-USV.
Erklären Sie das Wirkprinzip der Offline-USV.

Im Normalbetrieb wird der Verbraucher direkt aus dem Netz über einen zwischengeschalteten Netzfilter versorgt. Die Ladung der Batterie erfolgt über einen Gleichrichter. Fällt die Netzspannung aus, wird durch die USV-Steuerung der Batteriekreis eingeschaltet, so dass jetzt der Strom von der Batterie zum Computer fließt.

67 **Welchen Vorteil/Nachteil hat das Offline-USV-System gegenüber dem Online-USV-System?**

Vorteil:

- Netzteil der USV im Normalbetrieb abgeschaltet, dadurch
  - wird die Gesamtlast auf dem Eingangsnetzteil reduziert
  - bleibt die USV kühler
  - hat die USV eine höhere Zuverlässigkeit
- geringerer Preis

Nachteil:

Umschaltvorgang führt zu kurzer Lücke in der Ausgangsspannung

68 **Welche Geräte sollten an eine USV angeschlossen werden?**

Dies hängt davon ab, welche Verluste (Daten, Netz- und Kommunikationsverbindungen) noch akzeptiert werden können.

- Arbeitsplatzcomputer: Schützen der lokalen Daten

- Datei-Server: Schützen der Unternehmensdaten

- LAN-Ausrüstung (z. B. Verstärker, Verteiler): Aufrechterhalten der LAN-Verbindung

- Router, Modem: Aufrechterhalten der Verbindung zu Außenstellen/Internet (vorausgesetzt, Geräteausstattung des Internet-Dienstleisters wie Server, Router, Modem usw. sind ebenfalls durch USV geschützt)

69 **Wie erfolgt beim analogen Telefonanschluss einer Telekommunikationsanlage die Stromversorgung?**

Die gesamte Stromversorgung erfolgt durch den Netzknoten (Zentralbatteriebetrieb). Die Telefone werden durch die Telekommunikationsanlage gespeist, die eine eigene 230-V-Stromversorgung besitzt.

70 **Wie erfolgt die Stromversorgung bei einem ISDN-Basisanschluss in Mehrgeräte-konfiguration?**

Der Netzknoten speist das Netzabschlussgerät, das wiederum bis zu vier ISDN-Telefone mit bis zu 4,5 Watt versorgt. Das Netzabschlussgerät besitzt dazu eine 230-V-Stromversorgung.

71 **Was muss bei der Leitungsauswahl/Leitungsverlegung für die Stromversorgung von elektrischen Anlagen in Möbeln und Einrichtungsgegenständen nach DIN VDE 0100 beachtet werden?**

- Es dürfen auch bewegliche Leitungen fest installiert werden (Mindestquerschnitt 1,5 mm² oder 0,75 mm², wenn die Leitung keine Steckvorrichtung für den Anschluss weiterer Verbraucher besitzt und nicht länger als 10 m ist.
- Für mechanischen Schutz der Leitung an der Einführungsstelle des Einrichtungsgegenstandes sorgen.
- Flexible Anschlussleitungen müssen von Zug entlastet werden (falls das Betriebsmittel keine Zugentlastung besitzt, muss die Anschlussleitung fest verlegt werden).

6

72 **Vor Beginn von Arbeiten an aktiven Teilen in elektrischen Anlagen sind die folgenden fünf Sicherheitsregeln einzuhalten:**

1. **Freischalten**
2. **Gegen Wiedereinschalten sichern**
3. **Spannungsfreiheit feststellen**
4. **Erden und kurzschließen**
5. **Benachbarte unter Spannung stehende Teile abdecken oder abschranken**

Welche Maßnahmen sind bei dem Punkt Freischalten durchzuführen?

- Alle Leitungen, die Spannung an die Arbeitsstelle heranführen, sind abzuschalten (besondere Achtung bei Ringleitungen und vermaschten Netzen).
- Sicherungen sind zu entfernen und Leitungsschutzschalter abzuschalten. Falls man nicht selbst abgeschaltet hat, muss die Meldung über die Freischaltung abgewartet und wiederholt werden (Vermeiden von Verständigungsfehlern).

73 Wie stellt man sicher die Spannungsfreiheit fest?

- Nur zugelassene zweipolige Spannungsprüfer (bei Niederspannungsanlagen) verwenden.
- Vor der Benutzung des Spannungsprüfers ist seine Funktionstüchtigkeit an unter Spannung stehenden Teilen zu überprüfen.

74 Was wird durch den Potenzialausgleich erreicht?

Durch die galvanische Verbindung werden die Körper der elektrischen Betriebsmittel und fremde leitfähige Teile auf gleiches Potenzial gebracht. Es besteht zwischen diesen Teilen **keine** elektrische Spannung.

75 Welche der gezeigten Schutzleiteranschlüsse ist unzulässig?

b)

a)

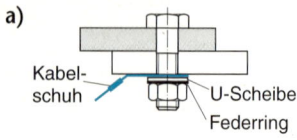

Kabelschuh — U-Scheibe / Federring

b)

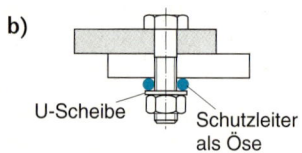

U-Scheibe — Schutzleiter als Öse

c)

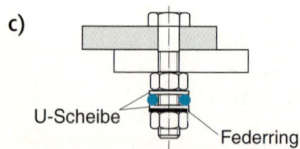

U-Scheibe — Federring

76 Was ist beim Anschluss des Schutzleiters zu beachten?

Nennen Sie zwei wesentliche Punkte.

- Schutzleiteranschlüsse müssen gegen Selbstlockern gesichert sein.
- Im Schutzleiter darf kein Schaltorgan eingebaut sein (alleiniges Unterbrechen durch z. B. einpoligen Schalter, Sicherungen sind unzulässig).   →

▷ *Fortsetzung der Antwort* ▷

- Als Schutzleiter darf nicht der Körper anderer elektrischer Betriebsmittel verwendet werden.

---

77 Welche Funktion hat der zusätzliche Potenzialausgleich?

Zusätzlich und unabhängig zum Hauptpotenzialausgleich soll für einen örtlich begrenzten Bereich eine absolute Potenzialgleichheit erreicht werden (es treten in diesem Bereich keine Berührungsspannungen mehr auf).

---

78 Wann ist der zusätzliche Potenzialausgleich anzuwenden?
Nennen Sie zwei Fälle.

- Bedingungen für das automatische Abschalten nach 0,4 s bzw. 5 s im TN-System können nicht erfüllt werden
- Umgebungsbedingungen stellen eine besondere Gefährdung dar

---

79 Welche Teile sind in den zusätzlichen Potenzialausgleich einzubeziehen?

- Alle gleichzeitig berührbaren Körper ortsfester Betriebsmittel,
- alle vorhandenen Schutzleiter,
- alle fremden leitfähigen Teile (z. B. metallische Rohrleitung)

6

---

80 Wie groß ist der Leitungsquerschnitt des Potenzialausgleichleiters (Material Kupfer) beim zusätzlichen Potenzialausgleich mindestens?

Bei mechanischem Schutz: mindestens 2,5 mm²
ohne mechanischen Schutz: mindestens 4 mm²

---

81 Wodurch wird die Genauigkeit einer Messung bestimmt?

- Fehler des Messgerätes (Angabe der Genauigkeitsklasse)
- Fehler der Messmethode (Einfluss des Innenwiderstandes der Messgeräte auf den Widerstandswert des Messkreises)

82 Die DIN VDE 0413 fordert für Prüfgeräte von Schutzmaßnahmen einen Gebrauchsfehler von ± 30 % einzuhalten.

Nach der Instandsetzung eines Gerätes der Schutzklasse I lesen Sie am Isolationswiderstandsmessgerät 0,6 MΩ ab.

Wurde der Mindestisolationswiderstand nach DIN VDE 0100 unter Beachtung des zulässigen Gebrauchsfehlers eingehalten?

Der Mindestisolationswiderstand nach Instandsetzen von Geräten der Schutzklasse I beträgt 0,5 MΩ. Da bei Sicherheitsfragen immer vom ungünstigsten Fall auszugehen ist, muss der abgelesene Wert bei einem Gebrauchsfehler von ± 30 % mit 0,7 multipliziert werden.

0,6 MΩ · 0,7 = 0,42 MΩ

Damit ist der Mindestisolationswiderstand *nicht* eingehalten!

83 Fernmelde- und Stromleitungen sind durch Isolieren sicher voneinander zu trennen.

Wodurch kann das geschehen?

- Abstand voneinander mindestens 10 mm,
- starr angeordnete Trennstege im Kanal,
- Verlegen in getrennten Isolierstoffrohren.

84 Die Isolationsbestimmungen nach DIN VDE 0100 gelten jeweils für bestimmte Raumarten.

Zu welcher Raumart gehören Büros und wodurch sind diese gekennzeichnet?

Büros gehören zu „Trockene Räume". In diesen Räumen tritt in der Regel kein Kondenswasser auf und die Luft ist nicht mit Feuchtigkeit gesättigt.

85 Nennen Sie fünf Angaben (Prüfung nach DIN VDE 0701/ 0702), die ein Prüfprotokoll für instand gesetzte elektrische Geräte enthalten sollte.

- Schutzleiterwiderstand
- Isolationswiderstand
- Ergebnis der Besichtigung (z. B. Gehäuse, Geräteanschlussleitung einschließlich Steckvorrichtung)
- Angaben zum elektrischen Gerät (z. B. Nennspannung, Typenbezeichnung, Schutzklasse)
- Ergebnis der Prüfung (Angaben zur weiteren Nutzung)

86 **Welcher PCI-Steckplatz eignet sich am besten für Netzwerkadapter?**

PCI-Adapter arbeiten an einem beliebigen busmasterfähigen PCI-Steckplatz im System.

87 **Wozu führt eine Schleife bei Transparent Bridges?**

Datenpaket A wird von Bridge 1 und Bridge 2 in die Warteschlange nach LAN 2 aufgenommen

→ Bridge 1 z. B. übermittelt das Datenpaket A zuerst nach LAN 2

→ Bridge 2 stellt das Datenpaket A in die Warteschlange nach LAN 1 (modifizieren der Adresstabelle: Station A auf LAN 2)

→ Übertragung des Datenpakets auf LAN 1

→ Aufnahme des Datenpakets durch Bridge 1 und **wiederum** Übertragung nach LAN 2 ...

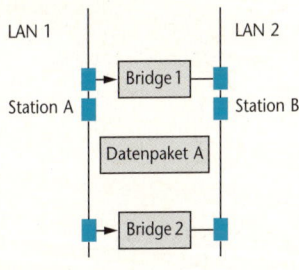

88 **Wie können solche Schleifen (wie in Aufgabe 87 beschrieben) vermieden werden?**

Anwendung des Spanning-Tree-Routing (Anordnung in Baumstruktur)
Dazu müssen die Bridges die unterschiedlichen Wege zum Ziel kennen (Pfade „lernen" und in Intervallen updaten)

6

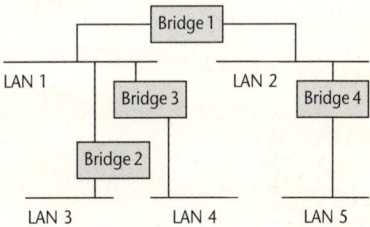

89 Wie groß ist der Wellenwiderstand Z_L bei einer
Leitung mit Kupferadern
von 0,8 mm Durchmesser und
einer Frequenz von 1,2 kHz
($R > X_L$)?

$$Z_L = \sqrt{\frac{R'}{\omega \cdot C'}}$$

$R' = 73{,}2 \ \Omega/km$
$C' = 40 \ nF/km$
$\omega = 2\,\pi \cdot f$

$$Z_L = \sqrt{\frac{73{,}2\ \Omega/km}{2\pi \cdot 1{,}2\ kHz \cdot 40\ nF/km}}$$

$$\underline{Z_L = 492{,}7 \ \Omega}$$

Leitungskennwerte (Kupfer)

Durch-messer mm	R' Ω/km	C' nF/km	L' mH/km	G' µS/km
0,8	73,2	40	0,7	0,1

90 Welchen Querschnitt hat
ein Kupferdraht von 70 m
Länge und einem Widerstand
von 0,3 Ω?

$$q = \frac{\varrho \cdot l}{R}$$

$$q = \frac{0{,}01786 \ \frac{\Omega \cdot mm^2}{m} \cdot 70\,m}{0{,}3\,\Omega}$$

$$q \approx \underline{4{,}2 \ mm^2}$$

91 Am Eingang einer Leitung
beträgt die Leistung 12 mW,
an ihrem Ausgang 2,5 mW.
Wie groß ist das Dämpfungs-
maß in Dezibel?

$$a = \lg \frac{P_1}{P_2}$$

$$a = \lg \frac{12\,mW}{2{,}5\,mW}$$

$$a = \lg 4{,}8$$

$$\underline{a = 0{,}68 \ B = 6{,}8 \ dB}$$

6.3 Instandhaltung

1 **Eine externe Firma führt im Unternehmen Wartungs- und Pflegearbeiten durch.**
Was ist dabei zu beachten? Nennen Sie drei Punkte.

- Gewährleisten von zeitlich eingeschränkten Zugangs- bzw. Zugriffsrechten
- Vermeiden des Zugriffs auf sensible/zu schützende Daten (Datensicherung; Speichermedium sperren, löschen oder vertragliche Vereinbarung über die Geheimhaltung von Daten)
- Nach Beendigung der Arbeiten Passwörter ändern
- Festhalten von Zeiten, Ergebnissen, Materialien, Namen der Servicekräfte

2 **Was soll durch die Wartung von Netzwerken erreicht werden?**

Netzwerkprobleme sollen damit rechtzeitig erkannt und damit Datenverlust, Fehlfunktionen und Hardwareausfall vorgebeugt werden.

3 **Nennen Sie mindestens fünf Hauptaufgaben von Netzadministratoren.**

- Einrichten und Verwalten von Benutzerkonten
- Aktualisierung der vorhandenen Software
- Installieren neuer Software
- Benutzerkonfiguration durchführen
- Gewährleisten von Datensicherheit im Netz
- Optimieren der Netzwerkleistungen

4 **Welche Meldungen des PCs sind bei der Fehlereingrenzung behilflich?**

- Anzeige von Fehlercodes (z. B. Fehlercode 103: Tastaturproblem)
- Pieptöne (z. B. 3 Pieptöne: RAM-Fehler in den ersten 64 KByte)

6

**5 Welche Sicherheitsmaß-
nahmen sind bei Arbeiten an
einem PC zu beachten?**

- PC vor Beginn der Arbeiten ausschalten und den Netzstecker ziehen
- Vermeidung der Entladung statischer
Elektrizität (siehe 6.2.1 bis 6.2.3)
- Wenn am offenen PC das Arbeiten
unter Spannung notwendig ist, sind
isolierte Sicherheitsschuhe zu tragen
und isoliertes Werkzeug zu verwenden

**6 Was ist nach Instandhal-
tungs- und Wartungsarbeiten
vor dem Wiedereinschalten
des PCs zu prüfen?**

- Sind die Steckkarten korrekt eingebaut
(richtiger Steckplatz, richtig gesteckt
bzw. festgeschraubt)?
- Sitzen die Anschlusskabel fest und sind
nicht verdreht?
- Sind alle Hardwarekomponenten
(Tastatur, Maus, Monitor, Scanner
usw.) angeschlossen?

**7 Worauf ist bei der Auswahl
des PC-Standortes zu achten?**

- Geschützt vor Erschütterungen
(z. B. nicht im Fußbereich des
Benutzers aufstellen)
- Geschützt vor starker Wärme-
einwirkung (z. B. Heizkörpernähe)
- Ausreichende Luftzirkulation
außerhalb des Gerätes (maximale
Umgebungstemperatur 50 °C)
- Geschützt vor Staub- und Feuchtig-
keitseinwirkung

Beachten der Herstellerangaben!

**8 Welche Bildwiederholrate
sollte beim Monitor bei einer
Auflösung von 1024 × 768 und
einer Horizontalfrequenz von
82 KHz eingestellt werden?**

Die Bildwiederholrate beträgt für dieses
Beispiel maximal rund 100 Hz.

82 KHz : 768 Zeilen = 106,8 Hz

106,8 Hz − 5,3 Hz (5 % Abzug wegen
des Elektronenstrahl-
rücksprungs)

= 101,5 Hz

Zu hohe Bildwiederholraten führen zu
Schäden am Monitor.
Eine zu niedrige Bildwiederholrate
(Flimmern) schädigt die Augen.

9 **Mit welchen Mitteln kann der Monitor gereinigt werden (z. B. von Fingerabdrücken)?**

- Mit Glasreiniger angefeuchtetes Tuch
- Mit speziellen vom Handel angebotenen Monitorreinigungspaketen (antistatischer Reiniger, fusselfreies Tuch)

10 **Welche Aufgaben umfasst die Druckerwartung?**

- Toner bzw. Tintenkartuschen erneuern
- Fehler (wie Papierstau) beheben
- regelmäßige Druckkopfreinigung
- Hard- und Softwaresteuerung durchführen/aktualisieren
- Dokumentation der Wartungsarbeiten (Aufkleber)

11 **Die vom Tintenstrahldrucker ausgegebenen Zeichen sind unscharf. Welche Einstellung ist hier zu überprüfen?**

Ursache für solche nicht konvergenten Abbildungen (Farben sind zueinander leicht verschoben) sind nicht korrekt ausgerichtete Tintenkartuschen. Mit einer Drucker-Prozedur kann eine solche Korrektur vorgenommen werden.

12 **Welcher Dienst ermöglicht einem Administrator von einem fernen Netzwerk-PC den Drucker zu steuern und eingestellte Parameter und Funktionen zu ändern?**

Durch den Remote Access Service (RAS) von Windows NT ist es möglich, Verbindung zwischen Netzwerken herzustellen (Remote-Zugriff) und sich somit auf entfernte Drucker aufzuschalten.

6

13 **Wie kann eine Tastatur gereinigt werden?**

Druckluftsprays (Anwendung bei umgedrehter Tastatur) reinigen Tastaturen. Bei stark verschmutzten Schaltkontakten sind diese mit Kontaktreinigern zu behandeln.

14 **Eine Wartungsmaßnahme von Festplatten ist die Defragmentierung. Was wird damit erreicht?**

Dateien werden neu zusammenhängend gespeichert. Damit erhöht sich die Zugriffsgeschwindigkeit auf die Datenbestände (Mehrfachpositionierung des Lesekopfes und damit höhere Abnutzung entfällt). Das Wiederherstellen der Dateien im Schadensfall wird verbessert.

15 **Welche besonders kritischen Bereiche der Festplatte sollten gesichert werden?**

Datenbereiche für die Dateiverwaltung. Dazu zählen:
– Master Boot Record
– Extended Boot Record
– DOS Boot Record
– File Allocation Table
– Hauptverzeichnis

16 **Wozu dient SMART (Self Monitoring, Analysis and Reporting Technology)?**

- Überwachung der wichtigen Parameter der Plattenperformance im Festplattencontroller und Meldung beim Überschreiten von kritischen Werten
- Überwachen der Datentransferrate
- Überwachen der Anzahl von defekt gemeldeten und durch Reserven ersetzten Sektoren

17 **Welche Funktionen bietet das Systemprogramm Scandisk?**

- Aufspüren und beseitigen der häufigsten Datenträgerfehler
- Statusbericht (Anzeige der Fehler und der Fehlerkorrektur)
- Anzeige der Anzahl von Ordnern, Zuordnungseinheiten, versteckten Dateien usw.

18 **Wie kann man Festplatten gegen Erschütterungen beim Transport sichern?**

Die Schreib-Leseköpfe müssen vor dem Transport durch ein entsprechendes Programm in eine sichere Position gebracht werden (Parkposition).

19 **Welche Regeln sollten beim Umgang mit Disketten beachtet werden?**

- Lagerung und Transport in Diskettenboxen
- Nicht direkter Wärmeeinwirkung aussetzen
- Bei wichtigen Daten oder Originaldisketten Sicherheitskopie erstellen

20 Wie sollten
a) CDs
b) Diskettenlaufwerke
gereinigt werden?

a) ● Mit einem sauberen antistatischen
Baumwolltuch (event. mit Spül-
mittel getränkt) von innen nach
außen (keine kreisenden Bewe-
gungen!)

● Nach Säuberung mit klarem Wasser
abspülen und mit einem Baumwolltuch trocknen

b) Verwenden von Reinigungsdisketten

21 Wie lange halten
DDS-Bänder (DDS: Digital
Data Storage)?

● Mit DDS-Bändern können etwa 100
Backup- oder Restore-Durchgänge
durchgeführt werden

● Die Aufbewahrungsdauer beträgt
bei korrekter Lagerung (kühl, trocken,
magnetfeldfrei) etwa 30 Jahre

22 Wie können Sie den
Speichertest des Windows 95-
Treibers HIMEM.SYS aktivie-
ren?

Eintrag in die erste Zeile der Config.Sys
```
DEVICE =
C:\WINDOWS\HIMEM.SYS/
TESTMEM.ON
```

23 In welcher Reihenfolge
läuft eine typische Bootsequenz
ab?

1. Initialisierung des Grafik-BIOS
2. Meldung des Motherboards-BIOS
3. Initialisierung der Peripheriegeräte
und Adapterkarten
4. Start des Betriebssystems
5. Überprüfung der Hardwarekonfigu-
ration und Laden der Gerätetreiber

6

24 Nach der korrekten
Initialisierung wird das Be-
triebssystem nicht gefunden
(Anforderung einer Boot-
diskette).
Nennen Sie zwei mögliche
Ursachen.

● Fehlfunktion der Festplatte oder des
Festplatten-Controllers (BIOS kann bei
der Übergabe der Kontrolle des Betriebssystems die Festplatte nicht lesen)

● Datenfehler oder Fehler im Dateisystem (Inhalt der Festplatte bzw. der
Bootpartition nicht korrekt → BIOS
kann Betriebssystem nicht finden)

● Keine Partition als aktiv/bootfähig
markiert

25 Der PC besitzt zwei Speicherbänke (Bank 0 und Bank 1) mit je zwei Modulen.
Wie überprüfen Sie einen möglichen Speicherdefekt?

Bei einem Fehler in Bank 0 startet der PC nicht. Wenn der PC nach dem Tausch der Module von Bank 0 und Bank 1 startet, handelt es sich um einen Speicherdefekt in Bank 0 (Fehler wurde an eine höhere Adresse verschoben)

Voraussetzung:
Alle Speichermodule sind von der gleichen Sorte, sonst ist es notwendig das BIOS, durch den Wechsel bedingt, zu aktualisieren

26 Welche Hilfe bietet Windows 95/98 und Windows NT bei Ressourcenkonflikten (Interrupt, DMA-Kanäle, Speicheradressen oder Bus-Steckplätzen) an?

Der Geräte-Manager von Windows kennzeichnet einen Gerätekonflikt (nicht nur Hardware-Konflikte) mit einem Warnsymbol (rot oder gelb).

27 Wie sollte unter Windows 95 der virtuelle Speicher konfiguriert sein?

- Virtuellen Speicher nicht ausschalten
- Genügend Platz für die Partition, die die Auslagerungsdatei enthält (Richtlinie: Swapdatei dreimal so groß wie der installierte Hauptspeicher), zur Verfügung stellen

28 Ein System läuft instabil und Sie entscheiden sich, die Festplatte neu zu formatieren.
Wie gehen Sie vor?

1. Backup anlegen und testen
2. Formatierung der Festplatte
3. Installation von Betriebsystem und Treibern (von Original-CD bzw. Diskette)
4. Anwendungssoftware einrichten (von Original-CD bzw. Disketten) und Test des Systems nach jeder zusätzlich installierten Applikation
5. Einlesen der wichtigsten Daten vom Backup-Band

29 Welche Hilfe bietet Microsoft bei Schwierigkeiten mit Gerätetreibern?

Artikel in Microsoft Tech Net oder die Microsoft Website (Titel: Troubleshooting Windows 95 Using Safe Mode)

30 **Welche Strategie wählen Sie bei der Eingrenzung von Netzwerkfehlern?**

1. Netz in zwei Parzellen unterteilen
2. Fehlersuche in den zwei Hälften (Teile des Netzwerks physisch abtrennen) Befehl: `TRACEROUTE/TRACERT` (Untersuchung der WAN-Performance) verwenden
3. Fehlerhafte Hälfte wiederum unterteilen, so lange, bis die fehlerhafte Einzelkomponente gefunden ist

31 **Wozu dient das Netzmanagement und welche Werkzeuge stehen hier zur Verfügung?**

- Netzmanagement dient in erster Linie der Betreuung und Wartung von Netzen
- Verwendung von standardisierten Managerkonzepten zur gezielten und schnellen Ermittlung von Störungen (TCP/IP-Netzwerkmanagerprotokoll bei Unix-orientierten Umgebungen; ISO/OSI-Netzwerkmanagement mit CMIP-**C**ommon **M**anagement **I**nformation **P**rotocol)

32 **Welche Aufgaben übernimmt im zentralen Netzmanagement das**
a) Fault Management
b) Configuration Management?

a) Fehlermanagement
   – Feststellen von Fehlern (vorbeugend und im Störungsfall)
   – Veranlassung der Beseitigung der Störung
   – Diagnosetests, Verarbeiten von Zustands- und Alarmfunktionen

b) Konfigurationsverwaltung
   – Erfassen und anpassen der Netzkomponenten
   – Konfiguration von Netzressourcen
   – Bereitstellen von Zustandsinformationen

6

33 **Nennen Sie fünf Aufgaben des zentralen Netzmanagements bei der Bearbeitung einer Störungsmeldung.**

- Ermitteln des Störungsortes
- Information über Vorgehensweise und Stand der Störungsbeseitigung
- Dokumentation des Entstörungsablaufs
→

▷ *Fortsetzung der Antwort* ▷

- Kostenermittlung/Abrechnungsdurchführung
- Veranlassung von Planungs- und Wartungsmaßnahmen bei z. B. Erkennung einer Schwachstelle

34 **Welche möglichen Ursachen haben Rechnerabstürze beim Festplattenzugriff?**

- Ressourcenkonflikt: Interrupt bzw. Portadresse werden durch eine Erweiterungskarte zweimal belegt
- Sektorendefekt
- Bei SCSI-Platte: fehlender Abschlusswiderstand am Controller oder der Festplatte

35 **Geben Sie zu den folgenden ISDN-Prüf- bzw. Testgeräten für die Überprüfung des ISDN-Anschlusses die entsprechenden Funktionen an.**

a) U_{KO}-Messgerät

b) ISDN-S_O – Inhouse-Tester (IT)

a)
- Erkennen zeitlicher, zufallsbedingter, zyklischer oder periodischer Fehler
- Überprüfen der Übertragungsgüteänderungen in Verbindung mit den Grenzwerten für Bit- und Blockfehler

b) Prüfung des S_O-Busses am NTBA (Netzabschlussgerät Basisanschluss) im Normalbetrieb (sind alle Adern angeschlossen und nicht vertauscht?)

36 **Welche Bedeutung hat folgende Anzeige auf dem S_O-IT?**

- Ader 1a mit Ader 2a vertauscht
- Ader 2b ist unterbrochen

S_o-IT

4	rot	1a
5	grün	1b
3	rot	2a
6	aus	2b

Klemmenbezeichnung ← → Adernbezeichnung

LED-Anzeige

37 Nennen Sie fünf Prüfmöglichkeiten des ISDN-Prüftelefons 93i.

- Prüfmöglichkeit an der S_O-Schnittstelle
- Sicherung der programmierten Daten (bei Trennung vom Netz)
- Prüfung der Leitungspolarität (S_O, U_{KO})
- Hochohmiges und störungsfreies Aufschalten auf die Leitung (bei aktiven ISDN-Anschlüssen Datenrauschen hörbar)
- Einfacher Bitfehler-Check

38 Was bedeutet TE-Simulation?

Das Messgerät arbeitet wie ein Endgerät (TE – Terminal Equipment) und führt in diesem Modus Messungen durch.

39 Welche Messung bzw. Prüfung erfolgt bei

a) BERT

b) Dienstetest

mit der TE-Simulation am ISDN-Basisanschluss?

a) BERT (**B**it **E**rror **R**ate **T**est): Messung der Übertragungsqualität an Wähl- und digitalen Festverbindungen

b) Prüfung der verfügbaren bzw. programmierten (Nebenstellenport der TK-Anlagen) ISDN-Dienste

40 Wie erfolgt die Bitfehlermessung?

Ende-zu-Ende-Messung jeweils auf einem Kanal (zwei Messgeräte erforderlich); notwendig bei Festverbindungen

Messung mit Eigenanruf prüft gleichzeitig beide B-Kanäle (nur ein Messgerät erforderlich); die Kanäle müssen dazu frei sein

41 Was bietet die Tracer-Funktion im TE-Simulationsmodus?

Mitschreiben und überwachen aller Informationen im Nachrichtenaustausch zwischen Messgerät im D-Kanal und den Netzknoten → Feststellen von Fehlern schon während der Inbetriebnahme

42 Was ist bei Prüfungen/Messungen am ISDN-Primärmultiplexanschluss (PMxAS) zu beachten?

- Das Signal verfügt über 30 B-Kanäle (umfangreichere Zugriffsmöglichkeiten)

→

6

▷ *Fortsetzung der Antwort* ▷

- Kanäle werden häufig gerichtet betrieben (aus Kundensicht: z. B. Kanäle 1–10 kommend, Kanäle 11–20 wechselseitig Kanäle 21–30 gehend gerichtet)
- NTPM (Network Termination Primär-Multiplexanschluss) verfügt für die Anschaltung von Messgeräten über eine Trennbuchse (bei S_{2M} – Anschluss größerer TK-Anlagen und DV-Anlagen – wird die Endeinrichtung vom Anschluss getrennt)

---

43 Für die systematische Fehlereingrenzung bei ISDN-Anschlüssen muss der Service-techniker u.a. genaue Kenntnisse des S_O-Bits und der S_O-Rahmenstruktur haben. Ergänzen Sie folgende Aussagen:

a) S_O-Leitungssignal muss insgesamt …

b) Die S_O-Bits B1/B2 sind …

c) Der erste Puls in jedem Teilrahmen der S_O-Rahmenstruktur muss …

d) Das L-Bit hat die Funktion …

a) S_O-Leitungssignal muss insgesamt gleichspannungsfrei sein

b) Die S_O-Bits B1/B2 sind die Bits der Basiskanäle B1, B2

c) Der erste Puls in jedem Teilrahmen der S_O-Rahmenstruktur muss negativ sein

d) Das L-Bit hat die Funktion eines Paritätsbits zum Erreichen der Gleichspannungsfreiheit im Teilrahmen

---

44 Was muss bei der D-Kanal-Zugriffssteuerung sicherge-stellt sein?

- Es darf immer nur ein Terminal-Equipment (TE) sendeberechtigt sein
- Es können Prioritäten gesetzt werden
- Jedes angeschlossene TE erhält die Zugriffsmöglichkeit auf den D-Kanal

---

45 Wie werden Kollisionen (gleichzeitiger Zugriff mehrerer TE auf den freien D-Kanal) verhindert?

- E-Bit „0" setzt sich gegenüber E-Bit „1" durch
- Stimmt empfangenes E-Bit nicht mit zuvor abgesandtem D-Bit überein, erfolgt sofortiger Übertragungsab-bruch

46 **Wie gehen Sie bei der Fehlereingrenzung in der „Schicht 1" vor (Bitfehler in der Netzdatenübermittlung)?**

1. Selbstanruf am betroffenen ISDN-Basisanschluss mit Bitfehlermessung

2. Bei aufgetretenen Bitfehlern: Bestimmen des Bereichs der Bitfehler (U_{KO} oder S_O) durch zweite Messung an der U_{KO}-Seite

3. Bei Bitfehlern auf U_{KO}-Seite: Langzeitmessung zur Bestimmung, ob die Bitfehler regelmäßig oder unregelmäßig auftreten

47 **Welche Ursache können auftretende Bitfehler (U_{KO}-Seite) haben?**

- Defekte Netzelemente
- Fehlerhaft installierter S_O-Bus
- Einkoppeln von Störimpulsen von fehlerhaften Geräten, die über die gleiche Stromquelle versorgt werden

48 **Wie kann man die unregelmäßig auftretenden Bitfehler (U_{KO}-Seite) eingrenzen?**

- Kundenbefragung, um elektrische Einrichtungen auf der Kundenseite, die die Störungen verursachen könnten, festzustellen
- Bei Eingrenzung des Fehlers auf die Anschlussleitung ist die Streckenführung zu untersuchen (z. B. vollständiger Induktionsschutz)

6

49 **Wie erfolgt der Prüfwortvergleich (CRC: Cyclic Redundancy Check = zyklische Blockprüfung)?**

Prüfwort erzeugen (DIV: Digitale
↓   Vermittlungsstelle)
Prüfwort auswerten (NTPM)
↓ E-Bit
Prüfwort erzeugen (NTPM)
↓
Prüfwort und E-Bits auswerten (DIV)

- Dieser Vorgang läuft ineinander geschachtelt und zyklisch ab
- Es wird nur der Fehler (quantitativ) erfasst; es findet keine Fehlerkorrektur statt
- CRC-Blockprüfung (Anschlussleitung) erfolgt getrennt nach Übertragungsrichtungen (DIV $\rightleftarrows$ NTPM)

50 Beschreiben Sie den D-Kanal/die D-Kanal-Protokolle nach folgenden Stichpunkten

a) Funktion

b) Übertragungsgeschwindigkeit im Basisanschluss

c) D-Kanal-Protokollnorm national

d) Schichten, in denen die Steuerung über den D-Kanal stattfindet

e) D-Kanal-Protokollanalyse

a) Zeichengabe für Verbindungsaufbau und Verbindungsabbau; Kommunikationssteuerung

b) 16 Kbit/s (D16-Kanal)

c) 1TR6

d) Bitübertragungsschicht, Sicherungsschicht, Vermittlungsschicht

e) Fehler, die während eines Verbindungsaufbaus zustande kommen, werden erkannt und eingegrenzt

51 Eine Prüffunktion von festen, automatischen Prüfeinrichtungen (z. B. in der digitalen Ortsvermittlungsstelle) ist das Herstellen von Prüfschleifen.

Was wird damit ermöglicht?

Abschnittsweises Prüfen der Anschlussleitung bis zum Netztrennabschluss beim Teilnehmer (kurzzeitige Betriebsunterbrechung notwendig)

52 Was bedeutet die Angabe

a) Bitfehlerhäufigkeit BFH 1.10^{-3}

b) ES (Error Seconds)?

a) BFH 1.10^{-3} bedeutet 1 Bitfehler in 1000 Bits

b) In einer Sekunde wurden ein oder mehrere Blöcke fehlerhaft übertragen

53 a) Welche Eigenschaft müssen Geräte hinsichtlich der elektromagnetischen Verträglichkeit (EMV) haben und

b) in welchem Gesetz/Norm wird die EMV festgeschrieben?

a) *Störfestigkeit* (Geräte werden von bestimmten Störgrößen in ihrer Funktion nicht eingeschränkt)

Störaussendung (eigene ausgesendete Störungen halten sich in gewissen Grenzen)

b) DIN IEC 50 (Teil 902); „Elektromagnetisches Verträglichkeitsgesetz"

6.4 Systementwicklung

1 Was verstehen Sie unter dem Vorgang „Abstraktion eines realen Systems" unter softwaretechnischem Aspekt?

- Im Modell des realen Systems beschränkt man sich auf das Wesentliche; unwesentliche Details werden vernachlässigt.
- Auch die Zugriffsoperationen auf die Objekte werden abstrakter.
  Beispiel: „Lehrgangsliste anlegen" (Abstraktion) lässt keine Schlüsse auf den Aufbau der Liste bzw. welche Schritte „anlegen" beinhaltet (Konkretion) zu

2 Welches Ziel wird mit der Abstraktion erreicht?

Ein komplexes System wird in überschaubare Teilsysteme zerlegt, die in Modulen realisiert werden (Dekomposition eines komplexen Systems)

3 Welche zwei Formen der Abstraktion sind beim Softwareentwurf möglich?

- Funktionale Abstraktion
- Datenabstraktion

4 Wie erfolgt die funktionale Abstraktion?

Funktionale Abstraktion:
Zerlegungskriterien sind die möglichen Funktionen des Modells → Zerlegung in immer kleinere Teilaufgaben/Verarbeitungsschritte, bis sie zu elementaren Anweisungen verfeinert sind → Prozeduren und Funktionen bilden hierbei das Gerüst und sind in Modulen zusammengefasst

5 Führen Sie im angegebenen Beispiel eine funktionale Abstraktion durch.

LEHRGANGSVERWALTUNG

.....

TEILNEHMERLISTE BEARBEITEN

....

```
                    LEHRGANGSVERWALTUNG

EINGABEVERARBEITUNG                        .....

TEILNEHMERLISTE
BEARBEITEN                    .....

AUF-      SU-     HINZU-    ÄNDERN   LÖSCHEN
LISTEN    CHEN    FÜGEN
```

6

6 **Bei der Datenabstraktion geht man von der Datenkapselung aus.**
Was verstehen Sie darunter?

Datentyp und die auf ihn zugelassenen Zugriffsoperationen bilden eine Einheit
→ von außen kann auf die einzelnen Komponenten nicht direkt zugegriffen werden,
z. B.

```
   anzeigen        ändern        löschen
           \          |          /
          Text: Lehrgangsteilnehmer
           /                    \
      hinzufügen              suchen
```

7 **Wie wird die Kapselung bei**
a) modulorientierten Sprachen
b) objektorientierten Sprachen
realisiert?

a) `MODUL; UNIT`
b) `RECORD`

8 **Was wird durch die Datenkapselung sichergestellt?**

Interne Änderungen haben keine Außenwirkungen (Zugriff nur über die typeigenen Prozeduren möglich).

9 **Was sagt das Geheimnisprinzip (Information hiding) aus?**

Der Verwender eines Moduls soll keine Kenntnis von der inneren Struktur des Datentyps und von den Details der Implementierung haben.

10 **Erklären Sie den Zusammenhang zwischen Datenabstraktion, abstraktem Datenobjekt und abstraktem Datentyp.**

Mit der Datenabstraktion können reale oder auch logische Objekte abgebildet werden. Eine einfache Datenabstraktion schafft ein einzelnes abstraktes Datenobjekt (z. B. Lehrgangsteilnehmer mit den spezifischen Merkmalen Name, Vorname, Geburtsdatum usw.).
Schafft man mit der Datenabstraktion einen abstrakten Datentyp, können daraus beliebig viele Datenobjekte generiert werden.

11 Es sollen mehrere Datenobjekte gleicher Art geschaffen werden, auf die mithilfe eines Schlüssels zugegriffen werden kann, z. B.

Liste → Lehrgangsteil-
nehmerliste
→ Lehrgangsbezeich-
nungsliste
→ Dozentenliste.

Wie gehen Sie vor?

Zur Schaffung mehrerer Datenobjekte gleicher Art benutzt man einen abstrakten Datentyp, der als „Schablone" zur Herstellung dieser Objekte dient. Der abstrakte Datentyp beinhaltet z. B. die Struktur der Liste, die Zugriffsoperationen und die Sortierfunktionen, die bei allen Listen gleich sind.

12 Welche drei Modularten entstehen durch die Abstraktion?

- Funktionsmodul
- Abstraktes Datenobjekt-Modul
- Abstraktes Datentyp-Modul

13 Ordnen Sie die folgenden Angaben den entsprechenden Modularten richtig zu.

1 Hat und exportiert keinen eigenen Datentyp

2 Es realisiert ein Datenobjekt mit den dazugehörigen Zugriffsoperationen, die exportiert werden

3 Verfügt über eine Prozedur, mit der während der Laufzeit neue Objekte geschaffen werden können

a) abstraktes Datenobjekt-Modul
b) Funktionsmodul
c) abstraktes Datentyp-Modul

1 b)
2 a)
3 c)

6

14 Wodurch ist die Architektur, die sich bei der Datenabstraktion ergibt, gekennzeichnet?

Im Gegensatz zur funktionalen Abstraktion (schrittweise Verfeinerung der geforderten prozeduralen Abläufe) werden die Beziehungen („Benutzt-Beziehungen") der modularen Objekte dargestellt.

15 Führen Sie eine Datenabstraktion (nach Aufgabe 14) für den Vorgang „Lehrgangsteilnehmer erfassen" durch.

Verwenden Sie dabei alle drei Modularten.

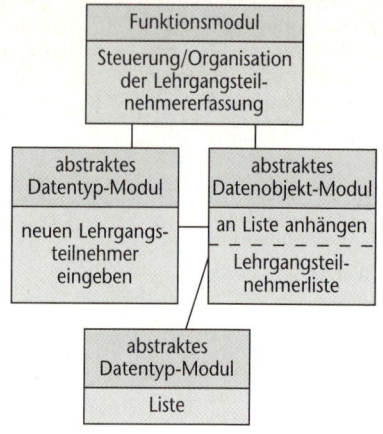

16 Ordnen Sie die angegebenen Module in eine Modulhierarchie ein in der von maschinennahen Modulen ausgehend nach oben in Richtung Problemorientierung abstrahiert wird (Schichtenmodell). Jede Schicht kann dabei nur ihr eigenes und die darunter liegenden Module nutzen.

Problem-Modul/maschinennahes Modul/Steuerungs-Modul/Datenobjekte/Operation auf Daten/Objekte

| Steuerungs-Modul |
| Problem-Modul |
| Operationen auf Daten/Objekte |
| Datenobjekte |
| maschinennahes Modul |

17 Eine Entwicklungsmethode bei der Softwareentwicklung ist die Modultechnik.

Welche Eigenschaften muss ein Modul haben?

- Mehrfach- und Wiederverwendbarkeit
- Kontextunabhängigkeit
- Datenkapselung
- Geheimnisprinzip
- Verständlichkeit, Überschaubarkeit
- Präzise Spezifikation und vollständige Schnittstellenbeschreibung

18 Was versteht man unter Kontextunabhängigkeit?

Unabhängigkeit von der jeweiligen Modulumgebung, d.h., das Modul ist eine logische Einheit mit einer klar abgegrenzten Aufgabe, ist getrennt entwickelbar, übersetzbar, wartbar und testbar

19 Wie groß sollte der Umfang eines Moduls sein?

- Maximal 300 Anweisungen
- Planbar (in weniger als 10 Manntagen von einer Person zu realisieren)

20 Skizzieren Sie den Aufbau eines Moduls.

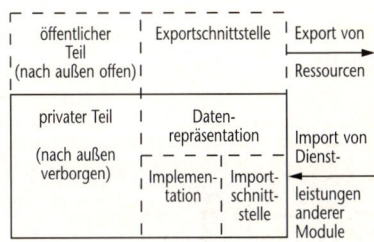

21 Nennen Sie die grundlegenden Prinzipien der objektorientierten Programmierung.

- Abstraktion
- Kapselung
- Modularisierung
- Hierarchie

22 Geben Sie eine Kurzbeschreibung folgender objektorientierter Sprachelemente an.
a) Objekte
b) Klassen
c) Methoden

a) **Objekte:**
- Datenstrukturen mit bestimmten Merkmalen und Verhalten
- stehen untereinander in Beziehung (Nachrichtenaustausch)

b) **Klassen:**
- beschreiben das Gemeinsame (Verhalten und inneren Zustand) aller dazugehörigen Mitglieder (Objekte) dieser Klasse
- werden über Methoden und Instanzenvariablen festgelegt →

6

▷ *Fortsetzung der Antwort* ▷

c) **Methoden:**
   – legen die Reaktion eines konkreten Objekts (Instanz einer Klasse) auf Objektaufträge (Nachrichten) fest
   – sind Prozeduren und Funktionen innerhalb des Objekts, die den Zustand der Daten und die Eigenschaften eines Objekts verändern

23 Wie treten Objekte miteinander in Verbindung?

Aus einem Objekt werden die Methoden eines anderen Objekts aufgerufen.

24 Worauf beruht das Prinzip der Klassenhierarchie?

- Vordefinierte Klassen werden hierarchisch angeordnet
- Eine neu entwickelte Klasse kann einer anderen Klasse untergeordnet werden
- Beim Programmentwurf müssen mehrfach verwendbare Programmteile nur einmal entwickelt werden (Wiederverwendbarkeit)
- Daten und Methoden einer übergeordneten Klasse werden an eine untergeordnete Klasse weitergeleitet (Vererbung)

25 Verdeutlichen Sie die Antwort von Frage 24 an folgendem Beispiel:

Definieren Sie Klassen für die Mitarbeiter einer Schulungsfirma und stellen Sie diese in einer Hierarchie dar.

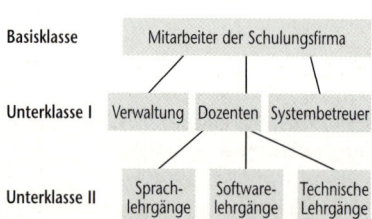

26 a) Wie werden Klassen deklariert?

b) **Geben Sie ein Beispiel für eine Klassendeklaration in einer Programmiersprache an.**

a) • Klassen werden im TYPE-Deklarationsteil einer Unit deklariert
   • Instanzen dieser Klasse werden im Variablen-Deklarationsteil angelegt

→

▷ *Fortsetzung der Antwort* ▷

b) Beispiel in Delphi:

```
TYPE
Klassenname = CLASS
    PRIVATE
        VAR 1; ...
        FUNCTION 1; ...
        PROCEDURE 1; ...
    PUBLIC
        VAR 1; ...
        FUNCTION 1; ...
        PROCEDURE 1; ...
    END;
```

27 In welchen drei Schritten erfolgt der objektorientierte Analyseprozess einer Anforderungsdefinition?

1. Klassen und Objekte sowie deren Attribute bestimmen
2. Verantwortlichkeiten der Objekte bestimmen (welches „Wissen" haben die Objekte und für welche Operationen sind sie deshalb zuständig)
3. Beziehungen der Objekte untereinander festlegen/Verknüpfung zwischen den Klassen bestimmen (Vererbungen feststellen; entwickeln einer Klassenhierarchie/Gesamtarchitektur des Systems)

6

28 Geben Sie für die Klasse „Mitarbeiter der Schulungsfirma" eine mögliche Objektbeschreibung an.

Klassenname:
Mitarbeiter der Schulungsfirma
Attribute:
– Name
– Vorname
– Telefonnummer
...
Verantwortlichkeiten/Dienste:
– anzeigen
– ändern
– hinzufügen
...

29 **Nennen Sie drei Programmiersprachen, in denen Objekte gebildet werden können.**

- C++
- Java
- Visual Basic
- Delphi

30 **Was beinhaltet die Spezifikation (Vorgabe für die Programmierung)?**

- Programmierauftrag
- Programmübersicht
- Daten-, Datei-, Datenbankbeschreibung
- Verarbeitungsregeln
- Testvorgaben

31 **Nennen Sie fünf Bestandteile des Programmierauftrags.**

- Beschreibung der erwarteten Leistung des zu erstellenden Programmbausteins
- Fertigstellungstermin
- Voraussichtliche Kosten
- Verwendung von bereits vorhandener Software
- Verwendung von Programmiersprachen

32 **Was heißt „Entwickeln der Programmlogik eines Programmbausteins"?**

- Umsetzen der Programmieraufgabe in eine Problemlösung, die der eng begrenzten Computerlogik entspricht
- Die Entwicklung geht dabei von einer groben logischen Strukturierung des Problems aus, die dann so lange schrittweise verfeinert wird, bis sich die gefundene Logik in die gewählte Programmiersprache umsetzen lässt

33 **Nennen Sie drei Möglichkeiten zur Überprüfung der Programmlogik eines Programmierbausteines.**

- Walk-Through-Methode
- Inspektionstechnik
- Schreibtischtest (Trace)

34 Führen Sie einen Schreibtischtest für das folgende Struktogramm eines Sortierverfahrens (Bubblesort – kleinstes Element nach links) durch.

i	LÄNGE	j	Feld [j-1] > Feld [j]	Feld 1	Feld 2	Feld 3
2	3			87	13	2
		3	13 > 2	87	2	13
		2	87 > 2	2	87	13
3		3	87 > 13	2	13	87

Testdaten:

87	13	2
Feld 1	Feld 2	Feld 3

Feld 1 bis Feld 3 aufwärts sortiert
→ Logik des Struktogramms entspricht der Anforderung

Feldgröße: **LÄNGE**
Laufvariable: **j**
linke Sortiergrenze: **i**

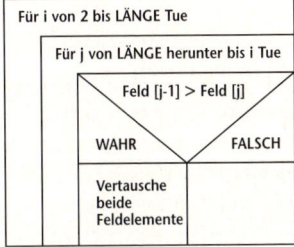

35 Wie wird ein Programmbaustein getestet?

- Das Übersetzungsprogramm erkennt Syntaxfehler (Übersetzungsprotokoll)
- Logische Fehler können durch einen Programmlauf mit Testdaten erkannt werden (Vergleich des tatsächlichen Ergebnisses mit dem erwarteten Ergebnis)
- Test unter praxisnahen Bedingungen erfordert die Simulation der Programmumgebung/Schnittstellen zu anderen Programmen bzw. Programmbausteinen

6

36 Was ist bei der Auswahl der Testdaten zu beachten?

Als Testdaten werden verwendet:
- Daten, die auch im späteren Praxiseinsatz vorkommen
- Extremwerte (kleinster/größter erlaubter Wert; Null; negative Zahlen …)
- Falscher Datentyp (Zahlen statt Buchstaben; Datum statt Zahl; …)

37 Welche Unterlagen sind für die Dokumentation des Anwendungssystems (Integration und Systemtest) erforderlich?

Nennen Sie drei solcher Unterlagen.

- Entwicklungsdokumentation (z. B. Testberichte, Computerprotokoll vom Zusammenbinden der Programmbausteine)
- Programmhandbuch (Informationen über Aufbau und Handhabung des Anwendungssystems)
- Wartungshandbuch (spezielle Informationen für das Wartungspersonal)
- Bedienungshandbuch (Ablaufbeschreibung, Hardwarevoraussetzungen, Fehlerverhalten)
- Benutzerhandbuch (besonders leicht verständliche Informationen zur Programmnutzung)

38 Beim Datenaustausch ist eine sorgfältige Abstimmung zwischen den beteiligten Verfahren notwendig.

Worauf müssen die auszutauschenden Daten abgestimmt werden?

- Format
- Inhalt
- Satzaufbau
- Datenträger
- Übergabezeitpunkt

39 Welche Vorzüge hat die objektorientierte Programmiersprache Java?

- Allzweck-Programmiersprache
- Umfangreiche Programmierschnittstellen (multimediale und netzwerkorientierte Anwendungen)
- Robuste und sichere Sprache
- Architekturunabhängig (Byte-Code für virtuelle Maschine)

40 Java-Programme benötigen im Gegensatz zu C++ einen Compiler und einen Interpreter.

Was wird dadurch erreicht?

Compiler: übersetzt Java-Programme in Instruktionen für eine virtuelle Maschine

Interpreter: führt diese Instruktionen aus

Kompromiss bezüglich Verarbeitungsgeschwindigkeit und Portabilität (verteilen von Java-Programmen über das Internet und deren Ausführung mit Browsern, die einen Interpreter integriert haben)

6.5 Softwarearchitekturen und Betriebssysteme

1 Wodurch unterscheidet sich die „von-Neumann-Architektur" von der „Harvard-Architektur"?

Nennen Sie jeweils eine Anwendung.

Von-Neumann-Architektur:
sequenzielle Arbeitsweise: Befehl holen, interpretieren, ausführen und Ergebnis abspeichern
– Sprungbefehle und Verzweigungen möglich
– Anwendung: Microcomputer-Systeme/Personalcomputer

Harvard-Architektur:
– getrennte Speicher für Daten und Instruktionen
– getrennter Bus im Prozessor (Bus für Datenzugriffe und Bus für Instruktionszugriffe)
– während des Abspeicherns des Ergebnisses kann der nächste Befehl geholt werden
– beträchtlicher Aufwand zur Realisierung dieser Architektur
– Anwendung: spezielle Grafik-Chips

2 Welche typischen Strukturmerkmale besitzen alle Betriebssysteme?

- Prozessorverwaltung
- Dateiverwaltung
- Speicherverwaltung
- Input/Output-Geräteverwaltung

3 Eine Betriebssystemarchitektur ist das Schichtenmodell (auch Schalenmodell genannt).

a) Aus welchen Schichten besteht diese Architektur?

b) Welche wichtige Eigenschaft des Betriebssystems ergibt sich aus dieser Architektur?

c) Nennen Sie zwei Beispiele für Betriebssysteme, die nach dem Schichtenmodell aufgebaut sind.

a)

1.	↓	Anwenderprogramme
2.	↓	Benutzeroberfläche/Shell
3.	↓	Betriebssystemkern/Kernel
4.	↓	Hardware/Hardware Abstraction Layer (HAL)

b) • Zugriffe auf eine andere Schicht sind nur über definierte Schnittstellen (API – Application Programmer Interface) möglich

→

▷ *Fortsetzung der Antwort* ▷

- Für das Anwenderprogramm besteht damit kein direkter Zugriff auf die Hardware

c) • UNIX
   • LINUX

4 Windows NT hat eine Client/Server-Architektur, bei der ebenfalls direkte Zugriffe auf die Hardware verhindert werden. Bei dieser Architektur bestehen zwei klar abgegrenzte Bereiche:

    1. USER-MODUS
    2. KERNEL-MODUS.

Welche Teile sind hier jeweils integriert?

1. **USER-MODUS:**
   - Anwendungen (Clients): z. B. WIN-32-Anwendungen
   - Subsysteme (Servers): bereitstellen einer Schnittstelle für die Anwendungsprogramme

2. **KERNEL-MODUS:**
   - Windows NT-Microkernel: zentraler Betriebssystemkern
   - HAL: trennt die Hardware von den oberen Schichten des Betriebssystems
   - Gerätetreiber
   - Executive Dienste: Prozess-Manager, Virtual-RAM-Manager, Window-Manager …

5 Welche drei Dateien bilden den Kernel von MS-DOS?

- IO.SYS
- MSDOS.SYS
- COMMAND.COM

6 Welche Aufgaben erfüllt die Datei IO.SYS?

IO.SYS (Input-Output-System)

- Betriebssystemanpassung an die Hardware
- Organisation des Datenflusses für die Operationen wie Laden, Löschen, Speichern

7 Welche drei verschiedenen Arten von Arbeitsspeichern werden bei MS-DOS unterschieden?

- Konventioneller Arbeitsspeicher
- Erweiterungsspeicher; XMS-Extended Memory
- Expansionsspeicher; EMS-Expanded Memory

8 Durch wen wird der konventionelle Arbeitsspeicherbereich belegt?

- Betriebssystem
- Gerätetreiber und Befehle, die in der AUTOEXEC.BAT und CONFIG.SYS angegeben sind
- Programme und Daten

9 Wie kann einem System ein weiterer Arbeitsspeicherbereich hinzugefügt werden?

a) Installation des Erweiterungsspeichers XMS sowie die Einbindung des Erweiterungsspeicher-Managers HIMEM.SYS in die CONFIG.SYS (verhindert, dass unterschiedliche Programme gleichzeitig denselben Teil des XMS belegen)

b) Installation des Expansionsspeichers EMS sowie des Expansionsspeicher-Managers EMM386.EXE (kopiert die Seite der angeforderten Informationen in den Seitenrahmen [Frampage-] Bereich)

10 Wodurch wird die Stabilität von Windows 95/98 erhöht?

a) Abkapselung der Win-32-Programme in verschiedene Adressräume (Simulation mehrerer virtueller PCs – VM: Virtual Machine)
   → beispielsweise kann ein abstürzendes Programm nicht andere beeinträchtigen

b) vier Ebenen für Programme mit unterschiedlichen Rechten (Ring 0 bis 3)
   → beispielsweise können Programme (Ring 3) nicht ohne weiteres auf die Daten des Rings 0 (Kern von Windows 95/98 mit oberster Priorität) zugreifen

6

11 Geben Sie die Aufgaben der aufgeführten Manager von Windows 95/98 an.

a) Virtual-Machine-Manager (VMM)

b) Installable-File-System-Manager (IFS-Manager)

c) Konfigurations-Manager

a) Verwaltung der System-VM; Verteilung von Arbeitsspeicher; Zuweisung von Rechenzeit

b) Verwaltung der Massenspeicher (z. B. ansprechen der Festplatten mit FAT 32; einbinden von CD-ROMs; realisieren von Netzwerkzugriffen)

→

▷ Fortsetzung der Antwort ▷

c) Prüfung von Hardware anhand des Plug & Play-Standards und Zuweisung entsprechender Ressourcen; lädt die Treiber beim Hot-Plugging

12 Aus welchen drei wesentlichen Schalen/Programmschichten ist UNIX aufgebaut?

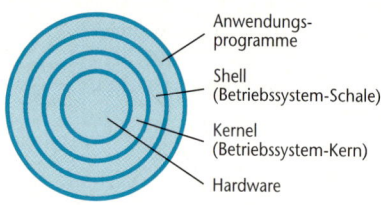

Anwendungsprogramme

Shell (Betriebssystem-Schale)

Kernel (Betriebssystem-Kern)

Hardware

13 Welche Elemente beinhaltet der Kernel von UNIX?

- Prozessverwaltung
- Dateisystem
- Gerätetreiber

14 Skizzieren Sie das Schema des Mehrbenutzer- und Mehrprozess-Systems von UNIX.
Benutzer A mit Task 1, Task 2
Benutzer B mit Task 3, Task 4, Task 5

Benutzer A		Benutzer B		
T 1	T 2	T 3	T 4	T 5
Shell		Shell		
Kernel				

15 Beschreiben Sie das Dateisystem von UNIX nach folgenden Stichpunkten:
a) UNIX-Datei
b) Dateiverwaltung
c) case-sensitive

a) Logisch zusammengehörende Daten werden als fortlaufender Datenstrom (Bytestream) unter einem gemeinsamen Namen zusammengefasst

b) Zuordnung zwischen nutzerspezifischen Dateinamen und kerninterner Inode (enthält alle wichtigen administrativen Informationen über eine Datei) erfolgt über die Dateiverzeichnisse

c) UNIX ist case-sensitive (Unterscheidung zwischen Klein- und Großbuchstaben)

16 **Was sind „Pipes" unter UNIX und wo werden sie verwendet?**

„Pipes" sind Dateien, die nach dem FIFO-(First In First Out-)Prinzip beschrieben bzw. gelesen werden.

Schreiben → | D3 | D2 | D1 | → Lesen

Anwendung in der UNIX-System-Programmierung zum Nachrichtenaustausch zwischen zwei Prozessen

17 **LINUX ist ein Betriebssystem mit einem monolithischen, modularen Kernel.**

Welche Vorteile bringt diese Architektur?

Monolithischer Kernel: schnelle und effektive Einbindung von Hardware in das Betriebssystem; effektivere Prozesskommunikation; Swapping und Paging; direkter Zugriff auf angeschlossene Geräte

Modularer Kernel: unterstützt „Loadable Modules" (siehe Aufgabe 4.3.17)

18 **Was bietet KDE unter LINUX?**

KDE (K Desktop Environment)

- Vereinfachte Bedienung des Desktop durch die Verwendung von bekannten Windows-Elementen (z. B. Startleiste)
- Zeigt bei einer Verknüpfung zu einer Internet-Verbindung über FTP eine Übersicht der Dateien und Ordner auf dem FTP-Server zur Weiterbehandlung an
- Integrierte Werkzeuge zur Systemverwaltung (z. B. K Package zur einfacheren Softwareinstallation/-deinstallation)

19 **Die Abbildung zeigt die modulare Architektur von BeOS.**

Anwendungen
Software-Kits
Serverdienste
Microkernel
Hardware

Wie kann der Entwickler von Anwendungsprogrammen bei dieser Architektur auf die Serverdienste zugreifen?

Server-Programme mit grundlegenden Funktionen

Software-Kits enthalten Objekte (in **C++** programmiert) mit den Funktionen der Server (z. B. Media-Kit zur Verarbeitung von Audio- und Videodaten)

Für den Zugriff auf die Server-Dienste ist die Kenntnis der Objekte der für die Programmieraufgabe entsprechenden Software-Kits notwendig

6

20 Was sind die charakteristischen Merkmale von BeOS?

- Reines 64-Bit-Betriebssystem
- Client-Server-Architektur
- Leichte Wiederherstellbarkeit von Daten nach Systemabstürzen (Journaling-Funktion)
- Netzwerkfähig (TCP/IP-Protokoll)
- Unterstützt Symmetric Multiprocessing (SMP)
- Beherrscht echtes preemptives Multitasking und Multithreading

21 Welche Einstellparameter hat das Hauptmenü BIOS FEATURES SETUP im CMOS SETUP und wie ist die gegebene Einstellung im LOAD SETUP DEFAULTS zu bewerten?

BIOS FEATURES SETUP
- Tastaturwiederholrate
- Verwendung der Cache-Bereiche
- Shadow-RAM-Einstellung

LOAD SETUP DEFAULTS
optimale Einstellung aller Werte aus der Sicht des Motherboard-Herstellers (Kompromiss zwischen Leistung und Sicherheit)

22 Was ist unter dem Punkt MODE in STANDARD CMOS SETUP einstellbar?

Es ist einstellbar die Übersetzung der Festplattenparameter (Spuren, Köpfe, Sektoren) auf die tatsächlichen physikalischen Werte (Standard: LBA-Modus)
LBA (Logical Block Addressing)

23 Bei Windows 95/98 ist die Systemdatei MSDOS.SYS editierbar.

Was bewirken folgende Einstellungen?

a) `Boot Win = 0`
b) `Boot Keys = 1`
c) `Win Boot Dir`
`   = C:\WINDOWS`

a) Es wird das Betriebssystem DOS geladen (bei Multi-Boot-Installationen von Windows 95/DOS)

b) Aktivieren der Starttasten F4, F5, F6 und F8

c) Windows sucht seine Startdateien im Verzeichnis C:\WINDOWS

24 Was bedeutet „Abgesicherter Modus" und wie kann er beim Rechnerstart eingestellt werden?

- Nur elementare Basistreiber werden gestartet (z. B. kein Netzwerk)
- Beim Rechnerstart wird mit F5 das Hochfahren im abgesicherten Modus erreicht

25 Wo erhalten Sie Informationen über die verwendete Hardware und Software (z. B. Plug & Play-Ressourcen)?

Die Registry-Datei SYSTEM.DAT im lokalen Verzeichnis C:\WINDOWS\SYSTEM enthält alle Informationen über die verwendete Software und Hardware.

26 In welcher Form liegen die Daten der Registry vor?

Die Registry-Daten sind in hierarchischer Form gespeichert. Es gibt dabei sechs Registrierungsschlüssel mit beliebig vielen Unterschlüsseln;
z. B. ARBEITSPLATZ
HKEY_LOCAL_MACHINE\SOFTWARE

27 In welchem Registrierungsschlüssel erfolgt der Eintrag für die Informationen über installierte Programme?

Unterscheiden Sie dabei zwischen Konfigurationsdaten, die

a) für alle Benutzer/Anwender gelten

b) benutzerspezifisch sind.

a) Registrierungsschlüssel
   HKEY_LOCAL_MACHINE\SOFTWARE

b) Registrierungsschlüssel
   HKEY_CURRENT_USER\SOFTWARE

Befinden sich in beiden in a) und b) genannten Zweigen die gleichen Unterschlüssel, gilt die Einstellung aus HKEY_CURRENT_USER\SOFTWARE.

6

28 Was ist mit dem Programm REGEDIT möglich?

Verändern der Registry (die Registrierungsdatei kann gelesen, verändert oder exportiert werden)

29 Wie ist die Angabe des Wertes

0×00000140 (320) im Registrierungseditor zu lesen?

- 0×00000140 hexadezimale Darstellung des binären Wertes

- (320) dezimale Darstellung des binären Wertes

30 Was ist ein CLSID und wozu wird er verwendet?

CLSID (Class Identifier) stellt den Namen für ein Objekt in Form eines 16-Byte-Wertes dar. Benötigt werden sie, um OLE-Objekte eindeutig identifizieren zu können.

31 Bei der Deinstallation von Software werden die Schlüssel in **HKEY_LOCAL_MACHINE\ SOFTWARE** oft nicht gelöscht bzw. es entsteht eine Lücke, was zur Verlangsamung des Systems führt. Die Registry sollte daher in bestimmten Zeitabständen defragmentiert werden.

Wie gehen Sie dabei vor?

1. Tool REGEDIT-Funktion:
   Registrierungsdatei exportieren
   Exportbereich: Alles
   Dateiname: Namen der Sicherungsdatei festlegen (z. B. SICHERUNG.REG)

2. Wechsel in den echten MS-DOS-Modus

3. Programm SCANREG mit dem Parameter `/OPT` starten (`C:\>SCANREG/OPT`) – es erfolgt eine Prüfung und automatische Defragmentierung

32 Skizzieren Sie mit den angegebenen Elementen die grundlegende Struktur eines Datenbanksystems.

- **DB (Datenbasis/Datenbank)**
- **Benutzer**
- **Anwendungsprogramm**
- **Betriebssystem**
- **DBMS (Datenbankmanagementsystem)**

Benutzer	
	Anwendungsprogramm
DBMS	
Betriebssystem	
DB	

33 Welche Typen von Datenbankmanagementsystemen gibt es und welches ist davon der meist angewendete Systemtyp?

- Relational (zur Zeit der meist angewendete Typ)
- Hierarchisch
- Netzwerkorientiert

34 Wie erfolgt der Zugriff auf die Datensätze bei der Pointer-Array-Technik?

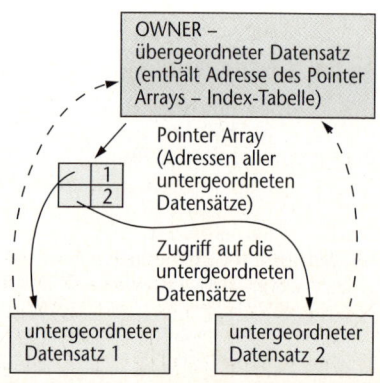

6.6 Datenbanken und Schnittstellen

☐1 **Beurteilen Sie die angegebene Datenstruktur.**

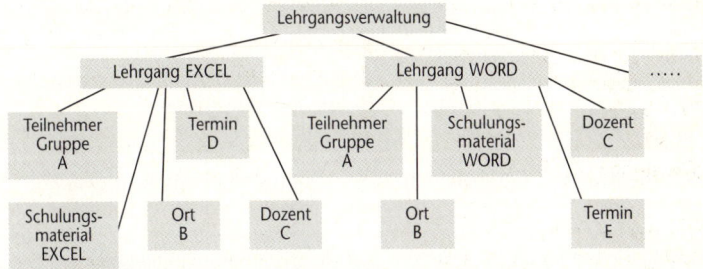

Mit diesem Datenmodell können recht einfach viele in einem Unternehmen vorkommende Strukturen beschrieben werden (hierarchische Struktur/ Baumstruktur). Allerdings bestehen hier Redundanzen.
(Im Beispiel: Teilnehmer Gruppe A, Ort B, Dozent C)

☐2 **Stellen Sie das in Aufgabe ☐1 angegebene Beispiel in einer Netzstruktur dar.**
Wodurch ist diese Datenstruktur gekennzeichnet?

6

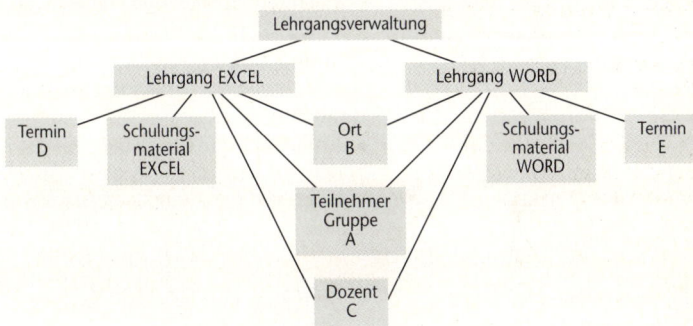

- gleichberechtigte Elemente (keine Wurzel)
- ein Element kann in mehreren Beziehungen gleichzeitig eingebunden sein
- keine Datenredundanz (im Beispiel sind Teilnehmergruppe A, Ort B, Dozent C im Gegensatz zur Baumstruktur nur einmal vorhanden)
- abnehmende Flexibilität bei hohem Vernetzungsgrad

3 **Was sind die charakteristischen Merkmale eines relationalen Datenbankmodells?**

- Es gibt keine vordefinierten Zugriffspfade
- Hohe Flexibilität beim Datenzugriff
- Leicht erweiterbar (z. B. Abfragen) und anpassbar
- Volle Datenunabhängigkeit
- Bei großen Datenmengen schlechtes Antwortzeitverhalten

4 **Wie ist eine relationale Datenbank aufgebaut?**

Alle Informationen werden in zweidimensionalen Tabellen (Relationen) abgelegt. Dabei enthalten die *Spalten* der Tabelle die Attribute (Eigenschaften) des jeweiligen Datenobjekts, welches in der Tabelle dargestellt wird ⇒ Datenfeld. In einer Zeile der Tabelle (Tupel) stehen die jeweiligen Attributswerte ⇒ Datensatz.

5 **Welche Anforderungen müssen beim Entwurf einer Relation beachtet werden?**

- Jeder Datensatz einer Relation ist einmalig und damit eindeutig (er unterscheidet sich in mindestens einem Attributwert von den anderen Datensätzen).
- Die Attribute und ihre Attributwerte sind nicht weiter zerlegbar (sie sind „atomar").
- Ein Attribut muss als Primärschlüssel definiert sein (innerhalb dieses Datenfeldes sind die Attributwerte eindeutig).

6 **Wo kommen Schlüsselsysteme zum Einsatz?**

- Beim Zugriff auf die Daten eines Datenbanksystems
- Bei der Navigation über Verbindungszugriffspfade
- Bei der Verbindung von Dateien in einem Datenbanksystem bzw. von Tabellen in einer Datenbank

7 Nennen Sie vier verschiedene Arten von Schlüsseln.

- Identifizierende Schlüssel (Primärschlüssel)
- Klassifizierende Schlüssel
- Verbundschlüssel
- Sekundärschlüssel

8 Ordnen Sie den folgenden Angaben die entsprechende Schlüsselart zu.

1 Kennzeichnet einen Datensatz eindeutig

2 Es bestehen mehrere Möglichkeiten für einen schnelleren Datenzugriff

3 Beispiel: Schlüssel LE für Lehrgang EXCEL

a) Identifizierende Schlüssel
b) Klassifizierende Schlüssel
c) Verbundschlüssel
d) Sekundärschlüssel

1 a), c)
2 c)
3 b)

9 Für die in der Schulungsfirma angebotenen Lehrgänge soll ein Schlüsselsystem gebildet werden. Darin sollen folgende Angaben enthalten sein:
- fortlaufende Lehrgangsnummern für das jeweilige Jahr
- Jahreszahl
- Lehrgangsart (Grundlehrgang, Erweiterungslehrgang, Spezialisierungslehrgang)
- Lehrgangsinhalt (EXCEL, WORD, ...)

a) Welche Informationen sind zur Planung dieses Schlüsselsystems noch zusätzlich notwendig?
b) Geben Sie für das Beispiel ein geeignetes Schlüsselsystem an.

6

a) Notwendig sind noch Angaben zur Häufigkeit der Lehrgänge in einem Jahr und die Anzahl der angebotenen Lehrgangsinhalte, z. B.
  - Lehrgangsanzahl pro Jahr etwa 90
  - Lehrgangsinhalte zur Zeit etwa 8
b) $\underbrace{999}_{a} - \underbrace{99}_{b} - \underbrace{99}_{c}$

  a) 999 – fortlaufende Lehrgangsnummer (001, ...) innerhalb des Jahres (dreistellig, um mögliche Erweiterungen zu erfassen)
  b) 99 – Jahreszahl (00 für das Jahr 2000)
  c) 99 – Lehrgangsinhalte (01 EXCEL, ...; zweistellig, um mögliche Erweiterungen zu erfassen)

10 **Wie ist das ER- (Entity Relationship-)Modell aufgebaut?**

Ein reales oder abstraktes Objekt der realen Welt (Entity) verfügt über bestimmte Eigenschaften (Attribute). Klassen gleichartiger Entities bilden einen Entity-Typ. Die Entity-Typen stehen in Beziehung zueinander. Dargestellt wird das ER-Modell im ER-Diagramm.

11 **Stellen Sie die folgende Beziehung im ER-Diagramm dar. Verwenden Sie dabei die angegebenen Symbole.**

Symbole des ER-Diagramms:

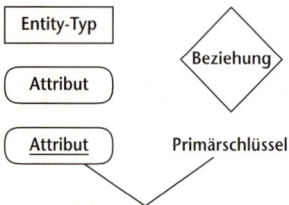

Beziehung:
Dozent (Name, akademischer Grad, Telefon) leitet einen Lehrgang (Bezeichnung, Lehrgangsort, Termin, Lehrgangsart).

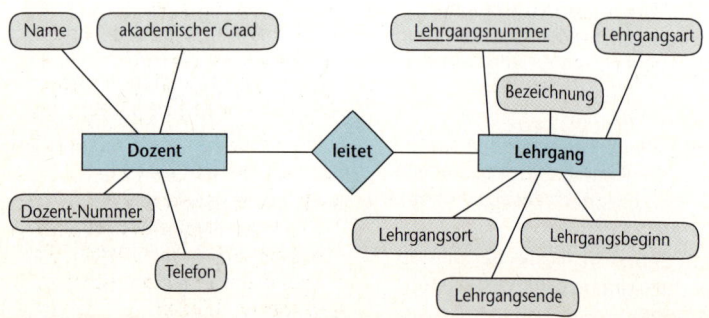

12 Wodurch sind die folgenden Beziehungen zwischen Datenfeldern gekennzeichnet?

a) 1 : 1-Beziehung
b) n : 1-Beziehung
c) m : n-Beziehung

a) Ein Attribut einer Relation ist genau einem Attribut einer anderen Relation zugeordnet.

b) Mehrere Werte eines Datentyps sind genau einem Wert eines anderen Datentyps zugeordnet.

c) Einem Datenelement sind mehrere andere Datenelemente zugeordnet und umgekehrt.

13 Stellen Sie im ER-Diagramm die angegebenen Beziehungsarten dar.

a) Höchstens ein Dozent leitet einen Lehrgang
b) Verschiedene Lehrgangsteilnehmer nehmen an verschiedenen Lehrgängen teil
c) Ein Lehrgangteilnehmer hat genau eine Lehrgangsteilnehmernummer

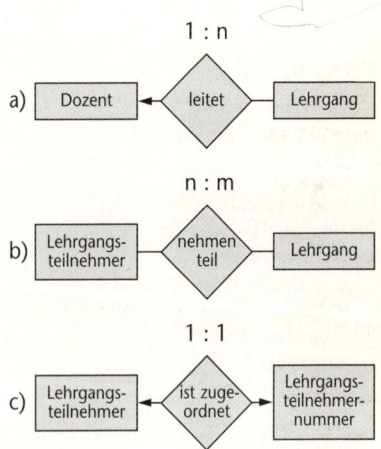

6

14 Was ist bei der Umsetzung des ER-Modells in Relationen zu beachten?

- Die Relationen werden aus den Entity-Typen und den Beziehungen des ER-Modells gebildet
- Die Attribute des Entity-Typs bilden die Attribute (Spalten) der Relation und die einzelnen Entities bilden die Tupel (Zeilen) der Relation
- Die Primärschlüssel der Entity-Typen, die durch eine Beziehung miteinander verknüpft sind, bilden die Attribute der aus dieser Beziehung hervorgegangenen Relation.

15 Stellen Sie die Relationen zu dem ER-Diagramm auf (siehe Antwort zur Aufgabe **11**).

Beispieldaten:
Dozent Dr. Meier
(Tel.: 0 99 99 / 1 23 45) leitet einen WORD-Grundlehrgang in Potsdam vom 7. 2. 01 bis 11. 2. 01.

DOZENT			
Dozent Nummer	Name	akadem. Grad	Telefon
01	Meier	Dr.	0 99 99 / 1 23 45
...	...	...	...

LEITET	
Dozent Nummer	LNummer
01	012
...	...

LEHRGANG					
LNummer	Bezeichnung	LArt	LOrt	LBeginn	LEnde
012	WORD	G	Potsdam	7. 2. 01	11.2.01

L: Lehrgang   G: Grundlehrgang

16 Was soll durch die Normalisierung von Daten erreicht werden?

- Vermeiden von Datenredundanz (Mehrfachspeicherung von ein und derselben Information)
- Sinnvoll strukturierte Daten

17 Was bezeichnet man als Inkonsistenz?
Geben Sie dazu ein Beispiel an.

Als Inkonsistenz bezeichnet man Fehler, die durch Datenredundanz entstehen.

Beispiel:
Die Telefonnummer der Lehrgangsteilnehmer wird zwei- oder mehrmals innerhalb der Datenbank gespeichert. Änderungen oder Eingabefehler führen zu unterschiedlichen Werten in den Speicherstellen, und der richtige Wert kann u.U. nicht mehr bestimmt werden.

18 Welche Bedingungen müssen für die 1. Normalform einer Relation erfüllt sein?

- Alle Attribute der Relation sind „atomar" (sie lassen sich nicht weiter aufspalten)
- Es gibt keine Wiederholfelder (eindeutiger Zugriff auf die gewünschte Information)
- Jeder Datensatz besitzt einen eindeutigen Schlüssel

19 **Wann befindet sich eine Relation in der 2. Normalform?**

Nach Codd befindet sich eine Relation in der 2. Normalform, wenn sie sich in der 1. Normalform befindet und alle nicht zum Schlüssel gehörenden Attribute dieser Relation voll funktional vom Primärschlüssel abhängen.

20 **Überführen Sie die angegebene Relation in die 2. Normalform.**

LTNummer	LNummer	LTName	LTTelefon
LBezeichnung		LOrt	LDozent

L: Lehrgang
T: Teilnehmer

- LTName und LTTelefon sind nur von LTNummer abhängig
- LBezeichnung, LOrt und LDozent sind nur von LNummer abhängig

Damit ergibt sich für die 2. Normalform:

LTNummer	LNummer	LTName	LTTelefon

LNummer	LBezeichnung	LOrt	LDozent

Die Verknüpfung der beiden Relationen erfolgt über den jeweiligen Primärschlüssel.

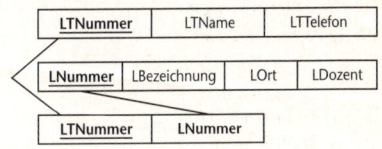

21 **Um eine Relation in die 3. Normalform zu überführen, müssen „transitive Abhängigkeiten" erkannt und beseitigt werden.**

Was ist darunter zu verstehen?

Darunter ist die Abhängigkeit eines Datenfeldes von einem Schlüssel zu verstehen, wobei sowohl das Datenfeld als auch das entsprechende Schlüsselfeld **nicht** zum Primärschlüssel dieser Relation gehören.

22 **Überführen Sie die Relation**

LNummer	LBezeichnung	LOrt	LDozent

aus Aufgabe **20** in die 3. Normalform unter der Annahme, dass es für einen Lehrgang (z. B. WORD) immer nur *einen* bestimmten Ort und Dozenten gibt.

LNummer	LBezeichnung

LBezeichnung	LOrt	LDozent

23 Ein Datenbestand soll von mehreren PCs gemeinsam genutzt werden.

Welche Lösung bietet sich hierfür an?

Client-Server-Lösung:
Auf einen SQL-Server (**S**tructured **Q**uery **L**anguage) befindet sich das Datenbanksystem, welches sämtliche Verwaltungsaufgaben übernimmt (z. B. Antwort auf Anfragen an den Datenbestand) und den gemeinsamen Zugriff auf die Daten regelt. Die Client-PCs stellen Anfragen (z. B. mit der strukturierten Abfragesprache SQL) an den Server (z. B. stelle alle Daten der LDozenten für EXCEL bereit).

24 Aus folgender Tabelle sollen mit einer SQL-Anweisung die Namen und Telefonnummern aller Dozenten für EXCEL herausgesucht werden.

```
SELECT Name, Telefon FROM
LDozent
WHERE Lehrgangsgebiet
= "EXCEL";
```

LDozent				
Dozent Nummer	Name	akadem. Grad	Telefon	Lehrgangs- gebiet
01	Meier	Dr.	0 99 99/ 1 23 45	EXCEL
...	...	...	...	...

Wie lautet die entsprechende Anweisung?

25 Ergänzen Sie die Syntax einer vollständigen SQL-Anweisung.

```
SELECT FeldListe
FROM ... IN ...
WHERE ...
... FeldListe
... Suchkriterium
Order BY ...
```

```
SELECT FeldListe
FROM Tabellennamen
    IN Datenbankname
WHERE Suchkriterium
GROUP BY FeldListe
HAVING Suchkriterium
ORDER BY FeldListe
```

26 Es soll eine neue Tabelle WordDozenten erstellt werden, die auf Grundlage der Tabelle LDozent (siehe Aufgabe **24**) die Angaben DozentNummer, Name, Telefon von Dozenten für WORD-Lehrgänge enthält.

Die neue Tabelle soll in der Datenbank Dozentensicherung.mdb abgespeichert werden.

Wie lautet die entsprechende Tabellenerstellungsabfrage in SQL?

```
SELECT DozentNummer, Name,
       Telefon
INTO   [WordDozenten]
IN     Dozentensicherung.mdb
FROM   LDozent
WHERE  (((Lehrgangsgebiet)
       = "WORD"));
```

27 Die Tabellenerstellungsabfrage von Aufgabe **26** gehört zu den Aktionsabfragen.

Nennen Sie zwei weitere Varianten von Aktionsabfragen mit jeweils einem Anwendungsfall.

- Aktualisierungsabfrage (Umstellen von DM-Werten auf EURO-Werte)
- Löschabfrage (gezieltes Löschen von Daten, z. B. alle Lehrgangsdaten vor einem bestimmten Zeitpunkt)
- Anfügeabfrage (z. B. anfügen von Datensätzen in Tabelle 1 [Datenbank A] aus Tabelle 2 [Datenbank B])

28 Welche Wirkung hat das Einstellen der referenziellen Integrität (bei MS-ACCESS im Fenster: Beziehungen/ Optionsfeld: Mit referenzieller Integrität)?

Es kann damit sichergestellt werden, dass ein Datensatz aus der Mastertabelle nicht versehentlich gelöscht wird, wenn übereinstimmende Daten einer verknüpften Detailtabelle/-abfrage existieren.

29 Welches Anzeigeformat erreicht man mit Kreuzerstellungsabfragen und wofür eignen sie sich besonders?

- Zusammenfassende Information in kompakter, tabellenartiger Form, z. B.

LTeilnehmer	WORD	EXCEL	ACCESS	...
Müller	07.02.– 11.02.01			
Bertram		13.03.– 17.03.01	28.02.– 03.03.01	
⋮				

- Besonders geeignet für Vergleiche und Tendenzen der Daten und als Grundlage für Diagramme und Berichte

6

30 Wofür wenden Sie die
a) Union-Abfrage
b) SQL-Pass-Through-Abfrage
c) Auswahlabfrage
an?

Wenn:

a) einander entsprechende Felder aus zwei oder mehreren unterschiedlichen Tabellen kombiniert werden sollen

b) SQL-Anweisungen an zugeordnete SQL-Datenbanken bzw. SQL-Server zu senden sind

c) aus dem gesamten Datenbestand eine gezielte Auswahl (Filter) getroffen und angezeigt werden soll

31 Alle Personen (Dozenten, Teilnehmer) an EXCEL-Lehr-gängen sollen auf der Grund-lage der folgenden Tabellen mit den Namen (alphabetisch geordnet) angezeigt werden.

```
SELECT  Name FROM LDozent
WHERE   Lehrgangsgebiet
        = "EXCEL"
UNION ALL SELECT Nachname
                 FROM
                 LTeilnehmer
WHERE   Teilnahme = "EXCEL"
ORDER BY  Name;
```

LDozent			
Dozent Nummer	Name	Lehrgangs-gebiet	...
01	Meier	EXCEL	...
...	...	...	...

LTEILNEHMER			
Teilnehmer Nummer	Nachname	Teilnahme	...
0001	Bertram	EXCEL	...
...	...	...	...

Wie lautet die entsprechende SQL-Anweisung?

32 Was bewirkt das Schlüssel-wort ALL in UNION ALL SELECT?

Besitzen die zu kombinierenden Felder identische Inhalte, werden auch die Duplikate im Ergebnis angezeigt (z. B. Aufgabe **31**: gleicher Name bei Dozent und Teilnehmer bei Lehrgang EXCEL ⇒ doppelte Anzeige des be-treffenden Namens).

33 Nennen Sie drei Beispiele für Berichte.

- Listen (z. B. Teilnehmerliste eines Lehrgangs)
- Verzeichnisse (z. B. Adressenverzeichnis)
- Auswertungen (z. B. Statistiken über Lehrgänge und Teilnehmer)
- Präsentationen von Tabellen und Abfragen (z. B. Lehrgangsübersicht)

34 In welcher Form werden mit dem Gruppierungsbericht die Daten dargestellt?

Auf der Grundlage eines Feldinhaltes werden durch die Angabe eines Gruppierungskriteriums die Daten in Gruppen geordnet tabellenförmig dargestellt. Dadurch kann bei größeren Datenbeständen die Übersichtlichkeit eines Berichtes erhöht werden.

35 Was wird durch die ODBC-Technologie erreicht?

ODBC
(Open Database Connectivity)

Diese standardisierte Schnittstelle unterstützt den Datenaustausch zwischen den verschiedensten Datenbankmanagement-Systemen über die Verwendung von SQL-Anweisungen. Damit ist es möglich, z. B. von MS-ACCESS aus auf ORACLE-Datenbanken zu zugreifen.

6

36 Wie wird ODBC intern realisiert und was ergibt sich daraus für den Programmierer?

Intern wird ODBC über eine DLL (Dynamic Link Library) realisiert, auf die Datenbankanwendungen zugreifen. Damit stehen dem Programmierer neben den selbst geschriebenen Funktionen (z. B. in VBA [VisualBasic for Applications]) die API-Funktionen (Application Programming Interface) für einen datenbankunabhängigen Datenzugriff zur Verfügung.

37 Vom MS-ACCESS aus soll mittels ODBC auf andere Datenbanken zugegriffen werden.

Welche zwei Möglichkeiten stehen hierfür zur Verfügung?

1. Einbinden der Tabellen anderer DB-Systeme in die ACCESS-Datenbank. Mit diesen Tabellen kann wie mit ACCESS-Tabellen gearbeitet werden (Abfragen, Berichte, Formulare).

→

▷ *Fortsetzung der Antwort* ▷

2. Herstellen einer direkten Verbindung zu den fremden Tabellen mit Visual Basic.
Mit Hilfe von SQL-Anweisungen können die Daten direkt abgefragt werden.

38 Unter welchen Voraussetzungen sollte von einer reinen ACCESS-Datenbank zu einer Client-Server-Lösung gewechselt werden?

- Datensatzzahl > 100.000
- Häufige Aktualisierung dieser großen Datenbestände notwendig
- Mehr als 10 Personen greifen auf diese Datenbestände zu

39 Was kennzeichnet den SQL-Server von Microsoft?
Nennen Sie drei Eigenschaften.

- Datenbanksicherheit und Stabilität der Serverdatenbank
- Automatisch durchführendes Backup und Spiegelung
- Einfache Bedienung und Administration durch Windows-Oberfläche (Enterprise-Manager)

40 Welche Möglichkeiten bietet der SQL-Enterprise-Manager?

Mit dem SQL-Enterprise-Manager können:
- Datenbanken
- Datenbankmedien (für die Speicherung der Datenbanken)
- Datenbankobjekte (Sichten, gespeicherte Prozeduren, Regeln ...) erstellt und verwaltet werden, sowie
- Benutzerzugriffsrechte für alle Datenbanken eingerichtet werden.

41 Welche Objekte sind im Zusammenhang mit Datenbeständen zu schützen?

- Programme zur Manipulation der Datenbestände
- Operationen zum Verwalten/Manipulieren der Datenbestände
- Verwaltungsdaten (z. B. Tabellendefinitionen) und anwendungsbezogene Daten (z. B. Kundendaten) der Datenbestände

42 Ordnen Sie die angegebenen administrativen Berechtigungen den Administratorklassen richtig zu.

1 b)
2 c)
3 a)

Berechtigung

1 Zugriff auf alle Daten

2 Zugriffsrecht auf anwendungsbezogene Daten

3 Datenbankadministrator ohne Zugriffsrecht auf anwendungsbezogene Daten

Administratorklasse

a) DBCTRL

b) SYSADM

c) DBADM

6

7 Markt- und Kundenbeziehungen

7.1 Marktbeobachtung und Marktforschung

1 Was verstehen Sie unter dem Begriff Markt?

Das Zusammentreffen von Angebot und Nachfrage nach einem bestimmten Gut nennt man Markt.

2 Was kennzeichnet den Verkäufermarkt?

Die Nachfrage ist größer als das Angebot.

3 Was kennzeichnet den Käufermarkt?

Das Angebot ist größer als die Nachfrage.

4 Was sind Bedürfnisse?

Ein Bedürfnis ist ein persönliches Mangelempfinden, das den Menschen drängt, den Mangel zu beseitigen. Bedürfnisse gelten als Triebkräfte menschlichen Handelns.

5 Durch was werden Bedürfnisse befriedigt?

Güter sind Mittel zur Bedürfnisbefriedigung.

6 Wie gliedert sich eine Unternehmung am Markt ein?

Alle Unternehmungen sind eingegliedert in den Gesamtmarkt, der sich aus Teilmärkten zusammensetzt.

7 Nach welchen Kriterien kann man Märkte einteilen. Nennen Sie vier Beispiele.

- Nach der Art der gehandelten Güter und Dienstleistungen;
- nach dem Verwendungszweck der gehandelten Güter und Dienstleistungen;
- nach der Zugehörigkeit der gehandelten Güter zum betrieblichen Funktionsbereich;
- nach der Anzahl der Marktteilnehmer.

8 **Was ist ein Marktformen-schema?**

In einem Marktformenschema wird die Einteilung der Märkte nach Anzahl und relativer Größe der Marktteilnehmer (Anbieter und Nachfrager) auf beiden Marktseiten dargestellt.

9 **Was versteht man unter einem Angebotsoligopol?**

Auf dem Markt treffen
– wenige Anbieter und
– viele Nachfrager
zusammen.

10 **Für welche der genannten Unternehmungen liegt ein Angebotsmonopol als Markt-form in Deutschland vor?**

1 **Mineralölvertreiber in Deutschland**

2 **PC-Händler in Deutschland**

3 **Softwarehersteller in Deutschland**

4 **Deutsche Post AG**

4 Deutsche Post AG

11 **Aufgrund sich verändern-der Lebensbedingungen verändern sich die Bedürfnisse der Menschen.**
Wie wirkt sich das auf das Kaufverhalten aus?

Die Ansprüche der Kunden an die Qualität der Güter und Dienstleistungen steigen. Der Kunde erwartet, den gestiegenen öffentlichen Interessen folgend, zudem Produkte, die umwelt-freundlich sind. Des Weiteren sind der ständige Mode- und Geschmackswandel durch sich schnell verändernde Trends zu berücksichtigen.

7

12 **Welche Bedeutung hat die Informationsbeschaffung über Märkte und Kunden für die Unternehmen?**

Für ein erfolgreiches Bestehen der Unternehmen sind die Markt- und Kundenuntersuchungen von zentraler Bedeutung. Das Marktrisiko kann durch verlässliche Informationen über den Markt verringert werden.

13 Was beschreibt der Begriff Marketing?

Marketing bezeichnet eine ganz bestimmte Form unternehmerischen Wirkens: Die bewusste, geplante Ausrichtung aller unternehmerischer Aktivitäten auf die Kundengruppen und Kundenwünsche, mit denen die Unternehmensziele am besten zu erreichen sind.

14 Was verstehen Sie unter Online-Marketing?

Unter Online-Marketing versteht man den Einsatz von Marketing-Instrumenten unter Einbeziehung von Internet und Telekommunikationsmedien.

15 Was ist das zentrale Instrument zur Informationsbeschaffung bei Markt- und Kundenuntersuchungen?

Die Marktforschung wird als zentrales Instrument zur Informationsbeschaffung über Märkte und Kunden eingesetzt.

16 Was verstehen Sie unter dem Begriff Marktforschung?

Als Marktforschung bezeichnet man das systematische Sammeln von Informationen unter Heranziehung unternehmensinterner und -externer Informationsquellen.

17 Nennen Sie die Ziele der Marktforschung.

- Marktanalyse
- Marktbeobachtung
- Marktprognose

18 Wodurch unterscheiden sich

a) quantitative und

b) qualitative

Marktforschungsaktivitäten?

a) **quantitative Marktforschung**
Erfassung von numerischen Werten wie
- Anzahl der möglichen Kunden
- Preisuntergrenze
- Marktanteil usw.

b) **qualitative Marktforschung**
Feststellen von
- Verhaltensweisen
- Erwartungen
- Einstellungen und
- Motiven in einem Markt (Meinungsforschung).

19 **Marktinformationen können sich im Rahmen der Informationsbeschaffung grundsätzlich durch zwei Erhebungsmethoden feststellen lassen.**
Nennen und erläutern Sie die Erhebungsarten kurz.

Sekundärerhebung:
Vorhandene Daten, die meist für andere Zwecke erhoben bzw. erstellt wurden, werden aufbereitet und ausgewertet (Daten aus Veröffentlichungen von Verbänden, Banken, Messen, Fachliteratur, Presse usw.)

Primärerhebung:
– Daten werden erstmalig erhoben, sind aus anderen Quellen nicht verfügbar (Befragungen, Beobachtungen usw.),
– verursacht erhebliche Kosten durch Zeit- und Personaleinsatz

20 **Welche Erhebungsmethoden zur Ermittlung von Marktdaten kennen Sie?**
Nennen Sie mindestens drei.

- Befragung
- Beobachtung
- Experiment
- Panel

21 **Was versteht man unter dem Begriff Publicrelations.**

Alle Maßnahmen, die zum Ziel die Pflege des Firmenimages haben, werden unter dem Begriff Publicrelations zusammengefasst. Das heißt Öffentlichkeitsarbeit, Meinungswerbung und Vertrauenswerbung.

7

22 **Worauf bezieht sich die Absatzwerbung im Gegensatz zu Publicrelations?**

Die Absatzwerbung bezieht sich unmittelbar auf die betriebliche Leistungsverwertung am Markt. Die potenziellen Kunden erhalten gezielte Informationen, um sie direkt zugunsten der vom Anbieter angebotenen Güter und Dienstleistungen zu beeinflussen.

23 **Welche Instrumente werden durch die Kommunikationspolitik koordiniert?**

- Werbung
- Verkaufsförderung (Salespromotion)
- Öffentlichkeitsarbeit (Publicrelation)

24 Was verstehen Sie unter Verkaufsförderung?

Die Verkaufsförderung umfasst alle verkaufsfördernden Maßnahmen eines Unternehmens, die die Werbung und die Arbeit der Verkäufer koordinieren, ergänzen und unterstützen.

25 Welche Maßnahmen umfasst die Verkaufsförderung?

Die Verkaufsförderung umfasst Maßnahmen wie
– Verteilung von Gebrauchs-, Bedienungs- und Reparaturanleitungen,
– Verkaufstraining,
– Ausstattung mit Mustern,
– Ausstattung mit Display-Material, das der werbewirksamen Warendemonstration dient (Attrappen, Bodenaufsteller, Hinweisschilder, Vorführdias, Videofilme u. a.).

26 Welche Ziele werden über die Werbung verfolgt?

- Bekanntmachung von Produkten bei den Abnehmern
- Weckung von neuen Bedürfnissen

27 Welche Punkte sind in einem Werbeplan festzulegen?

- Werbebotschaft
- Werbemittel
- Werbeträger
- Streukreis
- Streuzeit
- Streugebiet
- Werbeintensität

28 Wodurch zeichnet sich die Werbung im Internet gegenüber der konventionellen Werbung aus? Nennen Sie vier Punkte.

- Gleichzeitige Unterstützung von traditionellen Vertriebswegen und elektronischen Märkten,
- geringe Kosten im Vergleich zu vielen anderen Werbungen,
- zielgruppengenaue Ansprache,
- exakte und kostengünstigere Erfolgskontrollen,
- schnelle Ansprache der Zielgruppen,
- Interaktivität der Werbung und dadurch Kommunikation mit Kunden.

29 Welche Daten liefert das betriebliche Rechnungswesen dem Unternehmer?
Nennen Sie fünf.

Das betriebliche Rechnungswesen ist eine innerbetriebliche Datenquelle. Es liefert Informationen über:
– Verkaufserlöse
– variable Kosten
– fixe Kosten
– Gesamtkosten
– Verlust
– Forderungen
– Verbindlichkeiten

7.2 Kundenberatung, Angebot und Vertragsgestaltung

1 Nach welchen Kriterien werden Kunden unterschieden?

- Rechtlicher Status
- Kundenbindung
- Kenntnisstand über nachgefragte Produkte und Dienstleistungen
- Finanzierungsbedarf
- Kaufbereitschaft für neue Produkte und Dienstleistungen
- Ansprüche

2 Durch welche Faktoren werden Anspruchswandel von Konsumenten beeinflusst?

Veränderung der Persönlichkeitsmerkmale:
– Trend zum Individuellen
– Trend zur Genussorientierung
– stärkeres Gesundheitsbewusstsein
– Ökologiebewusstsein
– Trend zum „Erlebniseinkauf" usw.

Soziografische Veränderungen:
– veränderte Alterspyramide
– Generationswandel
– Vermehrung von „Single-Haushalten"
– höheres Bildungsniveau
– höheres Wohlstandsniveau usw.

Gesellschaftliche Veränderungen:
– Freizeitgesellschaft
– Informationsgesellschaft
– verändertes Kommunikationsverhalten
– höhere Mobilität
– Trend zum „globalen Dorf" usw.

7

3 Was verstehen Sie unter dem Begriff Kundenakquisition?

Alle Bemühungen eines Anbieters, Geschäftsbeziehungen anzubahnen und zu pflegen.

4 Was erwartet der Kunde vom Verkäufer?

- Fachliche Kompetenz
- Freundlichkeit, Verbindlichkeit
- Fähigkeit auf individuelle Wünsche einzugehen
- Bereitschaft zur Zusammenarbeit
- Fähigkeit zur Problemerkennung und -lösung

5 Welche Ansprüche stellt der Kunde an den Service?

- Hotlines
- Kundenbriefe (Mail-Aktionen)
- Verpackungsentsorgung
- Installationen
- Schulungen, Einweisungen
- Reparaturservice
- Ersatzteilservice
- Kontaktpflege via Telekommunikation

6 An das Verkaufspersonal werden hohe Anforderungen bezüglich ihres Kommunikationsverhaltens, der rhetorischen Fähigkeiten und der analytischen Kompetenz gestellt.

Was muss demzufolge in Verkäuferschulungen besonders trainiert werden?

- Argumentationstechniken (Verkaufsargumente vorstellen)
- Fragetechniken (Kundenbedürfnisse und Kaufmotive schnell erfassen)
- Behandlung von Kundeneinwänden
- Rhetorik (Gesprächsführung)
- nonverbale Kommunikation (Mimik, Gestik)
- Telefonmarketing
- Moderationstechniken
- Präsentationstechniken
- Nutzung von Präsentationsmedien

7 Welche Frageformen unterscheidet man bei der Gewinnung von Informationen vom Kunden?

1. Suggestivfragen
2. Offene Fragen
3. Alternative Fragen
4. Geschlossene Fragen

8 Mit welcher Frageform kann man gezielte Informationen vom Kunden erhalten?

Gezielte Informationen erhält man über die „offenen Fragen".

9 Was verstehen Sie unter „offene Fragen"?

Offene Fragen zielen darauf ab, ausführliche Informationen hinsichtlich der Vorstellungen, Anforderungen und des Bedarfs des Kunden zu erhalten.
Ihre Formulierung beginnt fast immer mit einem Fragewort (z. B. Welchen Vorschlag wollen wir weiterverfolgen?).

10 „Sind Sie an der Lösung A oder B interessiert?"
Um welche Frageform handelt es sich hier?

Alternative Frageform

11 Was verstehen Sie unter „geschlossenen Fragen"?

Sie dienen als Kontrollfragen, eine ganz gezielte Antwort wird erwartet (ja oder nein).

12 Nennen Sie ein Beispiel für eine „geschlossenen Frage".

„Soll ich Ihnen die Lösung A näher erläutern?"

13 Was ist bei der Vorbereitung eines Verkaufsgespräches zu beachten?

1. Prüfen, ob bereits Informationen über den Kunden vorliegen;
2. Einholung von zusätzlichen Informationen über den Kunden;
3. alle Unterlagen für das Gespräch sichten und auf Vollständigkeit überprüfen (Prospekte, Kataloge, Preislisten, Präsentationsmittel etc.)

7

14 Welches Ziel hat die Verkaufskalkulation?

Die Verkaufskalkulation hat das Ziel, den Verkaufspreis eines Produktes oder einer Dienstleistung zu ermitteln.

15 **Welche Elemente sind bei der Verkaufskalkulation zu berücksichtigen?**

- Eigene Kosten
  - Materialeinsatz
  - Lohnkosten
  - allgemeine Verwaltungskosten
  - Vertriebskosten
- Preise der Konkurrenz
- eigene Gewinnziele

16 **Was verstehen Sie unter dem Angebot eines Unternehmens?**

Ein Angebot eines Unternehmens ist im rechtlichen Sinne eine Willenserklärung an einen bestimmten Kunden. Das Unternehmen erklärt verbindlich, bestimmte Leistungen (Produkte oder Dienstleistungen) zu bestimmten Bedingungen zu liefern.

17 **Ist die Abgabe eines Angebotes an Formvorschriften gebunden?**

Die Abgabe eines Angebotes ist an keine Formvorschriften gebunden. Sie kann schriftlich, fernschriftlich (Fax, E-Mail), mündlich oder telefonisch erfolgen.

18 **Wann werden schriftliche Angebote verbindlich?**

Schriftliche Angebote (Angebote unter Abwesenden) werden verbindlich, wenn sie dem Kunden zugehen.

19 **Innerhalb welcher Frist kann ein Anbieter sein schriftliches Angebot widerrufen?**

1 innerhalb von 3 Tagen

2 spätestens bis zum Eintreffen des Angebots

3 spätestens 8 Tage nach dem Eintreffen des Angebots

4 jederzeit

3 spätestens 8 Tage nach dem Eintreffen des Angebots

20 **Wann muss ein Antrag unter Anwesenden angenommen werden?**

Ein Antrag unter Anwesenden (persönlich) oder auch telefonischer Antrag muss sofort angenommen werden (sonst erlischt die Bindung).

21 Durch welche Maßnahmen kann ein Lieferer die Verbindlichkeit seines Angebotes einschränken?

Einschränkung durch:
– Freizeichnungsklauseln
– zeitliche Befristung der Geltungsdauer

22 Nennen Sie drei Freizeichnungsklauseln, die in einem Angebot auftauchen können.

- „so lange der Vorrat reicht"
- „freibleibend"
- „ohne Gewähr"
- „Preise freibleibend"
- „Lieferzeit freibleibend"

23 Wann ist der Lieferer nicht mehr an sein Angebot gebunden?

Wenn:
– der Kunde das Angebot ablehnt
– die Bestellung des Kunden verspätet beim Lieferer eingeht
– die Bestellung des Kunden vom Angebot inhaltlich abweicht
– der Lieferer sein Angebot rechtzeitig widerruft

24 Welche Inhalte sollte ein aussagefähiges Angebot enthalten?

- Art, Qualität, Güte und Beschaffenheit der zu liefernden Produkte
- Mengenangaben nach Maßeinheiten
- Preise je Einheiten, Gesamtpreise mit Währungsbezeichnung
- Lieferungsbedingungen (Lieferzeit, Transport- und Verpackungskosten)
- Zahlungsbedingungen (Zahlungsart, Zahlungsfristen)
- Preisabzüge (Skonto, Rabatte)

7

25 Was bedeutet „Lieferung ab Werk" für den Kunden?

Der Kunde zahlt alle Kosten der Beförderung.

26 Was ist unter „Lieferung frei Haus" zu verstehen?

Der Verkäufer trägt alle Kosten der Beförderung.

27 Der Geschäftsprozess der Vertragsanbahnung und Kundenberatung umfasst auch die Beratung der Finanzierung. Nennen Sie vier Möglichkeiten der Finanzierungshilfen, wenn eine sofortige Bezahlung der Waren nicht möglich ist.

- Teilzahlung, Ratenkauf
- Vermittlung von Krediten bei Banken
- Lieferantenkredit
- Kontokorrentkredit
- Wechsel
- Leasing

28 Ein Kaufvertrag kommt durch die Abgabe übereinstimmender Willenserklärungen zustande.
Wie heißen die Willenserklärungen?

a) Antrag
(Angebot, Bestellung)
b) Annahme
(Bestellung, Auftragsbestätigung bzw. Bestellungsannahme)

29 Nennen Sie drei Beispiele für Kaufaufforderungen, die rechtlich kein Angebot darstellen.

- Postwurfsendungen
- Zeitungsanzeigen
- Prospekte
- Kataloge
- Fernsehwerbung
- Webseiten

30 Was stellt die Ausstellung von Schaufensterware rechtlich dar:
a) ein Angebot an den Kunden oder
b) eine Aufforderung an den Kunden zur Abgabe eines Antrages?

b) Eine Aufforderung an den Kunden zur Abgabe eines Antrages

31 Ist der Kaufvertrag an eine bestimmte Form gebunden?

Kaufverträge sind grundsätzlich formfrei.

32 Welche Form der Abgabe von Willenserklärungen ist möglich?

- Schriftlich
- mündlich
- durch konkludentes (schlüssiges) Handeln

33 Nennen Sie fünf verschiedene Arten von Kaufverträgen?

- Barkauf
- Kauf gegen Anzahlung
- Abzahlungskauf (Ratenkauf)
- Kauf unter Eigentumsvorbehalt
- Kommissionskauf
- Kauf auf Probe
- Zielkauf

34 Welche Pflichten ergeben sich aus einem Kaufvertrag für
a) den Verkäufer und
b) den Käufer?

a) Verkäufer:
- rechtzeitige und mangelfreie Lieferung der Ware am richtigen Ort
- Eigentumsübertragung
- Annahme des Kaufpreises

b) Käufer:
- Abnahme der Ware
- Zahlung des Kaufpreises

35 Innerhalb welcher Frist muss der Käufer bei einem einseitigen Handelskauf versteckte Mängel rügen:
a) unverzüglich
b) innerhalb von 3 Monaten nach Lieferung
c) innerhalb von 6 Monaten nach Lieferung?

b) Innerhalb von 6 Monaten nach Lieferung

7

36 Bei mangelhafter Lieferung von Waren (und bei rechtzeitiger Rüge) kann der Käufer mehrere Rechte in Anspruch nehmen.
Welche Rechte sind das?

- Wandlung (Rücktritt vom Vertrag)
- Minderung (Herabsetzung des Kaufpreises)
- Ersatzlieferung (Umtausch)
- Schadensersatz wegen Nichterfüllung

37 Wann können keine Gewährleistungsansprüche geltend gemacht werden?

Bei:
- unerheblichem Mangel
- Kenntnis des Mangels und vorbehaltloser Annahme durch den Käufer
- Ramschkauf
- Ware aus öffentlicher Versteigerung

38 Wann gerät ein Verkäufer unter Lieferverzug?

- Fälligkeit der Lieferung
- Verschulden des Lieferers
- ist der Liefertermin kalendermäßig nicht festgelegt, Mahnung an Lieferer (Inverzugsetzung)

39 Was sollte in einem Service-Vertrag für Hardware alles festgehalten werden? Nennen Sie fünf Beispiele.

- Wartungen (Wartungsintervalle, Wartungszeitpunkte)
- Störungsbehebung (Umfang)
- Ersatzteilbeschaffung (Dauer der Ersatzteilgarantie)
- Inanspruchnahme von Leistungen (24-Stunden-Service, Vor-Ort-Service)
- Kosten (kostenlose Leistungen genau definieren)
- Dauer des Vertrages (Beginn und Ende des Vertrages, Kündigungsfristen)
- Streitfälle (Schiedsstellen definieren, Konventionalstrafen festlegen)

40 Ist der Leasing-Vertrag rechtlich ein
a) Kaufvertrag
b) Mietvertrag
c) Leihvertrag
d) Darlehensvertrag?

b) Mietvertrag

41 Welche Nachteile hat ein Leasing-Vertrag aus Sicht des Leasing-Nehmers unter betriebswirtschaftlichen Aspekten?

- Hohe Fixkostenbelastung durch Leasingraten
- Leasing ist in der Regel teurer als Kauf
- bei Financial-Leasing lange Vertragslaufzeiten

42 Welchen Zweck haben die „allgemeinen Geschäftsbedingungen" in Verträgen?

Die „allgemeinen Geschäftsbedingungen" (AGB) sind Instrumente zur Vereinfachung von Geschäftsprozessen im Absatz- und Beschaffungssektor. Sie beziehen sich meistens auf Lieferungs- und Zahlungsbedingungen sowie Regelungen zur Gewährleistung.

43 Welche Informationen müssen auf einer Rechnung enthalten sein?
Nennen Sie mindestens sechs.

- Absender
- Empfänger
- Kontoverbindung
- Rechnungsdatum
- Rechnungsnummer
- Zahlungsfrist
- Zahlungsart
- gelieferte Leistung
- Rechnungsbetrag, Währung des Rechnungsbetrages
- Ausweis der Mehrwertsteuer
- Hinweis auf AGB

44 Welche Zahlungsarten stehen bei der Abwicklung eines Geschäftes grundsätzlich zur Verfügung?

- Barzahlung
- halbbare Zahlung
- unbare (bargeldlose) Zahlung
- Zahlung durch Wechsel

7

45 Erläutern Sie die Zahlungsarten
a) Barzahlung
b) halbbare Zahlung und
c) unbare Zahlung.

a) Barzahlung:
Bares Geld wird ohne Einschaltung eines Zahlungskontos vom Schuldner an den Gläubiger übergeben.

b) halbbare Zahlung:
Entweder der Schuldner oder der Gläubiger benutzt ein Zahlungskonto. Nur ein Beteiligter muss Bargeld einzahlen bzw. abheben.

c) unbare Zahlung:
Schuldner und Gläubiger benutzen ein Zahlungskonto. Beim Zahlungsvorgang wird kein Bargeld bewegt.

46 Nennen Sie drei Beispiele für eine halbbare Zahlung.

Halbbare Zahlung:
– Zahlungsanweisung
– Zahlschein
– Nachnahme
– Postbarscheck
– Barscheck

47 Was verstehen Sie unter dem Begriff Plastikgeld? Nennen Sie drei Beispiele.

Statt Bargeld wird eine Chipkarte mit Magnetstreifen und/oder integriertem Chip benutzt.
– Kreditkarten
– Kundenkarten
– Elektronic-cash
– Geldkarte

7.3 Service

1 Was ist bei Service-Verträgen zu beachten?

- Service-Verträge unterliegen keiner Formvorschrift.
- Sie sollten zur Beweissicherung schriftlich abgefasst und von beiden Vertragsparteien unterschrieben werden.
- Die zu erbringende Leistung sollte exakt definiert sein.

2 Nennen Sie fünf Inhalte, die ein Servicevertrag für Hardwareprodukte haben sollte.

- Wartungen (Wartungsintervalle, Wartungsarbeiten)
- Störungsbehebung (Umfang, Garantiefristen)
- Inanspruchnahme von Leistungen (24-Stunden-Service, Stellung von Ersatzgeräten während der Wartung)
- Kosten (kostenlose Leistungen und kostenpflichtige Leistungen genau abgrenzen)
- Vertragsdauer (Beginn/Ende des Vertrages, Kündigungsfristen)

3 Welche Service-Leistungen gibt es?

- Wartungsarbeiten
- Instandhaltungsarbeiten
- Kundenberatung
- Kundenpflege
- Leistungen, die sich auf die technischen Produkte beziehen

4 Ein Unternehmen bietet als Serviceleistung einen Presales-Support.
Was versteht man darunter und was für Leistungen könnten hierbei angeboten werden?

Presales-Support:
Unterstützung vor dem Verkauf; mögliche Angebote:
- Projektberatung
- Demoversionen für Kunden
- Prospekte
- Hardware leihweise stellen

5 Die Service-Strategie richtet sich u. a. nach den Geschäftsarten.
Zwischen welchen Geschäftsarten wird unterschieden?

- Massengeschäft (große Mengen oder standardisierte Einzelleistungen)
- Lösungsgeschäft (individuelle Lösungen mit standardisierten Komponenten)
- Individualgeschäft (kundenbezogene Einzelangebote)

6 Welche drei Faktoren bestimmen die Serviceziele?

- Unternehmensziele (Marktführerschaft, angestrebter Unternehmergewinn)
- Mitarbeiterzufriedenheit
- Kundenzufriedenheit

7 Welche Ziele haben Unternehmen im Servicebereich. Nennen Sie drei Beispiele.

- Aktive Kundenbetreuung (vor und nach dem Verkauf)
- Fairer, offener Umgang miteinander
- Zuverlässigkeit des Service-Dienstes
- Ständige und bequeme Erreichbarkeit für den Kunden

7

8 Welche Voraussetzungen sind für eine gute Servicequalität notwendig?

- Fachkompetenz (Servicekräfte)
- Kundenorientierung (Angebote, Verhalten)
- Zuverlässigkeit (Termintreue)

9 Wie sollten Sie sich einem Kunden gegenüber verhalten?

- Freundlich
- Entscheidungsfreudig
- Selbstbewusst
- Partnerschaftlich

10 Nennen Sie zwei mögliche Servicearten.

- Vor-Ort-Service
- 24-Stunden-Service
- Schnell-Service

11 Serviceteams besitzen, um kundennah agieren zu können, eine regionale Zuordnung. Welche weiteren Zuordnungen sind denkbar?

- Serviceteams für bestimmte Produkte
- Dienstleistungsbezogene Serviceteams

12 Welche Aufgaben erfüllt das Serviceteam innerhalb des ganzheitlichen Serviceprozesses?

- Diagnosetätigkeit
- Entstören von Endgeräten, Anschlussleitungen, Systemen
- Betreuung (Preservice, Afterservice)

13 Vom Kunden wurde kein Servicevertrag abgeschlossen. Wie erfolgt die Abrechnung nach einer Entstörung?

Es erfolgt eine individuelle Abrechnung über Einzelnachweis bzw. Abrechnung nach Aufwand.

8 Fachaufgaben

1 Entscheidungsanalyse

Auftrag:

Der Kunde wünscht einen Farbdrucker zu einem günstigen Preis mit hoher Druckleistung und vorwiegend für Normalpapier. Hersteller und Auflösung sind weniger wichtig.

Führen Sie hierfür eine Entscheidungsanalyse nach folgenden Schritten durch:

1. Schritt Situationsanalyse
2. Schritt Problemfindung
3. Schritt Entscheidungsvorbereitung
4. Schritt Entscheidungsfindung
5. Schritt Alternativen
6. Schritt Bewertung
7. Schritt Entscheidung

Lösung:

Situationsanalyse:

Kundenwunsch → – Farbdrucker
                – hohe Druckleistung
                – günstiger Preis
                – vorwiegend für Normalpapier

Problemfindung:

Kostengrenze ⟷ Leistungsumfang
niedriger Preis, aber hohe Druckleistung

Entscheidungsvorbereitung:

Auswahlkriterien:
– Farbdrucker (Laser- oder Tintenstrahldrucker)
– Preisspanne festlegen
– Vergleich der Leistungsmerkmale, insbesondere die Druckleistung
– Vergleich der Druckmedien

Entscheidungsfindung:

Informationen durch Herstellerangaben zusammentragen

8

Alternativen/Bewertung:

- Aus den gefundenen Herstellerangeboten Alternativen auswählen, in eine Entscheidungsmatrix eintragen und bewerten (Kriterien: nieder, mittel, gut, hoch)
- Kriterien gewichten (Preis 4, Druckleistung 3, Druckerart 2, Hersteller 1)
- Alternativen gewichten, d. h., wie wird der Kundenwunsch erfüllt (1 kaum, 2 mittelmäßig, 3 gut, 4 in höchstem Maße)

Beispiel:

Alter-nativen	Preis 4	Druck-leistung 3	Druck-medien 2	Hersteller 1	Kunden-wunsch
A	nieder 4	gut 3	nieder 1	mittel 2	29
B	hoch 1	mittel 2	hoch 4	gut 3	21
C	mittel 2	hoch 4	hoch 4	hoch 4	32

Kundenwunsch für Alternative A:
$(4 \times 4) + (3 \times 3) + (2 \times 1) + (1 \times 2) = 29$

Entscheidung:

Nach den Gesamtwerten der Alternativen hat die Alternative C den höchsten Wert und erfüllt den Kundenwunsch somit am meisten.

2 EXCEL-Anwendung zur statistischen Prozessregelung (SPC)

Ausgangssituation:

In einem Unternehmen sollen elektrische Widerstände in Serienproduktion hergestellt werden. Mithilfe der statistischen Prozessregelung (SPC) soll die momentane Produktqualität in der Fertigung aufgezeigt werden, um Fehler in der Serienfertigung zu vermeiden. Zur Beurteilung des Prozesses werden dazu im Prozessvorlauf zehn Stichproben mit jeweils fünf Widerständen kurz hintereinander entnommen, gemessen und in ein Messprotokoll eingetragen.

Auftrag:

Entwickeln Sie eine EXCEL-Anwendung zur Analyse der Stichprobenmesswerte für beliebige Widerstände mittels SPC.

Für die EXCEL-Anwendung sind folgende Elemente gefordert.

1. Eingabebereich

   Vom Anwender sind einzugeben:
   - Widerstandswert in Ohm,
   - Toleranzbereich in % des Widerstandswertes,
   - Messprotokoll (zehn Stichproben mit jeweils fünf Widerstandsmesswerten).

2. Berechnung und Anzeige des Mittelwertes $\bar{x}$, der Spannweite R (Differenz zwischen größtem und kleinstem Messwert der jeweiligen Stichprobe) und der Standardabweichung s für die einzelnen Stichproben.

3. Berechnung und Anzeige des Prozessmittelwertes $\bar{\bar{x}}$, des Mittelwertes der Spannweite $\bar{R}$ und des Mittelwertes der Standardabweichung $\bar{s}$ für die zehn Stichproben

4. Ermittlung der Maschinenfähigkeit

   a) Berechnung und Anzeige des Maschinenwertes (Streuung) p_p

   $$p_p = \frac{OTG - UTG}{6 \cdot \dfrac{\bar{s}}{0,94}}$$

   p_p = Maschinenkennwert (Streuung)
   OTG = obere Toleranzgrenze des jeweiligen Widerstandswertes
   UTG = untere Toleranzgrenze des jeweiligen Widerstandswertes

8

b) Beurteilung der Maschinenfähigkeit

Angabe, ob die Maschinenfähigkeit bezüglich der Prozessbreite (Streuung) gegeben ($P_P \geq 1{,}67$) bzw. nicht gegeben ($P_P < 1{,}67$) ist.

5. Darstellung der Stichprobenmesswerte (1 bis 50) in einem Verlaufsdiagramm

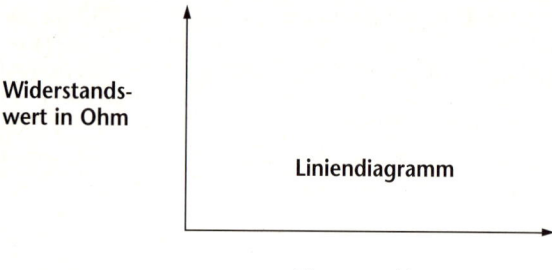

6. Darstellung der Stichprobenmesswerte (1 bis 50) in einem Histogramm

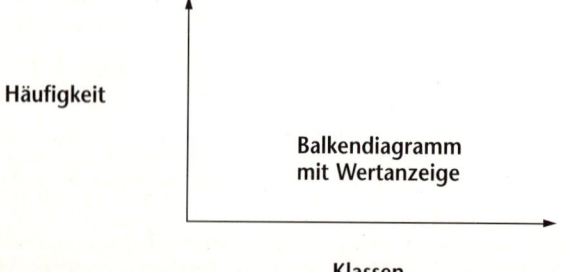

Informationen zur Ermittlung der Klassenweite, der Klassengrenzen und
zur Häufigkeit für das Histogramm:

- Ermittlung der Klassenweite

  Klassenweite w

  Minimaler Messwert der 50 Stichproben x_{min}

  Maximaler Messwert der 50 Stichproben x_{max}

  $w = \dfrac{x_{max} - x_{min}}{7}$ 　　(ganzzahliger Wert)

- Ermittlung der Klassengrenzen

  Klasse 1: 　x_{min} 　　bis 　$x_{min} + w$

  Klasse 2: 　$x_{min} + w$ 　bis 　$x_{min} + (2 \cdot w)$

  .
  .
  .

  usw. bis x_{max}

- Ermittlung der Häufigkeit

  Zuordnung der Messwerte in die richtigen Klassen; Anzahl der
  Messwerte innerhalb der Klassen entspricht der Häufigkeit der
  jeweiligen Klasse

8

Beispiellösung zur statistischen Prozessregelung (SPC) – Serienproduktion von Widerständen

Messprotokoll „Elektrischer Widerstandswert" (Angabe der Messwerte in Ohm)

1. Widerstandswert

270 Ohm	Toleranz (±)	5%

Stichprobe 1	Stichprobe 2	Stichprobe 3	Stichprobe 4	Stichprobe 5	Stichprobe 6	Stichprobe 7	Stichprobe 8	Stichprobe 9	Stichprobe 10
269	266	264	269	264	268	272	271	269	269
268	269	267	266	269	266	269	270	268	266
267	270	266	266	267	266	268	267	269	269
267	266	265	270	266	265	269	263	269	265
268	268	268	267	268	266	268	269	267	268

2. Berechnung des Mittelwertes ($\bar{x}$), der Spannweite (R) und der Standardabweichung (s) pro Stichprobe

	Stichprobe 1	Stichprobe 2	Stichprobe 3	Stichprobe 4	Stichprobe 5	Stichprobe 6	Stichprobe 7	Stichprobe 8	Stichprobe 9	Stichprobe 10
$\bar{x}$	267,8	267,8	266,0	267,6	266,8	266,2	269,2	268,0	268,4	267,4
R	2	4	4	4	5	3	4	8	2	4
s	0,837	1,789	1,581	1,817	1,924	1,095	1,643	3,162	0,894	1,817

3. Berechnung des Prozessmittelwertes ($\bar{\bar{x}}$), des Mittelwertes der Spannweite ($\bar{R}$) und des Mittelwertes der Standardabweichung ($\bar{s}$) für die 10 Stichproben

Prozessmittelwert $\bar{\bar{x}}$	267,52
Mittelwert der Spannweite $\bar{R}$	4
Mittelwert der Standardabweichung $\bar{s}$	1,656

4. Ermittlung der Maschinenfähigkeit

Obere Toleranzgrenze	OTG	283,50
Untere Toleranzgrenze	UTG	256,50
Maschinenkennwert (c_p)		2,555
Beurteilung der Maschinenfähigkeit:		Die Maschinenfähigkeit bezüglich der Prozessbreite (Streuung) ist gegeben.

5. Verlaufsdiagramm

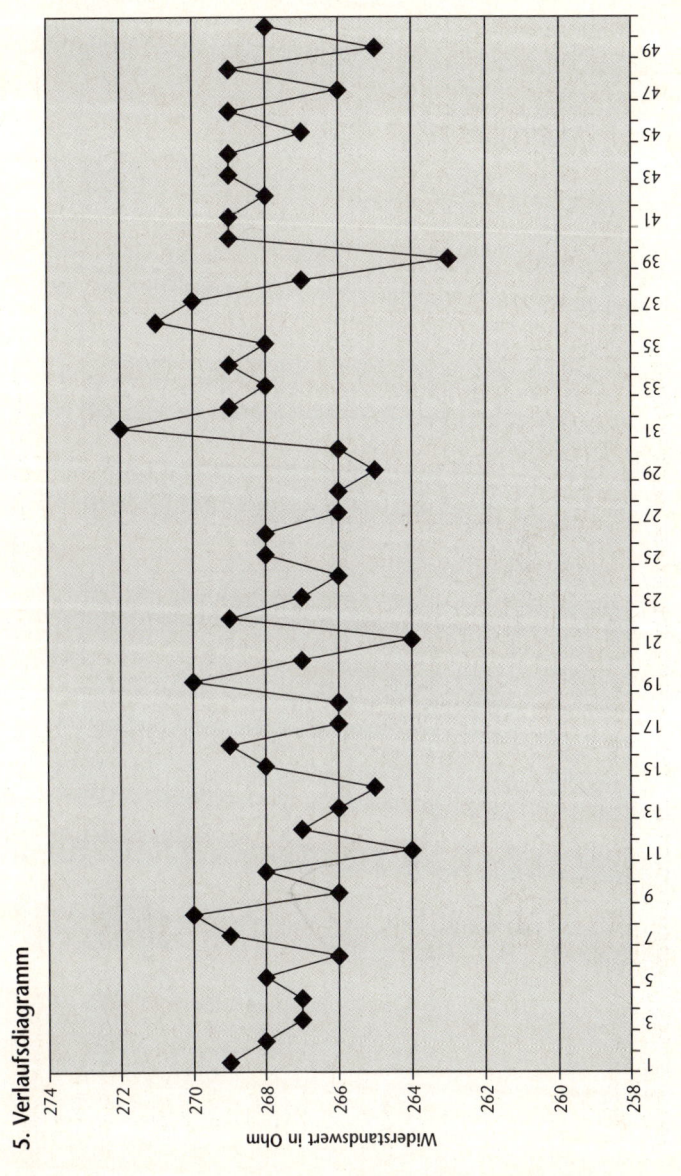

© Holland + Josenhans

6. Histogramm

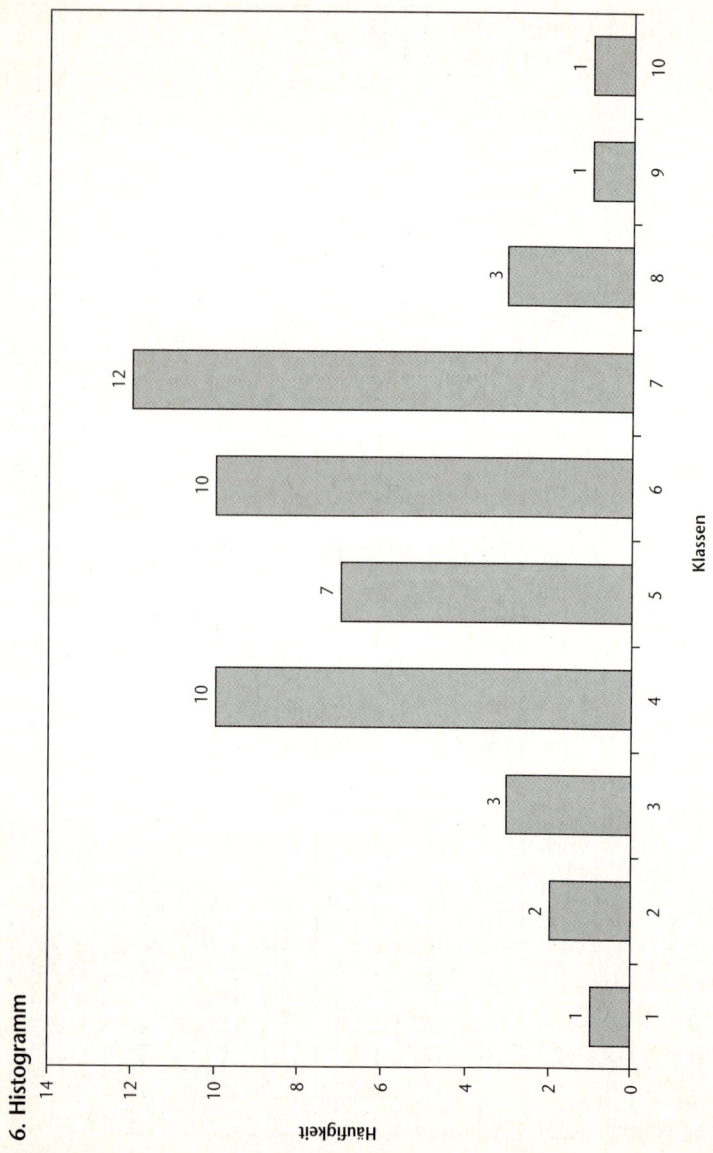

	A	B	C	D	E	F
1	Beispiellösung zur statistischen Prozessregelung (SPC) – Serienproduktion von Widerständen					
2	Messprotokoll „Elektrischer Widerstandswert" (Angabe der Messwerte in Ohm)					
3						
4	Widerstandswert	270	Ohm	Toleranz (±)	5 %	
5						
6		Stichprobe 1	Stichprobe 2	Stichprobe 3	Stichprobe 4	Stichprobe 5
7		269	266	264	269	264
8		268	269	267	266	269
9		267	270	266	266	267
10		267	266	265	270	266
11		268	268	268	267	268
12						
13	Berechnung des Mittelwertes ($\bar{x}$), der Spannweite (R) und der Standardabweichung (s) pro Stichprobe					
14						
15		Stichprobe 1	Stichprobe 2	Stichprobe 3	Stichprobe 4	Stichprobe 5
16	$\bar{x}$	267,8	267,8	266,0	267,6	266,8
17	R	2	4	4	4	5
18	s	0,837	1,789	1,581	1,817	1,924
19						
20	Berechnung des Prozessmittelwertes ($\bar{\bar{x}}$), des Mittelwertes der Spannweite ($\bar{R}$) und des Mittelwertes der Standardabweichung ($\bar{s}$)					
21	für die 10 Stichproben					
22						
23	Prozessmittelwert $\bar{\bar{x}}$			267,52		
24	Mittelwert der Spannweite $\bar{R}$			4		
25	Mittelwert der Standardabweichung $\bar{s}$			1,656		
26						
27	Ermittlung der Maschinenfähigkeit					
28						
29	Obere Toleranzgrenze	OTG		283,50		
30	Untere Toleranzgrenze	UTG		256,50		
31	Maschinenkennwert (p_o):			2,555		
32	Beurteilung der Maschinenfähigkeit:			Die Maschinenfähigkeit bezüglich der Prozessbreite (Streuung)		
33				**ist gegeben**		

8

	G	H	I	J	K
1					
2					
3					
4					
5					
6	Stichprobe 6	Stichprobe 7	Stichprobe 8	Stichprobe 9	Stichprobe 10
7	268	272	271	269	269
8	266	269	270	268	266
9	266	268	267	269	269
10	265	269	263	269	265
11	266	268	269	267	268
12					
13					
14					
15	Stichprobe 6	Stichprobe 7	Stichprobe 8	Stichprobe 9	Stichprobe 10
16	266,2	269,2	268,0	268,4	267,4
17	3	4	8	2	4
18	1,095	1,643	3,162	0,894	1,817
19					
20					
21					
22					
23					
24					
25					
26					
27					
28					
29					
30					
31					
32					
33					

	A	B	C
1	Beispiellösung zur statistischen Prozessregelung (SPC) – Serienproduktion von Widerständen		
2	Messprotokoll „Elektrischer Widerstandswert" (Angabe der Messwerte in Ohm)		
3			
4	Widerstandswert	270	Ohm
5			
6		Stichprobe 1	Stichprobe 2
7		269	266
8		268	269
9		267	270
10		267	266
11		268	268
12			
13	Berechnung des Mittelwertes ($\bar{x}$), der Spannweite (R) und der Standardabweichung (s) pro Stichprobe		
14		Stichprobe 1	Stichprobe 2
15			
16	$\bar{x}$	=MITTELWERT(B7:B11)	=MITTELWERT(C7:C11)
17	R	MAX(B7:B11)–MIN(B7:B11)	MAX(C7:C11)–MIN(C7:C11)
18	s	=STABW(B7:B11)	=STABW(C7:C11)
19			
20	Berechnung des Prozessmittelwertes ($\bar{x}$), des Mittelwertes der Spannweite ($\bar{R}$) und des Mittelwertes der Standardabweichung ($\bar{s}$)		
21	für die 10 Stichproben		
22			
23	Prozessmittelwert $\bar{\bar{x}}$		
24	Mittelwert der Spannweite $\bar{R}$		
25	Mittelwert der Standardabweichung $\bar{s}$		
26			
27	Ermittlung der Maschinenfähigkeit		
28			
29	Obere Toleranzgrenze	OTG	
30	Untere Toleranzgrenze	UTG	
31	Maschinenkennwert (p_p):		
32	Beurteilung der Maschinenfähigkeit:	Die Maschinenfähigkeit bezüglich der Prozessbreite (Streuung)	
33			

8

	D	E	F
1			
2			
3			
4	**Toleranz (±)**	**0,05**	
5			
6	Stichprobe 3	Stichprobe 4	Stichprobe 5
7	264	269	264
8	267	266	269
9	266	266	267
10	265	270	266
11	268	267	268
12			
13			
14			
15	Stichprobe 3	Stichprobe 4	Stichprobe 5
16	=MITTELWERT(D7:D11)	=MITTELWERT(E7:E11)	=MITTELWERT(F7:F11)
17	MAX(D7:D11)–MIN(D7:D11)	MAX(E7:E11)–MIN(E7:E11)	MAX(F7:F11)–MIN(F7:F11)
18	=STABW(D7:D11)	=STABW(E7:E11)	=STABW(F7:F11)
19			
20			
21			
22			
23	=MITTELWERT(B16:K16)		
24	=MITTELWERT(B17:K17)		
25	=MITTELWERT(B18:K18)		
26			
27			
28			
29	=B4+(E4*B4)		
30	=B4–(E4*B4)		
31	=(D29–D30)/(6*(D25/0,94))		
32			
33	=WENN($D$31>=1,67;"Ist gegeben";"Ist nicht gegeben")		

	G	H	I
1			
2			
3			
4			
5			
6	Stichprobe 6	Stichprobe 7	Stichprobe 8
7	268	272	271
8	266	269	270
9	266	268	267
10	265	269	263
11	266	268	269
12			
13			
14	Stichprobe 6	Stichprobe 7	Stichprobe 8
15	=MITTELWERT(G7:G11)	=MITTELWERT(H7:H11)	=MITTELWERT(I7:I11)
16	MAX(G7:G11)−MIN(G7:G11)	MAX(H7:H11)−MIN(H7:H11)	MAX(I7:I11)−MIN(I7:I11)
17			
18	=STABW(G7:G11)	=STABW(H7:H11)	=STABW(I7:I11)
19			
20			
21			
22			
23			
24			
25			
26			
27			
28			
29			
30			
31			
32			
33			

8

	J	K
1		
2		
3		
4		
5		
6	Stichprobe 9	Stichprobe 10
7	269	269
8	268	266
9	269	269
10	269	265
11	267	268
12		
13		
14		
15	Stichprobe 9	Stichprobe 10
16	=MITTELWERT(J7:J11)	=MITTELWERT(K7:K11)
17	MAX(J7:J11)–MIN(J7:J11)	MAX(K7:K11)–MIN(K7:K11)
18	=STABW(J7:J11)	=STABW(K7:K11)
19		
20		
21		
22		
23		
24		
25		
26		
27		
28		
29		
30		
31		
32		
33		

Hilfstabellen (1)

	A	B	C	D	E	F
1	Messwerte	Berechnung der Klassenweite(w)		Klassengrenzen		
2	Werte					
3	269	Max(Messwert)	272	263	264	
4	268	Min(Messwert)	263	264	265	
5	267			265	266	
6	267	Spannweite(R)	9	266	267	
7	268	Anzahl der Klassen(k)	7	267	268	
8	266	Klassenweite(w)	1	268	269	
9	269			269	270	
10	270			270	271	
11	266			271	272	
12	268			272	273	
13	264					
14	267					
15	266					
16	265					
17	268					
18	269					
19	266					
20	266					
21	270					
22	267					
23	264					
24	269					
25	267					
26	266					
27	268					
28	268					
29	266					
30	266					
31	265					
32	266					
33	272					
34	269					
35	268					
36	269					
37	268					
38	271					
39	270					
40	267					
41	263					
42	269					
43	269					
44	268					
45	269					
46	269					
47	267					
48	269					
49	266					
50	269					
51	265					
52	268					

8

→

Hilfstabellen (1)

	G	H	I
1	**Häufigkeit der Messwerte innerhalb der Klassen**		
2	untere Klassengrenze	obere Klassengrenze	Häufigkeit
3	Werte	Werte	
4	>=263	<264	1
5	Werte	Werte	
6	>=264	<265	2
7	Werte	Werte	
8	>=265	<266	3
9	Werte	Werte	
10	>=266	<267	10
11	Werte	Werte	
12	>=267	<268	7
13	Werte	Werte	
14	>=268	<269	10
15	Werte	Werte	
16	>=269	<270	12
17	Werte	Werte	
18	>=270	<271	3
19	Werte	Werte	
20	>=271	<272	1
21	Werte	Werte	
22	>=272	<273	1
23	Werte	Werte	
24	>=	<	0
25	Werte	Werte	
26	>=	<	0
27	Werte	Werte	
28	>=	<	0
29	Werte	Werte	
30	>=	<	0
31	Werte	Werte	
32	>=	<	0
33	Werte	Werte	
34	>=	<	0
35	Werte	Werte	
36	>=	<	0
37	Werte	Werte	
38	>=	<	0
39	Anzahl der Messwerte gesamt		50
40			
41			
42			
43			
44			
45			
46			
47			
48			
49			
50			
51			
52			

Hilfstabellen (2)

	A	B	C
1	Messwerte	Berechnung der Klassenweite(w)	
2	Werte		
3	=Beispiellösung!B7	Max(Messwert)	=MAX(A3:A52)
4	=Beispiellösung!B8	Min(Messwert)	=MIN(A3:A52)
5	=Beispiellösung!B9		
6	=Beispiellösung!B10	Spannweite(R)	=C3–C4
7	=Beispiellösung!B11	Anzahl der Klassen(k)	=7
8	=Beispiellösung!C7	Klassenweite(w)	=RUNDEN((C6/C7);0)
9	=Beispiellösung!C8		
10	=Beispiellösung!C9		
11	=Beispiellösung!C10		
12	=Beispiellösung!C11		
13	=Beispiellösung!D7		
14	=Beispiellösung!D8		
15	=Beispiellösung!D9		
16	=Beispiellösung!D10		
17	=Beispiellösung!D11		
18	=Beispiellösung!E7		
19	=Beispiellösung!E8		
20	=Beispiellösung!E9		
21	=Beispiellösung!E10		
22	=Beispiellösung!E11		
23	=Beispiellösung!F7		
24	=Beispiellösung!F8		
25	=Beispiellösung!F9		
26	=Beispiellösung!F10		
27	=Beispiellösung!F11		
28	=Beispiellösung!G7		
29	=Beispiellösung!G8		
30	=Beispiellösung!G9		
31	=Beispiellösung!G10		
32	=Beispiellösung!G11		
33	=Beispiellösung!H7		
34	=Beispiellösung!H8		
35	=Beispiellösung!H9		
36	=Beispiellösung!H10		
37	=Beispiellösung!H11		
38	=Beispiellösung!I7		
39	=Beispiellösung!I8		
40	=Beispiellösung!I9		
41	=Beispiellösung!I10		
42	=Beispiellösung!I11		
43	=Beispiellösung!J7		
44	=Beispiellösung!J8		
45	=Beispiellösung!J9		
46	=Beispiellösung!J10		
47	=Beispiellösung!J11		
48	=Beispiellösung!K7		
49	=Beispiellösung!K8		
50	=Beispiellösung!K9		
51	=Beispiellösung!K10		
52	=Beispiellösung!K11		

8

→

Hilfstabellen (2)

	D	E	F
1	Klassengrenzen		
2			
3	=C4	=D3+$C$8	
4	=WENN(E3>$C$3;"";D3+$C$8)	=WENN($C$3>=D4;D4+$C$8;"")	
5	=WENN(E4>$C$3;"";D4+$C$8)	=WENN($C$3>=D5;D5+$C$8;"")	
6	=WENN(E5>$C$3;"";D5+$C$8)	=WENN($C$3>=D6;D6+$C$8;"")	
7	=WENN(E6>$C$3;"";D6+$C$8)	=WENN($C$3>=D7;D7+$C$8;"")	
8	=WENN(E7>$C$3;"";D7+$C$8)	=WENN($C$3>=D8;D8+$C$8;"")	
9	=WENN(E8>$C$3;"";D8+$C$8)	=WENN($C$3>=D9;D9+$C$8;"")	
10	=WENN(E9>$C$3;"";D9+$C$8)	=WENN($C$3>=D10;D10+$C$8;"")	
11	=WENN(E10>$C$3;"";D10+$C$8)	=WENN($C$3>=D11;D11+$C$8;"")	
12	=WENN(E11>$C$3;"";D11+$C$8)	=WENN($C$3>=D12;D12+$C$8;"")	
13	=WENN(E12>$C$3;"";D12+$C$8)	=WENN($C$3>=D13;D13+$C$8;"")	
14	=WENN(E13>$C$3;"";D13+$C$8)	=WENN($C$3>=D14;D14+$C$8;"")	
15	=WENN(E14>$C$3;"";D14+$C$8)	=WENN($C$3>=D15;D15+$C$8;"")	
16	=WENN(E15>$C$3;"";D15+$C$8)	=WENN($C$3>=D16;D16+$C$8;"")	
17	=WENN(E16>$C$3;"";D16+$C$8)	=WENN($C$3>=D17;D17+$C$8;"")	
18	=WENN(E17>$C$3;"";D17+$C$8)	=WENN($C$3>=D18;D18+$C$8;"")	
19	=WENN(E18>$C$3;"";D18+$C$8)	=WENN($C$3>=D19;D19+$C$8;"")	
20	=WENN(E19>$C$3;"";D19+$C$8)	=WENN($C$3>=D20;D20+$C$8;"")	
21			
22			
23			
24			
25			
26			
27			
28			
29			
30			
31			
32			
33			
34			
35			
36			
37			
38			
39			
40			
41			
42			
43			
44			
45			
46			
47			
48			
49			
50			
51			
52			

$\rightarrow$

Hilfstabellen (2)

	G	H	I
1	Häufigkeit der Messwerte innerhalb der Klassen		
2	untere Klassengrenze	obere Klassengrenze	Häufigkeit
3	Werte	Werte	=DBANZAHL2($A$2:$A$52;"Werte";G3:H4)
4	=WENN(ISTLEER(D3);"";">="&D3)	="<"&E3	
5	Werte	Werte	=DBANZAHL2($A$2:$A$52;"Werte";G5:H6)
6	=WENN(ISTLEER(D4);"";">="&D4)	="<"&E4	
7	Werte	Werte	=DBANZAHL2($A$2:$A$52;"Werte";G7:H8)
8	=WENN(ISTLEER(D5);"";">="&D5)	="<"&E5	
9	Werte	Werte	=DBANZAHL2($A$2:$A$52;"Werte";G9:H10)
10	=WENN(ISTLEER(D6);"";">="&D6)	="<"&E6	
11	Werte	Werte	=DBANZAHL2($A$2:$A$52;"Werte";G11:H12)
12	=WENN(ISTLEER(D7);"";">="&D7)	="<"&E7	
13	Werte	Werte	=DBANZAHL2($A$2:$A$52;"Werte";G13:H14)
14	=WENN(ISTLEER(D8);"";">="&D8)	="<"&E8	
15	Werte	Werte	=DBANZAHL2($A$2:$A$52;"Werte";G15:H16)
16	=WENN(ISTLEER(D9);"";">="&D9)	="<"&E9	
17	Werte	Werte	=DBANZAHL2($A$2:$A$52;"Werte";G17:H18)
18	=WENN(ISTLEER(D10);"";">="&D10)	="<"&E10	
19	Werte	Werte	=DBANZAHL2($A$2:$A$52;"Werte";G19:H20)
20	=WENN(ISTLEER(D11);"";">="&D11)	="<"&E11	
21	Werte	Werte	=DBANZAHL2($A$2:$A$52;"Werte";G21:H22)
22	=WENN(ISTLEER(D12);"";">="&D12)	="<"&E12	
23	Werte	Werte	=DBANZAHL2($A$2:$A$52;"Werte";G23:H24)
24	=WENN(ISTLEER(D13);"";">="&D13)	="<"&E13	
25	Werte	Werte	=DBANZAHL2($A$2:$A$52;"Werte";G25:H26)
26	=WENN(ISTLEER(D14);"";">="&D14)	="<"&E14	
27	Werte	Werte	=DBANZAHL2($A$2:$A$52;"Werte";G27:H28)
28	=WENN(ISTLEER(D15);"";">="&D15)	="<"&E15	
29	Werte	Werte	=DBANZAHL2($A$2:$A$52;"Werte";G29:H30)
30	=WENN(ISTLEER(D16);"";">="&D16)	="<"&E16	
31	Werte	Werte	=DBANZAHL2($A$2:$A$52;"Werte";G31:H32)
32	=WENN(ISTLEER(D17);"";">="&D17)	="<"&E17	
33	Werte	Werte	=DBANZAHL2($A$2:$A$52;"Werte";G33:H34)
34	=WENN(ISTLEER(D18);"";">="&D18)	="<"&E18	
35	Werte	Werte	=DBANZAHL2($A$2:$A$52;"Werte";G35:H36)
36	=WENN(ISTLEER(D19);"";">="&D19)	="<"&E19	
37	Werte	Werte	=DBANZAHL2($A$2:$A$52;"Werte";G37:H38)
38	=WENN(ISTLEER(D20);"";">="&D20)	="<"&E20	
39	Anzahl der Messwerte gesamt		=SUMME(I3:I38)
40			
41			
42			
43			
44			
45			
46			
47			
48			
49			
50			
51			
52			

8

Sachwortverzeichnis

9

9

9

9

9

Literaturverzeichnis

Allgemeine Volkswirtschaftslehre (3. Auflage)
Prof. Dr. Wolfgang Cezanne
R. Oldenbourg Verlag, München Wien 1999

Betriebswirtschaftslehre (9. Auflage)
Prof. Dr. Sönke Peters, Prof. Dr. Rolf Brühl, Prof. Dr. Johannes N. Stelling
R. Oldenbourg Verlag, München Wien 1999

Personalwirtschaft (3. Auflage)
Prof. Dr. Hans Jung
R. Oldenbourg Verlag, München Wien 1999

Prüfungsbuch Wirtschaftskunde (6. Auflage)
Helmut Nuding
Holland + Josenhans Verlag, Stuttgart 1999

Betriebswirtschaftslehre der Unternehmung (12. Auflage)
Fachbuchreihe für wirtschaftliche Bildung
Verlag Europa-Lehrmittel Nourney, Vollmer GmbH & Co., Haan 1992

Allgemeine Volkswirtschaftslehre
Nolden, Krywalski
Verlag H. Stam GmbH, Köln 1992

Knaurs Kaufmännisches Lexikon
Paul Rump
Droemer Knaur, München

Wirtschaftslexikon
Frank W. Mühlbradt
Cornelsen-Scriptor, Berlin 1999

Basiswissen IT-Berufe „Wirtschafts- und Geschäftsprozesse"
Thomas Döring, Heinz Hagel, Michael Piek
Verlag H. Stam GmbH, Köln 2000

Basiswissen IT-Berufe „Einfache IT-Systeme"
Frielingsdorf, Lintermann, Schaefer, Schulte-Göcking
Verlag H. Stam GmbH, Köln 2000

10

Fachbuchreihe „IT-Ausbildung – Lernfelder und Kernkompetenzen"
Band 1 bis 6
Medien-Institut, Bremen

IT-Handbuch IT-Systemelektroniker/-in Fachinformatiker/-in
Hübscher, Petersen, Rathgeber, Richter, Dr. Scharf
Westermann Schulbuchverlag GmbH, Braunschweig 1999

Die Hardware-Profi-Bibel
Barry Press
MITP-Verlag, Bonn 1999

Lexikon Netzwerktechnik
2., aktualisierte und erweiterte Auflage
Klaus Lipinski (Hrsg.)
ITP GmbH, Bonn 1998

Qualitätsmanagement, Eine Einführung (2. Auflage)
U. Greßler, R. Göppel
Verlag H. Stam GmbH, Köln 1996

Tabellenbuch Computertechnik
Bearbeitet von Lehrern und Ingenieuren an beruflichen Schulen, Seminaren,
Fachhochschulen und Produktionsstätten
Verlag Europa-Lehrmittel Nourney, Vollmer GmbH & Co., Haan 1995

Elektrotechnik für Berufsschulen, Technologie Gesamtausgabe
H. Spanneberg, G. Franz, F. Preißler, F. Renz, G. Sandrock
Verlag Handwerk und Technik GmbH, Hamburg 2000

Objektorientierung im Informatikunterricht
Siegfried Spolwig
Ferd. Dümmlers Verlag, Bonn 1997

Brandt/Kapelle/Nikisch

Informations- und Kommunikationsberufe

Bestellnummer **HT 3635**

Dieses Buch vermittelt alle für die Ausbildung in den neuen IT-Berufen nötigen Kenntnisse.
Die den Kapiteln vorangestellten inhaltlichen Strukturen und Beziehungen, eine angemessene Fachsprache, zahlreiche didaktisch aufbereitete Abbildungen, Aufgaben und Kontrollfragen erleichtern das Verständnis für die komplexen Zusammenhänge der IT-Berufe.
Erscheinungstermin: Frühjahr 2001

Schneider

Fachbegriffe für IT-Berufe

WORT-CHECK

Bestellnummer **H+J 6011**

68 Seiten

Die Kenntnis von Fachbegriffen ist ein Muss für die berufliche Praxis und wird in Prüfungen gezielt abgefragt.
Viele Schüler/innen haben Schwierigkeiten beim Lernen dieser Fachbegriffe.
Um die mühsame und zähe Lernarbeit ein wenig zu erleichtern, wurde die Reihe "WORT-CHECK" entwickelt.
Die Titel enthalten die wichtigsten Fachbegriffe und ihre Definitionen, welche nicht alphabetisch, sondern nach Themenbereichen und kontextbezogen geordnet sind.
Dies vereinfacht die Arbeit beim Lernen und macht Zusammenhänge klar.
Mit dem vorliegenden Verzeichnis können sich die Auszubildenden der IT-Berufe den Grundwortschatz ihres Arbeitsgebietes in kleinen Schritten aneignen und vor Klassenarbeiten und Prüfungen schnell wiederholen.

 Änderungen vorbehalten. Weitere Lehr- und Fachbücher finden Sie in unserem Gesamtverzeichnis. Bitte fordern Sie es an.
Holland + Josenhans Verlag Stuttgart